教育的理則

教育學核心議題(三)

林逢祺　洪仁進　主編

林逢祺	陳延興	林君憶
張鍠焜	顧曉雲	張珍瑋
葉坤靈	李宜航	林建福
陳玉娟	周淑卿	李郁緻
	方永泉	合著

五南圖書出版公司 印行

主編序

　　教育的探討，儘管可以從多重角度、多元議題切入，然其目的不外乎教育活動之原理原則的探求，以爲遵循的指南。這種原理原則，我們稱之爲「教育的理則」。舉例來說，學生的學習動力從何而來？學校制度與系統影響教育活動之運作的方式爲何？教師的專業表現如何衡量？教育研究的定位決定於哪些因素？以上種種問題的解答，皆關乎我們對於教育之根本的理解，及其理則的辨明，而此正是本書的核心旨趣。

　　本書內容依據「學習動力的來源」、「學校功能的落實」、「教師專業的培成」與「教育研究的視角」等四個軸線來編排論文的結構與順序，俾能助益讀者把握教育現象中的學習動力、學校功能、教師專業及教育研究等四種要素之各自內涵，進而發掘其相互間蘊含的關聯性。首先，在「學習動力的來源」軸線上，本書分別從快樂學習、良善友誼、心智模式及經驗主動性等角度來分析學習的運作原理；其次，在「學校功能的落實」軸線上，探討了民主制度、社會再製、學校效用、教育政策及知識傳遞等課題，剖析學校的功能如何在教育的內外因素影響下有效運作；再次，在「教師專業的培成」軸線上，從師培生就業策略和教師分級制方案兩方面，析論教師專業發展之道；最後，在「教育研究的視角」軸線上，探討研究立場及性別意識如何左右教育研究的結論。總結來說，讀者藉由這四個軸線的探索，研讀書中各篇論文，將能更透測澈洞察教育活動的根本，並由此開展周全有效的教育行動。

　　本書《教育的理則》是依據「教育早讀會」活動所進行的教育學核心議題探討編輯而成的第三本專書，前兩本專書分別爲《請問盧梭先生》及《教育的密碼》。這一系列專書的出版，除了感謝學者專家撰文貢獻所學之外，特別要對臺師大的經費支持，以及五南圖書出版公司在經費、編輯與出版上的協助，表達由衷的敬意。至於「教育早讀會」活動的持續辦理，文稿的雙審與修正，出版相關事務的辦理，這些工作看似單純，實則涉及繁複紛雜事項的執行，箇中滋味，點滴心頭，惟如能對教育學術的推展，有些微的助益，

i

便心滿意足。在此希望讀者方家不吝指正，督促我們今後精益求精，持續撰編優質的教育學論著，爲教育的進步增添一分力量。

林逢祺、洪仁進
謹誌於童心齋
2019年10月

目錄

快樂是教育的必要
條件嗎？

林逢祺

國立臺灣師範大學教育學系教授

教育無可避免地為不滿播撒下種籽。

追求快樂……潛伏罪惡。

快樂的兒童，可能沒有為卓越而努力的準備。

（Dearden, 1998/1972）

前言

近年來，「快樂」成了許多人衡量教育價值的重要指標；這些人認為，學習者在受教過程中必須感受到快樂，其所受的教育或進行的學習才可能是好的，才有價值可言。換言之，對他們而言，快樂乃是好的教育或好的學習的必要條件。這種信念，在「學生中心」教育觀以及享樂主義的推波助瀾之下，似乎有越來越為盛行的趨勢，可惜檢視其適切性的嚴謹文獻似乎不多。

值得關切的是，學生在受教歷程中是否快樂，不僅僅是今日許多人評價教育的「核心」指標，甚至是他們認定教育價值的「唯一」考量。不少臺灣父母認為孩子在學校學到什麼、學了多少，並不是特別重要，孩子「只要快樂就好」；有的父母擔心孩子在臺灣所受的是「不快樂的」教育，冒著面臨親子長期分隔遙遠兩地的痛苦，費盡心思，不惜將孩子送往國外作小留學生；而批評臺灣近年教育改革徹底失敗的說法中，也常見類似下列的意見：教改改來改去，孩子的壓力不減反增、越來越不快樂，這證明教改完全失敗。類似這樣以快樂為至高準據來判定教育成敗的意識型態，如果不假思索地接受，會不會有背離教育宗旨的疑慮？

若以 R. S. Peters（1970）所謂的教育規準（「合認知性」、「合價值性」以及「合自願性」）來檢視快樂在教育活動中的價值，將發現快樂的教育雖然可能符合自願性，卻不一定符合價值性或認知性。若然，不符合價值性或認知性的快樂教育，能不能接受？值不值得提倡？相對的，合價值性及合認知性的教育，如果是不快樂的，可以接受或提倡嗎？總之，快

樂確實是好的或有價值教育的必要條件嗎？如若不然，以快樂作為教育價值的最高、優先或唯一標準，是不是有正當性？

前述問題的思考，都涉及一個根本問題：什麼是快樂？有的人夜夜笙歌，但也有人安於恬靜生活；有人熱衷巧取豪奪，有的卻以布施為樂；有人貪求一時之快，有的卻樂於延遲滿足。正因為人們注重的快樂經常出現多元、分歧、甚至對立的狀態，在教育的場域裡提倡快樂，便有必要分清楚該注重的究竟是什麼樣的快樂。

R. F. Dearden 對此一議題曾有深入探究，本文的目的即在依據 Dearden 的經典論文「快樂與教育」（Happiness and education, 1998/1972），分析其觀念中所謂快樂的意義、快樂的價值，以及追求快樂的教育所可能涉及的挑戰與問題。

貳、什麼是快樂？

雖然對有的人來說，無欲無求，也是一種快樂；但不可諱言的，人的快樂大多數來自於需求的滿足。而人們的需求受到個別身心狀態或價值觀差異的影響，呈現非常多元、複雜、甚至互為衝突的樣貌，影響所及，不同的人所講的快樂，內容可能完全不同；即便同一個人所講的快樂，其內容也可能涉及不同層次或不可並存之需求的滿足。換言之，「快樂」這頂大帽子之下，所藏的是五顏六色的東西，難以一言以蔽之。有關於這個事實至為明確，但論者在進行討論時，並不一定時時將其放在心上，也不進行釐清的工作，造成許多失焦和誤導的結果，同時也讓建設性的結論難以浮現。

根據 Dearden 的觀點，快樂一詞因為存在種種模糊（或彈性）詮釋空間，使得老師和父母們很容易便能同意兒童的快樂應該受到關注，但問題在於他們對於快樂的界定卻可能非常不同；這正如他們也都同意應該關心兒童的「需求」，但人人所談的需求卻可能大相逕庭。因此，澄清「快樂」究竟是什麼，在教育上確實非常重要。

依據 Dearden 的分析，英文「happy」一詞有三種常見的用法和意義，

這些用法雖有分別但也相互交疊。

首先，它用於指涉說話者滿意或樂於接受某一特定事物或狀態，例如：「滿意特定安排」（happy about the arrangements）、「滿意特定結果」（happy with the results）、「樂於接受某項提案」（happy to accept the proposal）、「滿意或可以接受……」（I am happy with ...）。

其次，是「覺得快樂」（feeling happy）的說法，用於描述言說者當下所感受到的愉悅心情。這種心情不一定由明確的事物引發，也可能只是短暫的模糊感受；另外也未必源自適切的理由。例如：喝酒的人可能說自己「覺得快樂」，而這種快樂純粹只是一種心理感受的自述。

第三種用法，表達的是對整體生活狀態的滿意態度，亦即「過得快樂」（being happy in life）。Dearden 認為：這種快樂是一種目標，可以追求、提升和實現，也需要保護，因為它在各種因素的影響下，有可能失去；在教育領域裡所談的正是這種快樂，而 Dearden 的分析和論證也集中在這個意義之下的快樂。

Dearden 指出，「快樂」是一種心理狀態，而非活動或行為，所以不像跑步、聽音樂或抽菸那樣可以參與，也無法命令人快樂或把快樂當成自己的義務。快樂可以延續一段時間，例如：童年、婚後或者戰後，但不一定能延續人的一生；為了維持或持續處於快樂，人需要擁有或創造「適切」的情境，而這個情境或理想生活樣態的獲得，便成了人追求的目標；同時生活實境和這個理想生活樣態之間的契合度，則決定了人的快樂程度。

其次，Dearden 主張，快樂是一種「享樂」（hedonic）概念，指涉愉悅（pleasure）而無悲慘、憂鬱或焦慮。不過當我們說一個人處於這個狀態時，並不是指他的生活只有愉快、完全不含其他成分，而是說他的生活或經驗大體上是愉悅的。當我們喜愛或至少整體上滿意生活的現狀時，才可能感到快樂。因為快樂必定是愉悅的，其存在條件也有限制。例如：當一個人時時刻刻想著破滅的夢想或遺憾往事、遭受重大的痛苦和挫折，以及對於未來過度的擔憂或焦慮種種情況時，將難以感受快樂。快樂雖可以和某種程度的挫折與焦慮相容，但挫折和焦慮一旦危及生活品質的核心，

就會摧毀快樂。

再者，一物如果具有愉悅效果，就給了人去追求它的「一個」理由，雖然這個理由不一定構成採取特定行動的充分條件。例如：當我知道滑水運動可以帶來多種愉快經驗，我必定同意，這些愉快是吸引我從事滑水運動的理由；只不過考量滑水運動的費用、難度和危險，最終我可能放棄。總之，某一事物或行動具有引發愉快的作用或成分，此作用或成分即構成人們採取該事物或行動的一個「合理」（而非必然充分）的緣由。

「快樂」的愉悅成分，也使得「為什麼要快樂？」這樣的問題，顯得不合邏輯；快樂的愉悅作用，使其不僅成為「終極目的」（final end），也必定自為目的。Dearden 舉例解釋，指出知識或友誼都是終極目的，只不過人們有可能為了別的目的（如財富）才追求知識或友誼；相對的，人們不可能以快樂作為達成別的目的的工具，快樂僅以自身為目的。Dearden 認為，雖然康德（Immanuel Kant, 1724-1804）主張快樂只是人的「非直接義務」（indirect duty），因為他擔心人類受衝動欲望或愉悅的誘惑，誤入歧途，以致逾越道德，但康德並不反對人因處於理想生活情境而感受到的那種快樂。

Dearden 認為，人們以快樂為目標時，所追求的經常是缺乏明確手段去立即獲取，但卻是人所「企求、嚮往」（wished for）的那些事物，經常需要耐心的努力；相對的，人們所「想要的」（want），通常是指向那些有可行方法去求取的東西。另方面，快樂雖然包含愉悅，卻不等於愉悅。嚮往快樂的人所追求的，可能是那種能延續一段時間，且令人滿足的理想生活狀態，但這種狀態往往無法立即達成，追求過程中所產生的挫折和「不快樂」（unhappy），有時會使人轉向短淺目標，進而陷入「肉身快感」（bodily sensations）或「想像式愉悅」（cognitive pleasures）的追逐。

快樂的困難與問題

整體而論，快樂雖然含著愉悅作用，值得追求；但快樂的追求存在一

些不可避免的困難和問題，有必要進一步說明。

就快樂的追求所可能面臨的困難而言，Dearden 指出：人雖然可以經由各種事物獲得不同快樂，但不同快樂之間卻可能相互衝突，無法同時實現，以致有的只能淺嚐即止，或者延後滿足，甚或完全割捨。換言之，在快樂的追求中，抉擇和排序經常不可避免。同時，快樂是否能實現，受許多不可預測和難以控制之因素的影響，如機緣、健康和收入等。即便一切因素都如意，我們也可能面臨一種心理困境：本以爲會帶來快樂的那些事物，在追求而尚未獲得之前，讓人感到匱乏的痛苦，但求得後，卻又快速變得索然無味。如此，追求快樂的生活，形同徘徊在缺乏的痛苦以及擁有的乏味間，快樂未曾長駐。

至於追求快樂，並以快樂作爲行動的至高目標，所可能引來一些問題和質疑，Dearden 提出數項。

首先，有些人可能把快樂建築在漠視或剝削別人的活動上，而這顯然有違道德。再者快樂含著愉悅作用，而人所能感受的愉悅是多元的，所以，某個人感到快樂的，別的人可能無感，甚至覺得痛苦；換言之，我們在追求快樂的過程中，也可能在無意間傷害別人。

其次，快樂不一定是優先的生活目標。例如：爲了別人的福祉，有時我們願意犧牲自己的快樂，甚至生命；即便有些人在犧牲的過程中也能感受到快樂，但這時的快樂是附從的，重點仍在別人的福祉，而非自己的快樂。

再者有尊嚴的生活經常包含獨立、自主的追求，而這往往伴隨艱難的抉擇和重責，這使得許多人寧可逃避、盲從，以求輕鬆快樂。也就是尊嚴的維護和某些快樂存在著衝突的可能。

最後，理想的追求（如藝術創作或科學發明），往往必須犧牲快樂，這點和前項有著緊密關係。對於那些關注理想的人，一心追求快樂，經常象徵著頹廢的生活。例如：有的人無視環境髒亂、醜陋，仍然可以逍遙自在，完全無意改善，而這對注重美感或尊嚴的人，可能無法接受。

深入地說，快樂只是眾多價值之一，且可能和其他價值相衝突。例如：有的人的快樂，可能源自於自欺：像是工作不如意卻自稱有理想工

作、信念崩潰卻宣稱堅定依舊。這樣的快樂，並非眞實的快樂，也和眞理的價值相左。另外，有的快樂來自對事實的錯誤認知，這種快樂雖是「眞的」，是不是有價值，卻有爭論餘地。例如：一個自覺健康，因而快樂無憂的癌末病人，醫生該不該告訴她病危的眞相呢？受政治愚弄、剝削的「愛國」群眾，是不是該要被「喚醒」？彌爾（J. S. Mill, 1806-1873）主張，當快樂和眞理相左時，應該選擇眞理；並認爲做個不滿足的蘇格拉底（Socrates, 469-399 B.C.），好過做個滿足的笨伯。但也有人懷疑眞理的價值，Dearden 指出尼采（F. Nietzsche, 1844-1900）深信生命的重點在於生活而非眞理的獲得，並認爲追求無誤，就是斷送生活。Dearden 則認爲，思想家們對於眞理的價值雖然有所爭論，但不可否認的是，基礎知識（或常識）乃是快樂的必要條件。

至於快樂和其他價值（如自主、眞理、美感）之間的潛在衝突，應如何調和的問題，Dearden 主張，「最令人滿意的融合」（the most satisfactory synthesis）蘊含於眞、善、美等終極價值的追求。在這種生活裡，人們只當行動符合道德、眞理和美感的基本要求時，才感到快樂。Dearden 認爲這樣的生活，近似康德所謂「至善」（highest good）或亞里斯多德（Aristotle, 384-322 B.C.）所謂「幸福」（*eudaimonia*）的境界。Dearden 並且同意史賓諾莎（Spinoza, 1632-1677）所言：快樂不是求眞、求善、求美等德行的報酬，而是德行本身。此時，快樂不是唯一目的，而是實現各種至高價值（或德行）之表徵。Dearden 相信，這種快樂的獲得須待人類天性的調整，而這種調整則仰賴教育循序漸進而有恆的努力，方能克盡全功。

不過，Dearden 也意識到前述融合並非毫無困難。首先是「價值不可共量」（the incommensurability of values）的事實所衍生的問題。亦即在有限時間內，各種價值的追求難以並存，因此會面臨抉擇；而抉擇時，因爲缺乏普遍標準可供依循，容易使人落入存在主義者所謂的意義掙扎裡。其次，追求特定的價值，經常意味著相應的痛苦，例如：富道德感的人，難忍無辜者遭受痛楚；追求自主的人，發現自己的知識不足以解決問題時，無法落實行動的苦悶可能油然而生；重情誼的人，親友辭世時往往悲

傷不止；藝術創造者，經常受困於藝術和道德要求之間的衝突。值得深思的是，價值的追求雖然有痛苦與衝突，但人們一旦肯定了某種價值，經常不輕易放棄。這說明人類並不單是追求快樂；人們若只在乎快樂，便容易捨棄價值。Dearden 相信「追求快樂，潛伏罪惡」的說法，其理由也在於此。

總結前述討論，Dearden 指出，教育關切快樂以外的價值，而這些價值和快樂之間潛藏衝突，所以「教育無可避免地為不滿播撒下種籽。」

肆 再論優先性問題

誠然，快樂是行動的「一個」有效理由，但快樂並非引發行動的唯一價值和理由；當快樂和其他價值相衝突時，人面臨了優先性的抉擇，這時的關鍵在於：快樂和其他價值相比，是不是更為重要？

Dearden 指出，有些人主張教育活動中，兒童的快樂應是優先考量，因為快樂是有效學習的關鍵因素，所以教育者應多對兒童讚美、微笑，避免僵硬的規範，不要為一時的成效而破壞兒童的學習動機。然而，許多研究發現，焦慮和競爭等壓力元素，不僅不會破壞學習動機或降低學習表現，反而對認知和藝術創造有高度的激勵作用。因此就教育（而非心理治療）的角度來看，為了激發學習，教師堅定捍衛重要教材的價值，對學生有較為嚴格的學習要求，並非沒有教育意義。

Dearden 認為：「快樂的兒童，可能沒有為卓越而努力的準備。」並且主張，教育如果將兒童的快樂視為優先目標、一味順從兒童本性、遷就兒童由習染而得的傾向來設計學習環境和培養其能力，將導致教育根據適當價值標準（包含快樂、真、善、美等）進行教材教法的「選擇」功能不彰；教育的重點並不在滿足或遷就受教者的本性，而在適度轉化之。

有的論點認為，提倡將學習者的快樂視為教育活動的優先考量的主要原因之一，乃在承認價值不可共量的事實，認為既然沒有共通的價值選擇標準可資依循，那麼，應該由學生自己選擇什麼對其個人有價值，而非由他人預先為其設定。Dearden 承認兒童必須學會選擇什麼是好的生活，以

及了解什麼是快樂，但「選擇」預設對各種價值選項的正確認識，同時也須懂得由道德、知識和藝術等所共同構成，用來判定選項之價值高低的標準。這說明接受良好而廣博的教育，乃是個體進行正確選擇的必要條件。也因此我們不能光是主張教育的目的是快樂，卻不對快樂的相關要件予以清楚說明。Dearden 相信美好生命是由多元終極目的共同構成，而無論在教育或日常生活中，我們都可能發現這些目的之中，有些肯定比快樂更加重要（儘管依照這些目的而行動的我們，有時可能對自己或自己的生活並不完全滿意）。

伍 搖頭型快樂和登山型快樂

　　了解 Dearden 的觀點之後，讓我們回過頭來思考本文一開頭所提出的問題：「快樂是教育的必要條件嗎？」如同前文所言，回答這個問題，我們先得回答什麼是快樂。Dearden 提出三種快樂的意義：第一種所表達的是對某事物感到滿意之情緒，這種意義下的快樂似乎與我們現在的討論無直接相關。第二種意義是「覺得快樂」，這種快樂感覺如由正當事物引發，自有其價值，但其問題在於不一定由適切事物引起，例如：想要立即得到快樂的人，可能訴諸酒精、飆車或甚至迷幻藥物等，像這樣「不勞而獲」的快樂，是我所謂「搖頭丸快樂」或「搖頭型快樂」，也是時下為數不少的青少年學生熱衷的快樂，這樣的快樂絕不是教育的必要條件，否則，教育也就簡單了，我們只要在校門口發放搖頭丸之類的東西給學生，就完成教育的一大部分責任了。

　　Dearden 所指的第三種快樂的意義是「過得快樂」，這種快樂不是指隨時都處在快樂感受裡，而是為了完成重要目標，有時可能痛苦、掙扎，但「整體」而言，對於生活的狀態是感到滿意和值得的。Dearden 認為教育的場域裡所談的快樂，應是這種快樂，也就是當我們談快樂在教育所扮演的角色時，指的應是這種快樂。這種快樂不是時時快樂，而只是有時快樂，並且可能痛苦不少，但總體的情境和經驗，讓人覺得欣慰、滿意或值得。

喜愛登山的人，無疑享受登頂一刻的「高峰」經驗，但他們大多了解，沒有攀登歷程的重重險阻、挑戰、挫折和漫長搏鬥，就沒有立足峰頂的快樂，並且在事後，感到一切值得。我想許多有見識的家長和學者，所講的快樂學習，應該是類似這樣的快樂，本文名之為「登山型快樂」。那麼這種快樂是教育的必要條件嗎？我認為是的。換言之，不能讓學生在總結其受教經驗時，感覺欣慰和值得的教育，大概不會是好的或高價值的教育，一定在某些地方偏離了教育的正軌，因而無法召喚「登山客」。

陸　意義感和快樂

　　換個角度看，快樂似乎也有「來得快，去得快」的特性。無須努力，輕易便可取得的快樂，往往傾向淺薄，消逝得快，甚至可能翻轉為痛苦。相對的，深度快樂往往得之不易，需要長期淬鍊、磨難的歷程，雖然有辛勞、痛苦，最終卻能讓人感到刻骨銘心、意義非凡、苦盡甘來。人們如果需要淺薄的「搖頭型快樂」，實在不必跑到學校裡來受教；教育所提供和鼓勵的，應是深度快樂，亦即本文所謂「登山型快樂」。「登山型快樂」雖然讓追求的人殫精竭慮，卻也令人格外珍惜。直言之，教育活動中的師生，無論是教育者或學習者，獲得登山型快樂的方式，似乎都必須透過同時含著苦與樂的真、善、美價值追求歷程，這個歷程的整體讓人覺得有意義而快樂。誠如 Richard Layard（2005）的研究所顯示的：能在生活中創造意義感的人，要比走馬燈式流連於各式快感的人，過得更加快樂。總結「教育的登山型快樂」（此簡稱為「快樂教育」）的內涵，可以圖示如圖1，這種好的教育雖為不滿播撒下種子，但也為快樂打好了基礎。

柒　快樂教育的鷹架

　　前節指出學習者在「快樂教育」或好的教育裡發展、成長，體驗到深度快樂和生命意義感時，往往是經歷艱辛磨難歷程的結果。但這並不是主張痛苦磨難具有內在價值，必定有益卓越心靈的培成。俗諺所謂「吃得

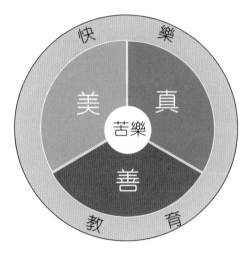

圖1　教育的登山型快樂

苦中苦，方為人上人」，以及「不經一番寒徹骨，焉得梅花撲鼻香」等說法，基本上沒有違背「快樂教育」的要旨，表達的是「若干」痛苦具有工具價值，但未盲目提倡「一切」痛苦皆具內在價值。誠如Noddings（2003）所言，過度美化痛苦，會讓人輕易將痛苦加諸在別人身上，造成痛苦持續不斷發生，並且無法及時協助陷入困境的人，這在人格以及信任關係的建立上，有極大的傷害作用。就教育活動而言，許多在乎自己孩子在學校裡過得快不快樂的父母，所關注的正是這個問題。父母親想知道孩子們在學校教育裡承受的苦痛，是不是不可免的？依 Noddings 之見，除非必要，受苦都是壞事，應該予以避免或減少，更不該蓄意將痛苦加諸在別人身上。教育的對象是發展中的個體，應該受到保護，使其免於不必要的痛苦經驗。Noddings（2003: 1）認為：

> 快樂和教育理當緊密相連。快樂應該是教育的目的之一，
> 同時好的教育必須對個體和群體的快樂都有顯著貢獻。

好的教育一方面能免除學習者不必要的痛苦，另方面又能創造大量孕育登山型快樂的成長體驗。這樣的快樂並不在真空中產生，而是需要一些重要的支撐條件或鷹架系統。Noddings（2003: 261）相信，最好的家庭和學校，

必然是快樂的園地，而「假如希望孩子們在學校裡是快樂的，他們的老師也必須是快樂的」。如果將 Noddings 的觀點，放入 Layard 對快樂的研究結論中來詮釋，可以得到有力支持。依據 Layard（2005: 62-73）的研究，快樂有七大影響因素：

一、家庭關係（family relationships）：家庭和親近人際關係的品質，是決定快樂的最重要因素。

二、財務狀況（financial situation）：收入高低影響快樂程度；生活在貧窮裡的人，快樂受限。

三、工作（work）：具有貢獻社會的能力、能勝任自身工作，乃是自尊和成就感的來源，也是穩固人際關係和快樂的重要支柱。

四、社群與朋友（community and friends）：人們是不是生活在可信任並有強烈歸屬感的社群裡，對快樂與否有極大影響力。

五、健康（health）：長期病痛嚴重摧毀快樂的可能，因此如何提升健康、控制病痛，和快樂之有無密切相關。

六、個體自由（personal freedom）：一個人身處的社會，政治、經濟、法律及社會體系的品質是否良好，也是決定其快樂程度的重要變數。生活在穩定、和平、自主、可追求適當個人利益、公權力能當責的社會裡，人們感到較為快樂。

七、個人價值觀（personal values）：個體的心靈品質和生命哲學攸關其快樂程度。Layard 發現，珍惜現有事物、不執迷與他人比較、熱心公益、善於自我正向導引的人，較為快樂。同時這些能力與教育、宗教及個人天性，皆密切相關。

綜觀之，學校是學生日常生活中最重要的「社群」生活基地，這個社群中，老師是核心成員，也是學生的重要「朋友」。因此，老師在學校生活中是否快樂，將不可避免地影響到學生的快樂程度；老師也影響學生的「個人價值觀」，是建構其心靈品質，決定其正向積極生命觀的重要他人。但除前述兩項，不可否認的是，學校以外的因素，對學生的快樂與否也有巨大影響力，並非學校教育所能完全主導。Layard 所提及的因素中，

包括家庭關係、財務經濟、工作、健康以及政治自由等，也都是決定個人快樂的要項，而學校在這些方面上所能貢獻的支持，確實相當有限，須配合其他機構和制度的力量，方能有效打造出個人快樂的穩健鷹架系統。

總之，深度快樂是好的教育的必要條件。好的教育雖然也提供學生「覺得快樂」的正向環境氛圍，但其要務在引導學生領略登山型快樂。登山型快樂涉及眞、善、美的追求，其歷程含有不可免的艱辛，但整體上卻讓學習者覺得珍貴而值得。必須注意的是，這種好的教育仍須依賴社會多種力量共同打造起的強韌鷹架系統，才能有效協助學生在學校的學習生涯中「過得快樂」。

英文部分

Dearden, R. F. (1998/1972). Happiness and education. In P. Hirst & P. White (eds), *Philosophy of education: Major theme in the analytic tradition (II)* (pp.295-309). London: Routledge.

Layard, R. (2005). *Happiness: Lessons from a new science.* New York, N.Y.: Penguin Books.

Noddings, N. (2003). *Happiness and education.* Cambridge: Cambridge University Press.

Peters, R. S. (1970). *Ethics & education.* London: George Allen & Unwin.

2

兒童的良善友誼可能嗎？

陳延興

國立臺中教育大學教育學系教授

壹 前言

　　當前社會受到數位科技日新月異、網路社群無遠弗屆等影響，學校情境中學童的同儕關係日趨複雜，國小學童之學習從家庭親子與手足關係走向班級之同儕關係。然而同儕之間如何維持適當的友誼關係？教師如何引導學童發展適切且有品德的友誼關係？這些問題對於教師教學、班級經營與學生學習表現影響頗大。國小兒童對於友誼的看法與實際交友情形關乎學童的學習與生活表現，研究者閱讀相關文獻，發現國內教育研究社群較少探討如何培養學童具有品德的友誼概念，倘若兒童之間能具有品德的友誼關係，將有助於教師教導學生發展良善的人際互動關係。

　　同儕之間的友誼與社交關係是否良好與學童的身心幸福成長（well-being）和生活適應息息相關，Walker、Curren 與 Jones（2016）指出只有討論友誼關係的「良好」程度或「社交能力」（social competence）概念是不夠的，因為這兩個概念與道德沒有直接關係。友誼關係的良好僅討論情緒的支持、消除衝突以及快樂的友伴關係，而社交能力多討論到「利社會」（prosocial）或合作等概念，這些概念是屬於價值中立的，與道德的關聯性不大。Walker、Curren 與 Jones（2016）強調友誼關係與社會能力的倫理面向，值得深入探討，例如：朋友之間的公平，因而主張一個重視「邁向美好人生的友誼概念」（*eudaimonic* conception of friendship），作為重視倫理層面的良善兒童友誼。據此，本文探討我國學童同儕之友誼關係，了解國小學童的良善友誼是否可能？關切學童的交友關係，不僅可了解學生的想法與可能遭遇到的問題或困難，更是關切兒童身心的幸福成長。因為同儕之間若無適當的友誼關係，不僅會影響其各面向的學習表現，更可能導致同儕之間缺乏適當的互動關係與心靈支持。

　　然而，為何關切兒童良善友誼的研究？研究者除了受到 Walker、Curren 與 Jones（2016）、Arthur、Kristjánsson、Walker、Sanderse 與 Jones（2015）的研究啟迪之外，研究者認為學校教育不能忽視學生之間的互動關係。以往師資培育機構主要從教育社會學或班級經營探討同儕關係，或是在心理學的兒童發展中討論友伴關係，較少就學童的友誼概念進

行倫理面向的探討。事實上，教師經常要處理學生之間的爭吵、打鬧或排擠等問題，甚至是嚴重的霸凌議題，且學童間在道德或倫理面向的友誼關係，均與學童在校學習表現的良窳息息相關。本文從哲學、心理學與教育社會學等跨學科面向探討良善的友誼概念，也能藉此分享給我國中小學教師與關切此議題的專家，共同以培養學童良善的同儕友誼關係為基礎，期能改善學校教育的學習氛圍。

貳 何謂良善友誼

　　Friendship 一般可翻譯成友誼、友情或友愛。在中文中，友誼是指人類之間的情誼或是指親切的交誼、交情，這個概念並涉及相互的了解、尊重和喜歡。友誼是人們在交往活動中產生的一種特殊情感，是一種來自雙向（或交互）關係的情感，即雙方共同凝結的情感，任何單方面的良好，均不能稱為友誼。依據希臘文 φιλία（Philia）是一種具體的道德德行，英譯可以是「友愛」（friendly love）、情感、友愛或慈愛或「友誼、友好」（黃光雄，2014）。

　　對於良善友誼的概念，主要來自 Aristotle 在《尼各馬科倫理學》（Nicomachean Ethics，亦譯作《宜高邁倫理學》）提到：每個人都喜歡對其自身是善的事物，對於朋友的愛是為了對方的善，作為朋友應是相互有善意。如果對方沒有同樣的善意，那只是對於朋友的善意或期望，真正的友誼是要能相互回饋的善（Aristotle, 2000〔1155b〕）。Aristotle（2000）將友誼分為三種類型：(1) 建立於實用上的「利益之交」的友誼；(2) 建立於快樂上的「愉悅之交」的友誼；(3) 建立於良善（goodness）之上的「德行之交」的友誼；前二者不是為了從對方獲得利益，就是令自己感到愉悅；相反的，德行之交是基於良善的人彼此之間的友誼，因為彼此都是善的，並且為了對方好，希望對方也是善的，方是最真誠的朋友（Aristotle, 2000〔1156a〕；苗力田、徐開來譯，2001；詹家惠，2010；Healy, 2011a, 2011b）。

一、從哲學的面向探討良善友誼的概念

Aristotle 在《尼各馬科倫理學》提到：友誼是一種德行，或是與德行相關，是日常生活中所需要的，沒有人會願意去過那種沒有朋友的生活。友誼能夠將城邦加以聯繫，制定法律者認爲友誼比正義重要，一方面可以加強友愛與團結，一方面可以消除仇恨對立；而講到正義也必須重視友誼（Aristotle, 2000〔1155a〕）。作爲朋友需要相互有善意，也會希望對方好，良善者的友愛是完滿的，他們會爲了朋友自身而希望對方爲善，才是真的朋友（Aristotle, 2000〔1156a〕；苗力田、徐開來譯，2001）。由此可知，必須擁有德行的兩個好人，才能發展友誼關係。

Verbeke（1990）詮釋 Aristotle 的友誼是一種德行，道德的行爲是人類生活中主要的部分，真正友誼的實踐對於個人的倫理成長有所助益，就 Aristotle 的友誼而言，是一種愛己的延伸，一位有德行的人愛人就像愛己一般，這是人之所以爲人的真正核心。Verbeke（1990）進一步說明，在德育方面，友誼扮演一個關鍵的角色，有德行的人才可以實踐真正的友誼，也是一種愛己的延伸；因此真正的愛是家庭生活的基礎，也是政治社群的根本，也是正義與友誼的根基。

前面提到 Aristotle 將友誼分成德行之交、快樂之交、利益之交（Kristjánsson, 2006）。依據黃藿（1996）的詮釋，品德型友誼存在二者之間，雙方花費一段時間了解彼此的人品，因爲對方的善良人格特質而彼此相信，整體而言具有四個特徵：(1) 交友的雙方都是有德行的人，且彼此懷著善意爲對方著想；(2) 交友雙方都無條件爲善，彼此爲謀求對方的福祉而行動；(3) 雙方都具有愉快的性格，也能讓對方感到愉快；(4) 因爲善良的人通常能長久保持她（他）的德行，友誼關係是恆久不變的。因此，依據黃藿（1996）的詮釋，友誼是一種穩固的品德狀態，真正的友誼是一種德行之交，透過自身理性的思慮所做的抉擇，因而成爲一種穩固不變且持久的品格狀態。依據上述品德型友誼的意涵，也是本論文稱爲良善友誼的本質，因爲上述帶有 Aristotle 的品德意涵的友誼概念，彰顯英文的 goodness 與 Aristotle 所欲強調的善意及爲對方設想的意涵一致。

Walker、Curren 與 Jones（2016: 4）指出，友誼係指雙方正向積極地關注與關懷彼此，願意爲了站在良善的立場爲對方好。換言之，良善友誼的實質意涵更爲積極，除了是一種雙向互惠的情誼，更重要的是雙方具有良善的目的，眞誠爲了彼此的善而付出情誼。

　　既然 Aristotle 的德行是一種個人本有能力的卓越化和良好（人際）關係的滿全，而黃藿（1996）指出，這樣的關係需要透過友誼的行動加以達成。友誼一詞的核心意涵是：一個人對於另外一個人眞誠的關心，且甘心爲對方的福祉而效力。因此，黃藿（1996）從 Aristotle 的友誼論歸納出幾點啓示：(1) 友誼不僅是一種德行，也是一種動力，作爲德行可以幫助人的本有能力與品德朝向卓越，作爲動力可以將人際關係推向全面開展與臻至圓滿；(2) 人在社會群體中生活，需要透過友誼維持自身與他人的良好人際關係；(3) 交友是爲了增進德行，不要有外在目的，因此謹愼擇友、誤交損友，會影響追求德行的目的；(4) 若想擁有友誼，需要先做好人，做好人必須先自愛方能愛人；(5) 友誼是幸福人生的重要一環，藉此追求至高至善作爲人生活的終極目的。

　　Schroeder（1992）主張品德的友誼強調不僅了解每個人的眞實自己，且透過對於彼此的覺察與深思熟慮，讓彼此更爲具有人性與快樂。潘小慧（1996）指出，友誼或友愛作爲一種愛的活動，以及作爲一種德行，是有其實際效力的，吾人希冀我們的友誼對象獲得善，我們也付出給予他們善；在實際生活中，友愛減輕了痛苦和貧困，提高福祉和幸福（善）；因此，友誼由於作爲人際關係的底基形式，友愛的效力應不侷限於我們的親朋好友，而應擴充至周遭朋友，甚至是同胞或陌生人等。

　　對於儒家而言，「友」一詞不能隨便用在一個熟人或陌生人上，在古代漢語中，「朋」是與之有共同老師（同門）的某人，而「友」是與之有共同志向（同志）的某人。而「友」與「右」的字根相同，表示右手，代表「尊崇」的意思；也同字根「佑」，表示「幫助」；也同字根「祐」，意爲「賜福、保佑」〔彭國翔（編譯），2011〕。由此可知，就漢字來說，「友」有其深層的意涵，如甲骨文字形，象徵順著一個方向的兩隻手，表示以手相助，就是朋友。

在《論語・季氏篇》「益者三友章」云：「孔子曰：益者三友，損者三友。友直，友諒，友多聞，益矣。友便辟，友善柔，友便佞，損矣。」「友直」者，指與言行正直的人為友；「友諒」者，指與誠實可信的人為友；「友多聞」指與博學多聞者為友。「友便辟」指只懂得粉飾儀容外表去討好朋友，完全缺乏誠懇忠信的態度；「友善柔」指與擅於諂媚阿諛者為友；「友便佞」指與巧言善辯卻沒真才實學者為友（楊伯峻、劉殿爵譯，2009）。從上述孔子對於益友的解釋是首重正直與誠信，如同黃藿（1996）所評述：交友時應當選擇與有德行的好人交朋友，如此才能對我們自身的道德品格成長有所助益；交到壞朋友，可能會損及道德人格的完整性。

Noddings（2003）指出學校正式課程中較少提到友誼，然而有些教師會自行設計一些與友誼主題相關的單元。語文老師可以透過一些相關的書籍加以討論，因為透過討論可以協助學生思考：例如：就中學生可以討論的議題是：「如果有朋友吸大麻，你會舉報嗎？」大多數同學不會直接舉報，但是會選擇幫助朋友的方式加以處理。「當你的好朋友虐待動物，你還會和他做朋友嗎？」、「發生怎樣的行為會讓你和朋友絕交？」等，上述的問題可以回到 Aristotle 的宣稱：良善的人會需要有一群志同道合的好朋友作為朋友。「所以可以思考，如果你的好朋友真的做壞事，你會怎麼做？」（Noddings, 2003）。

從上論述，無論西方或東方均重視朋友的德行意涵，可以作為本論文重視良善友誼或德行友誼的重要性之闡釋。

二、從發展心理學的面向探討良善友誼的概念

在兒童心理學中較少提到友誼的概念，以 D. E. Papalia 提到朋友是指「兒童感覺摯愛，在一起很愉快，喜歡為他（她）做事情，以及願意分享感覺和祕密的人」（張慧芝譯，2001）。1950 年代，兒童心理學的相關期刊少談同儕關係，忽略兒童的友誼概念。直到 2000 年初期，有許多朋友或同儕的文章，Berndt（2004）關切兒童與好朋友的關係，關注三個問

題：在兒童期與青少年階段，好的友誼關係應該是怎樣的？隨著年齡的轉變，友誼如何隨之改變？友誼對於兒童與青少年的發展造成怎樣的影響？

1950 年代 Sullivan（1953/2001）探討個人由嬰幼兒到青少年的階段發展，解釋個體的早期社交經驗對於成人人格的影響。Sullivan 主張「前青少年期」（preadolescence）的友誼關係，是非常關鍵的階段；特別是 8 歲半到 10 歲的這個階段，兒童開始敏銳的察覺到如何發展與他人互動的關係，所以重視「我們應該思考我們對於友伴的幸福與支持同伴的價值感。」（Sullivan, 1953/2001: 245-246）同時，他指出在青少年期之前的兒童彰顯人際之間愛與親密關係的需要。Berndt（2004）指出，Sullivan 主要有兩個主張：首先，兒童間緊密的友伴關係具有許多正向的特徵，像是察覺到他人的需要與欲求、親密感，以及為了營造良好的互動關係所做的努力，因此可以發展青少年期之前的階段。

L. E. Berk 在 2012 年指出，對於兒童而言，友誼的形成係建立在令人愉快的活動上，友誼的形成不同於成人的友誼，隨著年紀的增長，友誼變得較為抽象，變成以相互體諒以及可供心理滿足為基礎。Berk 參考 W. Damon（1988）的研究，將兒童友誼的發展階段分成以下三個：第一，4-7 歲時，友誼是就近的玩伴，小朋友一起玩、一起分享玩具等；第二階段，為 8-10 歲時，友誼是相互信賴與相互協助，友誼概念變得較為複雜與涉及心理需求；第三階段，11-15 歲以上，友誼是親密、相互了解與忠誠，不僅是兒童在心理上很親近，還要加上彼此價值觀、信念與感受的相互了解（古黃守廉、姜元御、曾幼涵、陳亭君、李美芳、黃立欣譯，2015）。

Berk 也指出兒童友誼的三個特徵：第一，友誼選擇性與穩定性：當預期相互信賴和忠誠變成兒童對友誼中所看重的一部分時，就會有較高的友誼選擇性和穩定性，通常兒童所處的社會情境，如學校或住家鄰近社區有助於穩定性的維持；第二，朋友的互動：不同年齡兒童與朋友之間的互動有其獨特性，自發、親密與敏感是兒童早期有益友誼中的特徵，面對朋友比較能夠表達情緒、談天說笑；第三，朋友間的相似性：童年時期的朋友在年紀、性別、族群、社經地位有一些相似性，朋友在性格上、受歡迎程度、學業成就、利社會行為與對他人的感受或知覺等方面，也有一定的相

似性，因此兒童會爲了增加友誼的支持，而選擇與自己相像的同伴（古黃守廉等譯，2015）。

郭靜晃（2006）彙整學者的看法指出受歡迎的兒童的特徵有許多，其中有部分與品德關聯性較高，如「對他人友善，較少被處罰，較多支持性行爲」、「善於解決社會的問題」、「助人」、「眞誠、忠實」等。郭靜晃（2006）也指出，影響兒童選擇朋友之因素，包括：外表的吸引力、身材、年齡、性別與族群等，而兒童與朋友之間呈現的互動較多，較爲正向、共享與平等對待。由此可知，朋友對於兒童有導引社會互動與合作行爲的功能。

三、從教育社會學的面向探討良善友誼的概念

2006 年英國兒童學會（The Children's Society）進行全國性《美好童年研究調查》（The Good Childhood Report），該項研究針對超過 2 萬名兒童與將近 1 萬名的成人、教育人員進行問卷調查、焦點團體訪談等方式蒐集資料，研究來自各種背景的孩童，甚至包括受到交付管束、進入少年監獄、身心障礙兒童、難民與少數族群等（Layard & Dunn, 2009）。該研究報告指出童年應關切七個面向的課題：家庭、朋友、生活型態、價值觀、學校教育、身心健康與不公平（Layard & Dunn, 2009）。其中在價值觀方面，特別重視如何理解與尊重他人，強調青少年與學童先學會自我尊重與相互尊重，其中必須透過身教與感受生活體驗，教育需要教導學童如何在生活中維護尊嚴並學會尊重；換言之，該研究強調學童在個人、社交與情緒方面的學習應該和認知面向的學習一樣重要，尤其是學校教育應教導學童如何學習理解、接受、欣賞與欣然接納差異。從這項研究直接針對兒童與青少年進行研究，藉此研究了解當前兒童的想法與需求，有助於提供更貼近他們之教育方式與有效達成教學目標。

從教育社會學的觀點，吳齊殷（2005：373）指出「友誼係指相互熟識的人們之間的一種關係，包括喜歡和愛慕，還可以包括相互間的義務，如忠誠。」在兒童之間，友誼和同儕關係在社會化的過程中帶有重要的

影響力。青少年學生時期所結交到的好朋友，往往有機會成為其終身的夥伴，因為該時期所結交的朋友比較沒有相互物質條件或社會地位的考量，彼此關係較為坦率與真誠，是故，在青少年時期所建構的友誼網絡，可謂一個人一生中非常重要的生活經驗（吳齊殷，2005）。由此可知，在學生時期培養良善的友誼，對於一個人一生的發展有其關鍵影響性。

在吳齊殷與李文傑於 2001 年針對青少年友誼網絡本質及其時間變化歷程的長期追蹤研究中發現：青少年學生本身的自尊程度會隨著自身在班上的友誼網絡關係中的親疏地位的差異，而有明顯的升降，孤單型的學生自尊程度明顯偏低；班級內同儕的友誼關係氣氛扮演潛在的重要關係，不僅會影響學生的學業學習表現，更會左右學生是否能夠在青少年時期轉型中成功地與外在社會結構相互調適與成長（吳齊殷，2005）。在班級經營的研究中，青少年非常重視同儕歸屬感，因此，友誼是學生非常重視的價值，當學生遇到困擾也常找友伴傾訴或討論，青少年次級文化、同儕之間的友誼，是教師在進行班級經營時必須注意的重點（張民杰，2011）。

同儕互動與團體經驗對兒童在未來人際發展會具有一定的影響力，而同儕關係與兒童團體中的派系，在國小階段的兒童中期階段（9-11 歲或中高年級）就逐漸開始形成。李偉斌（2012）探討國小班級人際友誼網絡的情形，包括班級中的網絡關係與結構、派系、中介角色等，其次探討兒童的「學業成就」、「外貌」、「性別」與其在人際中受歡迎程度的關係。最後，該研究探討在國小「包班制」的環境中，級任教師與兒童的人際友誼網絡的關聯。該研究採用問卷調查法，資料樣本採自某國小二至六年級中 156 位兒童與 5 位教師。研究結果顯示在班級友誼網絡中，隨著年級的增加，班級中的派系數與小團體也隨之增加，且班級中性別區隔的情形會益加明顯；學童的外貌與學業成就與其受歡迎程度有正向關係，且國小學童偏愛與同性別的同學為伍；教師較喜愛的學生具有外貌佳、學業成就高的特性，但教師較喜愛的兒童，未必會是在同學之間被喜愛的人物。李偉斌（2012）的研究著重在了解國小班級中學童友誼網絡關係的情形，了解國小學童「外貌」、「學業成就」、「性別」與其人際關係的關係，並了解級任教師喜愛的兒童與班級學童人際友誼網絡的關係。他的研究對象跨

越二至六年級，包括四年級學童的友誼網絡，也針對教師進行研究，可以了解教師對於學童同儕關係的觀點。

為何良善友誼可能

　　Dunn（2004）指出為何兒童的友誼值得研究：第一，對兒童而言，朋友是非常重要的，如果不探究孩童與朋友之間的關係，我們無法知道兒童究竟為何興奮、歡笑或難過，友誼是兒童生活品質的關鍵，透過探討兒童與朋友之間的緊密關係，特別是兒童被同伴拒絕的經驗、是否被接受或受到歡迎，無疑會影響個人日後的發展與調適；第二，研究小朋友的友伴關係對於情感上的支持至為重要，了解學童之間在學校生活中如何互動；第三，從研究趨勢來看，越來越多針對兒童或幼兒保育進行研究，意味著兒童的社交關係未來更加重要，從發展的角度研究兒童與兒童之間的關係，將有助於理解社交經驗對於兒童發展整體的影響。

　　英國伯明罕大學「品格與美德銀禧研究中心」（The Jubilee Centre for Character and Virtues）的 Arthur、Kristjánsson、Walker、Sanderse 與 Jones（2015）在「英國學校的品德教育」的研究報告關注幸福成長的良善友誼之文獻探討，且聚焦在於探討兒童能夠察覺與具有品德的友誼概念；換言之，9-10 歲的國小學童年紀雖小，但是仍然可以說出具有品德意涵的友誼概念與事例。

　　Walker、Curren 與 Jones（2016）採取質性的紮根研究取向，研究期程為 2013 年 3-10 月蒐集資料，有來自 10 所樣態不一樣的學校，14 個焦點團體訪談，對象的年紀為 9-10 歲，每一個團體有 6 個成員，曾通過家長的知情同意，藉由學校教師挑選適合的學生，考量學生的學習表現、性別、族群與行為表現等。不過 Walker、Curren 與 Jones（2016）有提到研究可能的限制，當時由教師挑選學生參加訪談，教師可能都找表現比較好的學生，但是這樣就與真實的現況不一樣。

　　在焦點團體的運作過程中，一開始研究者會告訴參與學生：所回答的內容沒有對或錯，研究者想要了解學生的看法，藉以探討學校如何致力

於幫助學生成為好人與好學生;每一組學生一開始會先寫下與「朋友」相關的概念,以及寫出怎樣才算是好朋友?接著研究者會刺激學生思考與討論他們的想法,每一次的團體討論時間大約 40-60 分鐘。該項研究進行過程,Walker、Curren 與 Jones（2016）並未先預期學生會提到或探討有關良善的同儕友誼關係,在轉譯資料後的分析過程中,採用 Aristotle 對於友誼的分類,進一步釐清有關友誼概念的本質,找出良善友誼所需具備的相關意義。

相關的研究討論主要聚焦於研究者的問題:國小學童能夠察覺或發現在友誼關係中的好品格嗎?Walker、Curren 與 Jones（2016）研究發現,的確在參與研究的小學生可以說出他們具有關心朋友的美德,許多品德也是他們提到覺得是重要的,例如:關懷他人是很多在焦點團體訪談所提到的,這個年紀學生討論友誼的概念主要會提到一些活動,像是完成或繳交作業、校內集會的表演、體育課找尋夥伴、午餐餐後球賽等。依據 Walker、Curren 與 Jones（2016）研究發現,許多道德方面的語句會自然而然地出現在學童的訪談中,例如:他們提到「好朋友就是勇敢的、忠誠的、助人的、誠信的與值得信賴的等」。有些學童沒有直接說出品德的名稱,但卻仍意指某些品德,例如:有學童提到誠信的概念,如「永遠在你身旁」、「只要朋友需要,我都在旁」;提到同理心、公平等,公平像是說:「讓每個人都有機會和她一起玩」、「不要偏祖」等;如信賴的概念,像是「朋友不會在私底下對你說三道四」、「不會背叛你」、「可以與你分享所有事情」等,無論是直接或間接都會提到具有品德成分的友誼概念,且朋友關係乃是建立在彼此的良善品德上。

此外,也有學童表達有關友誼就是強調「公平」,例如:「每位成員都要參與」、「好朋友不會有所偏頗,也不會只站在別人的立場,而是傾聽雙方的意見」,公平也是學童認為他們希望具備的品德,譬如有學生表示:「我做事情總是力求公平,我會從別人的立場加以考量事情。」Walker、Curren 與 Jones（2016）也發現,學童會提到有關誠信或不欺騙的概念,是作為朋友關係所需要的基本道德尊重,例如:有一位學生提到:「朋友不會掩飾事實,如果朋友做錯事情,他們會誠實面對且加以這

歉。」另外也有小朋友提到：「如果有一個朋友確實偷了你的東西，應該告訴你，以免造成你的不悅」；「儘管你會擔心是否會失去一個朋友，但是畢竟一個所謂的好朋友應該可以體認到誠實與認錯實為上策。」從前述學者的研究發現，儘管是 9-10 歲的小朋友，他們對於友誼關係是有品德意涵的。

　　受訪學生也提到涉及敏感問題的友伴關係，如「朋友會為對方保守祕密，且幫助對方度過難關；朋友是否會替對方保守祕密意味著評價朋友的一個規準，這也與朋友之間的信賴感和互信關係有關。」或者說：「朋友告訴我的事情，除非你要我說，否則我不會對別人說起，因為這是朋友不希望告訴別人的事情，如果說了會讓朋友感到不開心。」因此，Walker、Curren 與 Jones（2016）指出，支持與幫助朋友度過難關也是關乎到友誼關係是否良善的重要指標，這也與是否同情、包容與看重朋友自身有關。這樣的支持可以提供友伴實際與情感上的支持，例如：學童提到「朋友可以為你打氣加油、朋友會體會你的感覺、有困難時朋友會力挺你度過難關、當你傷心時可以傾訴等。」因此，朋友可以提供多方面的支持，特別是當有困難時，朋友會拔刀相助等，所以學童會覺得如果朋友在他們需要幫忙的時候會提供適時的支持或關心，這是他們所提到的朋友關係。

　　另外，Walker、Curren 與 Jones（2016）也研究學童對於擁有或渴求美德、良善的友誼關係之情形，並分析出三個論點：第一，合乎道德地尊重別人為自我決定的個體；第二，欣賞朋友的特質或美德；第三，願意為別人的好而做出行動。在第一點尊重部分，學童提到的尊重包括傾聽、不插嘴、即使朋友做錯事情也會持續好好相處、整體來說，學童認為應該考量他人的立場，且尊重別人的發言。前述學童關注公平、誠實與敏感性的誠信問題等，都涉及有關基本的道德尊重，期望一個人可以透過各種方式尊重他人。在第二點欣賞別人的部分，從前述的分析中，發現學童也會重視朋友是否具有美德的特質，在友伴關係中學童特別提到他們重視值得信賴的品格，因為這是友伴關係的基礎。此外，學生也重視誠實、體貼、忠誠、分享、同理心、謙虛等，受訪學童表示可能會放棄與愛炫耀的朋友交往。除了賞識朋友的美德之外，自己是否察覺到在友誼關係中自身特質，

是否有考量朋友的快樂與了解到如何改善自身的品格，進而能擁有良善的友誼關係。

第三點在於願意為了別人的好而做出善。Walker、Curren 與 Jones（2016）研究發現這一點一直反覆出現在不同的焦點團體訪談中，學童表達出對於朋友的關心，時常透露出一種微妙的、敏銳的或只可意會不可言傳的意涵。換言之，學童的想法會試著保護朋友的情感並表現出良善的情形。例如：有一位受訪者娣妲提到，當朋友問娣妲她的衣服好不好看時，妳不能直白的說：我很不喜歡，而是要換句話說：我覺得很適合妳，但是我不認為會適合我。像這樣在同理心與誠實兩個品德之間取得均衡，時常被受訪的學童用來表示身為好朋友，必須替對方著想，考量各種情境必要時要說出善意的謊言。因此，如何能敏銳地想到朋友的需要或立場是很重要的，因此要避免那種一直以自身立場為出發點的交往模式。

總而言之，Walker、Curren 與 Jones（2016）主要研究發現在於，即使是 9-10 歲的兒童重視友誼，也會展現尊重彼此的美德，會欣賞朋友之間好的美德，也渴望透過好朋友身上的美德薰陶成為好人，也會願意為了朋友的好而善待別人。

肆 結語

本論文從哲學、發展心理學與教育社會學等不同領域探討兒童良善友誼的概念，並援引英國當前的主要研究進行討論，可以發現國小中年級（9-10 歲）的確處於一個關鍵時期，在學童走向狂飆的青春期之前，從上述的國內外實徵研究與學理探究，可以發現兒童之間是存在良善的友誼的。重點在於教育學者如何透過科際整合的方式進行探究，邀集更多有志一同的研究者與教育實務工作者進行研究，如何透過課程教學與班級經營關切學童的良善友誼，藉此培養學童往幸福的成長人生邁進。

參考文獻

中文部分

古黃守廉、姜元御、曾幼涵、陳亭君、李美芳、黃立欣（譯）。（2015）。發展心理學：兒童發展（二版）（*Child development*）（原作者：Laura E. Berk）。臺北：雙葉書廊。

吳齊殷（2005）。學生。載於：臺灣教育社會學學會編：教育社會學（頁345-379）。臺北：巨流。

李偉斌（2012）。國小學童在班級人際友誼網絡之初探分析。屏東教育大學學報——教育類，**38**，387-416。

苗力田、徐開來（譯）。（2001）。亞里士多德——倫理學（Aristotle著）。新北：知書房。

張民杰（2011）。班級經營：學說與案例應用（三版）。臺北：高等教育。

張慧芝（譯）（2001）。人類發展——兒童心理學（原文七版）（*Human development*）。Papalia, D. E., Olds, S. W., & Feldman, R. D.。臺北：桂冠。

郭靜晃（2006）。兒童心理學。臺北：洪葉文化。

彭國翔（編譯）（2011）。自我的圓成：中西互鏡下的古典儒學與道家。Roger T. Ames著。石家莊：河北人民出版社。

黃 藿（1996）。理性、德行與幸福——亞里斯多德倫理學研究。臺北：臺灣學生。

黃光雄（2014）。古希臘教育家（下卷）：**Plato**與 **Aristotle**。臺北：師大書苑。

楊伯峻、劉殿爵（譯注）（2009）。論語（白話中文、英文雙譯本）。臺北：聯經。

詹家惠（2010）。《尼克馬科倫理學》的友誼論及其對教育的啓示。彰化師大教育學報，**17**，73-92。

潘小慧（1996）。論友誼（愛）——以亞里斯多德及多瑪斯的思想爲據。哲學

與文化，**23**(1)，191-120。

英文部分

Aristotle (1925). *The Nicomachean Ethics of Aristotle.* (D. Ross, & Trans. Ed.). London: Oxford University Press.

Aristotle (2000). *Nicomachean Ethics* (R. Crisp, Ed. & Trans.). Cambridge: Cambridge University Press.

Arthur, J., Kristjánsson, K., Walker, D., Sanderse, W., & Jones, C. (2015). *Character education in UK schools: Research report.* Birmingham: University of Birmingham.

Berndt, T. J. (2004). Children's friendships: Shifts over a half-century in perspectives on their development and their effects. *Merrill-Palmer Quarterly, 50*(3), 206-223.

Damon, W. (1988). *The moral child: Nurturing children's natural moral growth.* New York, NY: The Free Press.

Dunn, J. (2004). *Children's friendships: The beginnings of intimacy.* Malden, MA & Oxford: Blackwell Publishing.

Healy, M. (2011a). *Philosophical perspectives on social cohesion: New directions for educational policy.* London: Bloomsbury.

Healy, M. (2011b). Should we take the friendships of children seriously? *Journal of Moral Education, 40*(4), 441-456.

Kristjánsson, K. (2006). Parents and children as friends. *Journal of Social Philosophy, 37*(2), 250-265.

Kristjánsson, K. (2015). *Aristotelian Character Education.* London: Routledge.

Layard, R. & Dunn, J. (2009). *A Good Childhood: Searching for values in a competitive age.* London: Penguin.

Noddings, N. (2003). *Happiness and education.* Cambridge, UK: Cambridge University Press.

Schroeder, D. N. (1992). Aristotle on the good of virtue-friendship. *History of*

Political Thought, 13(2), 203-218.

Sullivan, H. S. (1953/2001). *The interpersonal theory of psychiatry*. London & New York: Routledge

Verbeke, G. (1990). *Moral education in Aristotle*. Washington, D.C.: The Catholic University of America Press.

Walker, D. I., Curren, R., & Jones, C. (2016). Good friendships among children: A theoretical and empirical investigation. *Journal for the Theory of Social Behaviour, 46*(3), 1-24.

2
兒童的良善友誼可能嗎？

3

你今天乖嗎？有聽老師的話嗎？論支持教育典範轉移的科技與設計

林君憶

國立臺灣師範大學教育系助理教授

壹 問題脈絡

一、問題：我對學習帶著什麼假定與前提？如何影響我的學習？

學校教育系統在農業時代與工業時代的社會文化脈絡中建構，人們在學校的活動也符應他們所承襲之根深柢固的價值觀。然而，全球化的社會趨向多元複雜，為過去在社會中相較穩定的教育系統帶來價值差異的衝擊。筆者以自身經驗與反思為例，居住美國與加拿大城市時，觀察父母傍晚由幼兒園接回小孩的情景，家長除給孩子擁抱與親吻外，常問孩子：「你今天過得好嗎？」（How was your day? Did you have a good time today?）教師與家長的簡短談話內容經常關於「您的孩子今天在學校最享受的遊戲」，比起學校裡老師教了什麼，人們更在乎孩子的主體經驗與感受。筆者回到臺灣時，發現自己與部分家長接孩子時，可能對著孩子說：「你今天有乖嗎？有聽老師的話嗎？」即使幼兒園教師不嚴肅且經常活潑地帶孩子一起說唱跑跳，但是家長潛意識說出的話，反映有群孩子從小接收大人每日耳提面命的訊息：「上學要聽老師的話。要聽老師的話喔！」成為學習信念與價值判斷的一部分。等到學童正式進入國民教育，多數已能乖乖坐好聽課，若是能持續聽老師的話，吸取老師與書本提供的知識，預期將能以不錯的成績順利進入國中或理想的私中、高中、與大學就讀。

然而，由於科技與人工智慧迅速發展，當代教育面臨重大轉變，社會上需明確答案或容易確立程序之知識能力的工作，將容易被自動化科技取代或敵不過全球化勞動市場競爭。社會貧富等差距因此急劇增加，同時環境與資源受到剝削破壞，前所未有的複雜難題等待人們共同解決。根據經濟暨合作發展組織（OECD）的「國際學生能力學習評量計畫」（PISA）素養測驗調查及 OECD 參與國家之課程研究，發現學校的課程已過度負荷。若不改變教育方式，教師持續以講述法涵蓋教學內容，學生須耗費更多時間、心力記誦與練習，如此不但犧牲青少年睡眠、社交、運動等能產生幸福感的活動，也不利於知識活用，更無法發展當代社會所需的能

力——包含同理差異、化解衝突等複雜溝通能力，或批判、分析、創造、專家思考等能運用於非結構式的問題解決能力（OECD, 2018; McTighe & Seif, 2013）。因此，大量研究投入亟需轉變之課程與教學模式與方法，甚至發展並運用科技輔助這些創新，然而卻難以改變人們關於學習的習慣、思考模式與價值觀。

儘管提倡「以問題為中心的教學」（the problem-centered approach to instruction）改革已超過半個世紀，例如探究式教學、問題導向學習等，也有學者提出課程改革，例如階梯型課程應轉變為登山型課程，即由教師為所有學生規劃各階學習內容，轉為鼓勵學生選擇自己的路徑，透過探究與表現、與同儕協作達到最終學習成果（佐藤學，2018）。但學習心理學家分析相關教學實徵研究（Kirschner, Sweller, & Clark, 2006），指出這種提供學生少量指導（minimal guidance）的教學是無效的，不如講述式或階梯型的指引來得有效率。該文章引起關注，多少因該結果回應建構理論在實務現場實踐時的困難，教師與研究者觀察發現，學生在新的教學法經驗的學習焦慮、迷惘、過多認知負荷、甚至抗拒，而使師生感到挫折。即使我們知道學生在非結構性的問題解決裡，這些經歷有益於最終能力增長，且教學者能夠以教學鷹架的形式提供學生支持，由後設分析實徵研究裡發現，「問題導向的學習」（problem-based learning）依然特別困難，推測原因是「問題導向的學習」需要學生尋找與確認值得探究的問題、使用批判思考定義與解決問題、過程中與同儕協作尋找合適的資料運用資源、評鑑自己的學習過程等，這個更開放的學習歷程對於自主（autonomy）的要求相較其他教學方法更高，而目前美國教育體制裡，學生不常經歷到自主（Boud & Feletti, 2013, Belland, 2017）。

若是社會與學校文化不推崇自主、同儕學習等，學生已發展出固化的心智模式，與資訊時代的教育典範背道而馳。假使此時引入「以問題為中心的教學」，導致學生學習歷程中產生認知、情感、方法等面向的衝擊是可預見的。該如何支持學生整體的學習心智模式轉化，進而使教育典範成功轉移？這裡的學習心智模式，指人們想到學習時，他們傾向認為學習是什麼，通常由信念、價值觀、與文化形塑。這裡的轉移指的是如學習由

被動到主動、由吸收知識到建構知識、由重視個人成績競爭到同儕相互學習等，進而與教學轉變一起達成教育的典範轉移。表 1 中，Reigeluth 與 Joseph（2002）列出工業時代與資訊時代典範之參照指標。筆者認為學習者心智模式在教育的典範轉移時的改變，極為關鍵也極為挑戰，卻仍是目前研究較少關注的主題。

表 1　工業時代與資訊時代系統的關鍵區分指標

工業時代	資訊時代
標準化	客製化
服從	自發
一致	多元
分化	整體
生產導向	過程導向
官僚組織	團隊導向的組織
集權管理	有責任的自主
對立關係	合作關係
中央決策	分享式的決策
單向溝通	網絡
計畫性汰換	全面品質
老闆至上	顧客至上

資料來源：Reigeluth & Joseph (2002)

二、問題：科技能影響學習嗎？能改變學習者的心智模式嗎？

　　科技能影響學習嗎？這個問題的起源可溯及教育科技領域相當有名的爭議。最初由美國南加州大學 Richard E. Clark（1983）提出科技媒體是否影響學習（*Do Media Influence Learning?*）一問，該文章刊登於《教育研究評論》（*Review of Educational Research*）受到極大關注，Clark 分析實徵研究結果，主張科技媒體在任何情況下都對學習沒有影響。他比

喻科技媒體像運送食物的車輛，教學像是被運送的食物，而學習成果像人們得到的均衡營養與健康；他認為科技媒體只決定了教學如何被送達（delivered），充其量能夠影響運送花費。例如當時使用電視作為遠距教學傳遞知識的工具，電視不影響學習，真正影響學習的唯有教學內容。該文章的結論建議未來應停止浪費時間研究科技媒體與學習的關係[1]。

美國密西根大學 Robert B. Kozma 於 1994 年撰稿回應 Clark（1983），該文章刊登於《教育科技研究與發展》（*Educational Technology Research & Development*）期刊。Kozma 主張現在就是時候重新檢視並修正問題——科技媒體能否影響學習？（他將問題改為 *Will* Media Influence Learning?）他認為過去教育受限於行為主義，學習被視為接受刺激與被動反應，科技媒體僅為傳遞刺激或知識的工具，若單由這個角度思考，科技媒體對學習沒有影響。然而，該篇文章中 Kozma 指出教育科技並非自然科學，而是一門設計科學，人們研究的是依據自身概念與設備而設計出來的媒體產物與其運用而產生的學習結果，若研究結果發現科技媒體不影響學習，那是因為人們還沒有設計出能夠影響學習的科技——包含媒體形式與使用方法。Kozma 認為在其他學習理論發展的脈絡之下，科技媒體除了具有特殊承載符號的系統（symbol systems）外，也具備支持特定認知及社會互動歷程的能力（processing capability）。

2004 年 Tim O'Reilly 提出科技媒體的突破性概念「Web 2.0」，應證了 Kozma（1994）所言——科技將帶來能支持特定認知與社會互動歷程之能力。過去網路如同報紙、電視，為單向傳送訊息的管道，Web 2.0 的技術方法使大眾能透過編輯內容貢獻他們自身的想法與經驗，甚至形成線上社群。例如，YouTube、Facebook、Blogs、Wikis、Amazon 等社群媒體工具與平臺，使人們得以透過網路產生互動與連結，甚至影響結果。進一步舉例來說，Wiki 使用者在閱讀內容的同時，可以立即透過瀏覽器編輯、追蹤其他使用者提出之內容修訂等，使得網路上的維基百科全書

---

[1] "It seems reasonable to recommend, therefore, that researchers refrain from producing additional studies exploring the relationship between media and learning unless a novel theory is suggested" (Clark, 1983, p.457).

（Wikipedia）成為值得參考、中立、多語言、經大眾審查且隨時更新的百科全書。約十年前，在美國加州學術機構進行研究 John Seely Brown 與 Richard P. Adler（2008）在 EDUCAUSE 發表「頭腦著火了：開放教育、長尾效應和學習 2.0」一文（Minds on Fire: Open Education, the Long Tail, and Learning），帶動教育科技的理論學者、研究者、與教師投入 Web 2.0 科技於教育領域的應用，希望促成學習模式轉變。例如 John Seely Brown 與 Adler 認為在教育場域運用 Web2.0 工具與環境，學習者將能夠投入具生產力的探究（productive inquiry）與同儕學習（peer-based learning），請參考圖 1 原作者以冰山比喻說明學習的轉變：過去是由多年學習外顯的

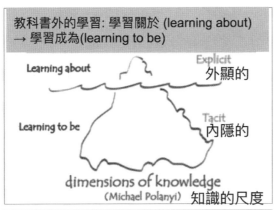

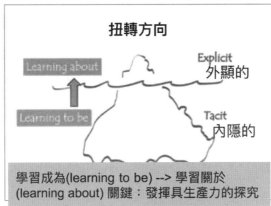

圖1　以冰山比喻說明學習的轉變
資料來源：Brown & Alder (2008), p.20

學科知識之後，未來才有機會成為參與領域工作的一員繼續學習潛在的知識，然而因為 Web2.0 的普及，學習者有多樣機會參與線上的虛擬社群，與領域中各種具不同程度實作經驗的人們互動、進行社會學習，由互動裡學習到關於領域的知識，其關鍵概念來自杜威提出的探究（productive inquiry）；圖 2 說明 Web 2.0 的網路社群裡各種教學經驗的教師，在線上平臺進行知識翻新與分享之有機與永續循環。

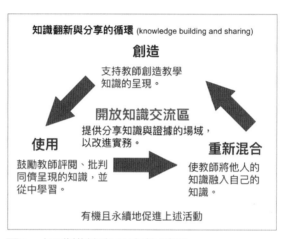

圖2　知識構築與分享的循環
資料來源：Brown & Alder (2008), p.28

　　實際上 Web 2.0 科技究竟如何影響學習？以課堂使用的 Wiki 為例，Justin Reich（2012）與其帶領的哈佛大學研究團隊，分析將近 200,000 個在美國 K-12 教育環境下建置的 wikis，探究 wikis 究竟提供學生什麼樣的學習機會？結果刊登於《教育研究者》（*Educational Researcher*）期刊，研究發現約 40% 的 wikis 對學生沒有任何意義，屬於教師測試之後拋棄不用的網站；約 33% 的 wikis 作為教師中心的知識傳遞管道，例如課程大綱、連結、閱讀材料等等；約 25% 的 wikis 由學生上傳展示個人的作業；只有 1% 的 wikis 屬於學生在 wikis 平臺上協作、共同建構知識與分享。這 1% class wikis 接近教育科技的理論上所期待的學習活動型態，但數量實在不是很多。似乎符應 Bates 與 Poole（2003, p.52）所說，教育科技的經

常失敗，可歸因於教師嘗試將已占主導地位的課堂形式帶入新的媒體，而不是發展新的方法來善用具獨特功能的媒體或科技。

文獻可見相當豐富的研究投入「教師」對於科技的信念、科技的知識、或相應的教學取向等主題。然而，不只中小學教師，即使具有信念、知識、與創新實務教學經驗如大學教授，投入運用 wiki 於協作學習，還是面臨眾多挑戰[2]。Kummer（2013）分析整合 73 篇關於大學課堂的維基研究之期刊論文，發現學生使用維基協作歷程的主要阻礙包含群體動力、學生動機與評量。教師累積挫折的教學與研究結果，許多來自於學生的反應或回饋，指出「學生」對於新的學習方式與科技媒體抗拒或恐懼，例如學生抗拒共同編輯，未能發展網頁上知識內容之共同所有權（collective ownership），共同編輯使他們感到被冒犯，不希望別人編輯自己送出的內容、也不希望編輯別人的內容，因為他們認定那會影響個人的評量結果（Hemmi, Bayne, & Land, 2009）。

這潛藏一些相當值得思考的問題：科技融入教學只能服務既有的教學與學習模式，若不適用該產品即被拋棄淘汰？或科技媒體真的可以為學生帶來本質不同的學習經驗，進而轉變學生的心智模式嗎？那麼過程中，如何協助學生克服關於「學習是什麼」的認知衝突？

 案例討論

以下筆者以近年執行兩個不同研究的主題為例，與讀者共同探究由「直接教學、教師為中心的學習、知識傳遞」到「問題中心取向的教學、同儕學習、知識建構」的典範轉移，科技媒體能夠扮演的角色與教學鷹架設計的方法。案例裡使用者的學習心智模式是什麼樣貌？科技融入教學的設計，如何將學習者的心智模式的衝突一併考慮，最終能改變學習模式？

2　最後多年提供教育使用的 wikis 最大平臺 Wikispaces 於 2018 年底關閉服務。

一、新興學習科技應用：以課堂維基支持知識分享(Lin & Reigeluth, 2016; Lin & Reigeluth, 2019)

　　自 Web 2.0 工具蓬勃發展，筆者與美國印地安那大學 Curtis J. Bonk 教授開始合作研究人們使用媒體科技分享知識的動機、媒體科技於學校外非正式學習帶來的影響，包含深度訪談與調查維基百科（Wikipedia）和維基教科書（Wikibooks）的協作編寫者，發現這些研究參與者多具有知識分享與自主學習的動機，也對於社群互動的經驗感到滿意。筆者再轉而研究正式學習場域裡，教師將創新媒體 wiki 服務引入課堂成為課堂維基（class wikis）的經驗：儘管 wiki 具備前所未有的功能支持眾人線上協作，多數教師與學生仍以既有的教學與學習信念使用這項科技，筆者搜尋課堂維基以尋找潛在研究參與者的歷程裡發現，如 Reich（2012）調查指出，多數課堂維基都作為知識單向輸送工具，而非作為知識建構分享或同儕協作探究的環境。然而，筆者幸運地從眾多課堂維基中找到兩位大學教師，他們青睞專題導向的方法、相信社會建構知識的價值、且具使用課堂維基於教學以支持知識分享與同儕協作的經驗，他們同意參與研究，於是筆者與共同研究者 Charles M. Reigeluth 教授進行一系列的設計本位研究（design-based research）。

　　第一個循環的設計本位研究（Lin & Reigeluth, 2016），包含發展與修正課堂使用維基支持協同學習（collaborative learning）的教學理論及分析學生使用課堂維基的行為模式與原因。研究發現協同學習在兩個不同的狀況下分別成立或失敗：學生於進行小組專題時運用課堂維基相當自主且投入，卻抗拒於課堂維基提供其他同儕有益的回饋，或自主與全班分享知識。原因是前者課堂維基運用的情境，符合學生已建立之小組學習習慣，學生熟悉的實體經驗與心智模式使他們容易接納與運用 wikis，此時課堂維基屬於科技重製的媒體類型（reproduced genre）；而後者情境涉及鼓勵學生運用維基平臺自主參與整個班級的知識分享，此時課堂維基屬於全新浮現的媒體類型（emergent genre），研究發現學生缺乏相關實體經驗使他們不安，甚至新的教學方法違背他們既有的學習信念而使心生抗拒。相較於教師期望透過科技運用來創造「學習是與同儕分享互助」的經驗，觀察

發現多數學生只聽從教師指揮，嘗試一、兩次後即停止參與，訪談發現學生仍相信「學習是與他人競爭」，他們認為提供其他學生回饋會使別人或別組看起來表現得比自己好，提供他人知識非但無助於自己學習，也不利於自己的成績。

　　第二循環的設計本位研究持續與大學教師協作，這次特定只聚焦於使用課堂維基促使學生自主參與班上共同的知識翻新（whole-class knowledge building）的教學鷹架設計，希望進而構築分享與同儕互學的文化（Lin & Reigeluth, 2019）。研究先參考學習者自主性的理論架構（Littlewood, 1996）設計教學鷹架，大學教師教學實踐歷程的外顯與內隱知識更豐富了教學方法。一般教育科技研究常專注於學習行為的（behavioral）改變，但我們發現當涉及典範轉移的改變，新的教學方法會造成與學習者既有的心智模式衝突時，另外需支持學習者認知（cognitive）面向的改變──重新定義學習是什麼、怎麼樣可以學得更好、為什麼現代的工作環境裡同僚重視分享的文化，及情感（affective）面向的改變──當新的學習模式與熟悉的學習信念衝突時，該如何重新詮釋自己的感受。舉例來說，一方面學生習慣課堂作業是個人交給教師評價的作品，因此在課堂維基上不觸碰其他同學上傳的段落，也不希望他人更動自己的文句，擔心形成不愉快的氛圍，但另一方面學生又受教師鼓勵應自主編輯維基的內容，參與知識分享與建構，造成學生進退兩難而猶豫不前的內心衝突。因此參與本研究的大學教師明白說出學生可能有上述矛盾的心聲，指出現在的學習與過去的學習有所不同：當你與我交換一個蘋果，我們各有一個蘋果，但當你與我交換一個想法，我們就各有兩個想法；當你上傳一段你自己所研究學習到的技術到課堂維基，它就成為一個送給班級的禮物，它不再是屬於你的，而開始有了自己的生命；不只老師看見你的作品，當有同學看見它，同學會在上面增加或修改，使它變得更好，而成為屬於我們班級共有，且大家都能得益的知識。分析資料顯示學生參與課堂維基平臺的班級知識翻新與建構的行為持續增加，課程結束訪談發現學生滿意自主的實作探究與透過維基分享知識的協同學習經驗，他們認為相較於一般的課堂，透過課堂維基互學使人收穫更多。

二、經典教學媒體再設計：「具素養的教科書」分析（林君憶，2017）

　　第二個案例是關於經典的教學媒體——教科書。筆者於教育系早讀會演講時帶著部分研究材料，有幸與來賓經歷一場豐富的對話討論，特別是關於臺灣與日本國中階段各一版本的教科書生物單元——生殖與遺傳、生命的延續性——的首兩頁。（註：這裡所指的日本教科書設計，有興趣的讀者請參考東京書籍株式會社出版之中學理科第三冊，岡村定矩等人，2016）。我們不只比較兩者內容相同與相異之處，更進一步思考以下問題：教科書編寫設計者「對學習的假定與前提是什麼？」教科書裡潛藏著「認同的學習者心智模式是什麼樣貌？」首先，臺灣的教科書相當重視學科的知識，開門見山地以標題分別列出重要概念，例如染色體、細胞分裂、減數分裂，並逐一說明其內涵，內文主要以學術文體敘寫；日本的教科書則採不同策略：一開始以洋蔥根部在水中，經歷幾日逐漸變長的幾幅照片，引起學生好奇根長出來時，細胞發生什麼變化呢？一學生插圖提出兩種假設，是細胞長大而變長了，或是細胞分裂而變長了？再進一步確立本節的主要問題「生物成長時，細胞會有什麼變化呢」，接著提供多幅以顯微鏡放大相同倍率的細胞照片作為材料，請學生比較洋蔥根部的不同部位的樣貌，並請學生說說看他們的發現，以探究歷程引導學生參與思考並實作，才逐步達到細胞分裂概念的理解內涵。若讀者有興趣，請參考原教科書，或素養導向教材的分析初步發現（林君憶，2017）。再者，我們進一步思考教科書設計的差異是否潛藏著對學習的假設與對學習者的角色認同差異？研究發現前者設計傾向視學習為接收者，學習為單向傳遞學科專家的知識；後者設定學習者作為探究者，學習為逐漸引導參與問題發現與解決歷程，並在單元結束前提供學生自由研究的進行方法與主題選擇建議。在強調素養導向的教育改革脈絡中，教科書作為經典的教學媒體，它具龐大影響力能夠支持教育改革的實踐，筆者認為，由此案例可說明科技媒體包含教科書，未必總是「被動扮演」符應大眾認定的、固著的角色與樣貌，亦能經過設計而「主動創造」能支持新課程、教學、學習的嶄新脈絡。

結語

　　研究發現，以新興學習科技帶動學習模式改變，例如課堂維基不複製學生熟悉的小組學習模式，而提升學生參與跨班的知識建構與分享之自主性，設計者與教師必須意識到學生內在的學習心智模式衝突，提供協助轉移的鷹架。鷹架不止在學習行為層面——我該如何做；甚至在認知層面——我為何做、我該如何思考這個學習事件；情感層面——我該如何感受這個學習事件，都需透過教學設計提供正向的全面的支持，才能真正影響學習與教育（請見下表 2 及 Lin & Reigeluth, 2019 文章附件之教學方法）。如 Kozma（1994, p.16）提出科技媒體能對學校有關鍵性貢獻的必要條件為：使得它們的運用，經由設計轉納入到學習之複雜的社會與文化環境[3]。

表2 教育典範、學習心智模式、與科技使用的對應表

	課堂：知識分享不發生	課堂：知識分享會發生
教育典範 工業（左）與資訊時代 （右） (Reigeluth & Joseph, 2002)	中央控制 中央領導 對立關係 一致 競爭的文化	自主 分享領導 合作關係 多元 分享的文化
學習心智模式 (Lin & Reigeluth, 2016; Lin & Reigeluth, 2019)	從教師身上學習 知識是傳遞的 聽老師的話	從同儕身上、與同儕一起學習 知識是共同建構的 自主學習
課堂維基表現 (Lin & Reigeluth, 2016; Lin & Reigeluth, 2019)	拒絕分享 拒絕編輯內容 拒絕幫同儕 拒絕參與	分享想法與專題工作 改進想法與內容 幫助或教同儕 自主決定採取的行動

資料來源：Lin & Reigeluth (2019)

---

[3] "Media will only make a significant contribution to learning in our schools if their application is designed into complex social and cultural environments of learning" (p.16).

Kozma（1994）繼續說，並盡可能地將如此設計的媒體科技運用推廣，特別是提供給那些最可能在學校失敗的學生；科技媒體將能為學校改革做出貢獻，在這些系統是圍繞著面對教師與課堂之限制與任務而設計[4]。因此，筆者認同現階段以素養為主軸的課程改革，應再次透過設計，充分發展教科書的潛能（如 Ball & Cohen, 1996）。教科書作為經典的廣為使用的教育媒體科技，如何開展新的設計才能突破過去被動符應社會文化既有的情境脈絡與價值觀，而透過論述主動創造新的情境脈絡、新的學習心智模式？教科書的改變以有效能地支持現場的師生投入核心素養的發展，打造未來更能思考對話、共同解決問題的公民社會，正是關鍵的研究方向之一。

　　「你今天乖嗎？有聽老師的話嗎？」原本不經思索、理所當然、不受重視的細節，潛藏著我們身為學習者由社會文化裡承襲關於學習的特定心智模式。想要改變人們從小發展的學習心智模式，並非容易的事。或經全面考慮教育典範轉移與真實的學校脈絡情境，來設計與測試能支持素養發展的科技媒體，為所需的學習經驗與學習模式提供環境與指引，這是我們期待能為提升當代教育的品質與平等所做的貢獻。

中文部分

佐藤學（2018）。從世界的課堂改革思考臺灣的改革現狀——以學習共同體為中心。教科書研究，**11**(2)，91-107。

林君憶（2017）。論壇：日本中學校自然教科書。教科書研究，**10**(2)，145-

---

[4] "… and made widely accessible, especially to those students most at risk of school failure. And media will contribute to school reform only to the extent that these system are designed around the constraints and tasks that confront teachers and classrooms" (Kozma, 1994, p.17).

151。取自https://ej.naer.edu.tw/JTR/v10.2/2017-08-jtr-v10n2-161.pdf

岡村定矩、荒井豐、飯牟禮俊紀、五百川裕、伊藤聰、大木聖子……結城千代子（2016）。新編新しい科 3。東京都：東京書籍。

英文部分

Ball, D. L., & Cohen, D. K. (1996). Reform by the book: What is—or might be—the role of curriculum materials in teacher learning and instructional reform? *Educational Researcher*, *25*(9), 6-14. DOI: 10.3102/0013189X025009006

Bates, A. W., & Poole, G. (2003). *Effective teaching with technology in higher education: Foundations for success*. San Francisco, CA: Jossey-Bass.

Belland, B. R. (2017).*Instructional scaffolding in STEM education*. Cham, Switzerland: Springer International.

Boud, D., & Feletti, G. (2013). *The challenge of problem-based learning*. Routledge.

Clark, R. E. (1983). Reconsidering research on learning from media. *Review of Educational Research, 53*(4), 445-459. DOI: 10.2307/1170217

Hemmi, A., Bayne, S., & Land, R. (2009). The appropriation and repurposing of social technologies in higher education. *Journal of Computer Assisted Learning, 25*(1), 19-30.

Kirschner, P. A., Sweller, J., & Clark, R. E. (2006). Why minimal guidance during instruction does not work: An analysis of the failure of constructivist, discovery, problem-based, experiential, and inquiry-based teaching. *Educational Psychologist, 41*(2), 75-86. DOI: 10.1207/s15326985ep4102_1

Kummer, C. (2013). Factors influencing wiki collaboration in higher education. Available at SSRN. DOI: 10.2139/ssrn.2208522

Lin, C.-Y., & Reigeluth, C. M. (2016). Scaffolding wiki supported collaborative learning for small group projects and whole class collaborative knowledge building. *Journal of Computer Assisted Learning, 32*(6), 529-547. DOI: 10.1111/jcal.12140

Lin, C.-Y., & Reigeluth, C. M. (2019). Scaffolding learner autonomy in a wiki supported knowledge building community and its implications for mindset change. *British Journal of Educational Technology, 50*(5), 2667-2684. DOI: 10.1111/bjet.12713

Littlewood, W. (1996). "Autonomy": An anatomy and a framework. System, *24*(4), 427-435.

McTighe, J., & Seif, E. (2003). A summary of underlying theory and research base for understanding by design. *Unpublished manuscript.*

Organisation for Economic Co-operation and Development (OECD). (2018). *The future of education and skills: Education 2030.*

Reigeluth, C. M., & Joseph, R. (2002). Beyond technology integration: The case for technology transformation. *Educational Technology, 42*(4), 9-13.

什麼是經驗的主動性？——杜威觀點的闡述

張鍠焜

臺北市立大學教育學系副教授

十二年國民基本教育強調國民素養的培育，其核心理念為「自發、互動、共好」，強調「自主行動」、「溝通互動」、「社會參與」三大核心素養的養成。其中「自主行動」乃期望學生具備對自我的充分認知、積極進取的精神、理性自主的實踐能力，而成為一個獨立自主的個人。「自主行動」這一核心素養也被轉化為核心理念中的「自發」，突顯主動性或自發性是健全素養的關鍵基礎之一。

事實上，主動性或自發性一直是教育者所深切期許於學習者的心理素質（disposition），因為，從學習的角度來看，唯有出自學習者自發或主動的學習，才能確保學習的持續與有效達成。外在強加的教導終究難以使學生的學習持續久遠，且成效總是事倍功半。而學生終身學習的關鍵條件，即在於他們能否養成主動性或自發性的心理素質，以自發地持續開展自我能力。另外，從人格發展的角度來看，一個人必須養成主動的意識和實踐能力，才能真正成為獨立自主的個體。因此，許多教育學說都深入討論主動性的問題。

杜威的哲學思想與教育學說也是以主動性為核心。他主張人的身心發展來自個人主動因應環境而獲取的經驗，這種經驗的累積會形成個人在知識、情感體驗、身體反應與動能等方面的成長。所以，生活歷程與經驗開展及學習成長可以結合為一體。而其中的關鍵因素就是個人的主動性，個人的主動意識與作為，使其所經歷的一切具有意義和價值，並轉化為自己身心結構的新成分。杜威的重要主張都蘊含「主動性」這一關鍵要素。本文將透過杜威的觀點來闡述經驗中的「主動性」，以作為發展學生「主動性」的參考原則。

杜威經驗觀點與經驗中的主動性

「經驗」是杜威思想的核心。人的內在、外在身心歷程，人與環境的交互作用，人面對事物或情境的反應與行動，這些都屬於經驗。經驗就是一個人生活或生命的具體內容。經驗是生活的段落，生活是由一段段不同的經驗所構成。生命的歷程就是持續不斷的經驗歷程。杜威的所有理論都

由經驗出發。

　　杜威認為經驗是個體與環境交互作用的歷程。人生存於環境中，與環境不斷地互動──對環境影響的承受（undergoing），以及主動因應環境的作為（doing）。在這樣的互動中，身心各部分都在運作著，也同時將這些「承受」與「作為」的「經驗」學習下來，成為身心知能的新元素，進而重組出新的身心知能狀態，並以此為基礎在未來因應環境的新變化。杜威（1987, p.109）說：

> 　　我們所經驗的世界會成為自我的整體組成的部分。……被經驗事物的物質事件狀態過去了、消逝了，但它們的意義和價值的某些部分會留下來，成為我們自我的組成部分。

從經驗的角度來看，人的生活歷程就是他與環境的不斷互動，個人經由這些互動而留下對其身心的影響，對其人生構成某種意義或價值，成為他的人生內容的一部分。人的生活就在點點滴滴的經驗中開展，或者說，生活的內容就是一個人所經歷的各種經驗歷程。經歷一段豐富而深刻的經驗，即是過了一段豐富而深刻生活。而豐富深刻的經驗是來自個人主動積極地去體受與因應所經歷的一切。想要擁有充實的生活，就應當認真地經歷自己的生活，把握每個經驗，不讓生活在漫不經心中流逝，而未曾留下有意義的「經驗」。

　　在教育方面，杜威也是以經驗作為其理論的核心，他極力主張學校應當提供學生豐富、深刻而有意義的經驗歷程，讓學生經由這樣的歷程在身心留下充實的「經驗」，為心智增添新的內容。依據杜威看法，能夠讓學生獲得越多有意義經驗的教育，就越是好的教育。杜威對傳統教育的批評，最主要就在傳統教育提供給學生的經驗相當貧乏。傳統教育的模式是以書本文字形式給予學生大量固定知識，學生在學習過程主要是運用語文閱讀、理解、分析、推理、記憶等靜態心智能力，所獲得的是語文與概念的知識。杜威認為這樣的學習歷程所經歷的內容及所獲得的經驗都相當單調貧乏。人的心靈能力不只有理解、推理、記憶等理智能力，還有感受、

想像、行動、身心調適等更多方面的能力，傳統式學習只讓學生運用少部分的能力，長期而言將不利學生的經驗發展。再者，學生從書本文字所能獲得的經驗絕大部分是靜態的概念知識，而缺乏豐富的探究經歷、情緒反應、身體動作調適等多元經驗，不易獲得多樣的身心領會。杜威提出「做中學」的主張，也就是實作式、行動式的學習歷程。在行動中，人必須多方面地運用身心各種能力，並且可以經歷多樣的環境刺激和變化，這將比單純的閱讀與思考獲得更多體會與經驗。學生以實作或行動方式來學習，會獲得較多的學習成果。例如：以書本教導學生植物花葉型態的類別，大多是呈現植物花葉型態類別的名稱、特徵與性質說明，並附上代表性實例照片或影片，學生由此獲得的是靜態的概念知識。但如果是採取「做中學」方式，讓學生到植物園或野外實地探索，走在樹林花叢中觀察、找尋與蒐集各種不同樣態的花葉。然後進行區辨、分類、觀察與描述個別特徵。再到圖書館查詢相關參考書以對照自己獲得的成果，形成對這一課題的充分知識。可以想像在這樣的「做中學」過程，學生獲得的就不只是閱讀理解、分析、記憶的經驗，以及靜態的概念知識，而是較豐富而完整的身心歷程，包括探索的心智能力運用、對園林野外環境的認識與遊歷、探索過程的身體行動配合與情意相應變化，這些多樣的經歷都會給學生帶來豐富的經驗，增益其身心的內涵。綜觀杜威的教育主張，教育的核心是經驗，評估一種教育方案好壞的標準就在其能否幫助學生獲得越多有意義的經驗。

經驗形成的關鍵是個體主動認真地去經歷他所身處的環境。單單與環境相遇或經歷環境的變化，並不一定形成有意義的經驗，重要的是個體是否主動地應對環境中各種各樣的內容。依照杜威觀點，經驗是人與環境的相互作用，即環境對人的影響和人對環境的反應。在此相互作用中，人必須有積極的行動，包括盡力去覺察環境影響的各面向，以及構思與採行適當的因應作為。這些行動的最深刻意義在於其中的「主動性」。環境如何影響、作用於我們，我們並無法左右。所能做的就是積極主動地去感受、體察這些環境作用的狀況與性質，然後調整出適當的身體與心理準備，以適當的行動去因應環境的影響。這些回應歷程都蘊含個人的主動性。杜威

認為當一個人具有主動性，就會使他的行動歷程成為學習與成長的歷程。人就在不斷的承受和作為的歷程中，形成經驗並累積成自己身心能力的一部分。所以越是主動認真去應對，越能接收更多環境刺激，作出更多反應行動，而能得到更豐富而深刻的「經驗」，增益自己的身心內涵。相反的，當一個人的行動是出自外在壓力的推動，或是行動方式因習慣制約而機械化，這些狀況會使人的行動缺乏主動意識，而以漫不經心、怠於思考、沒有熱情與衝勁的心態來行動，結果是經歷了一段似有若無的、模糊不明確的過程，只留下相對貧乏的「經驗」。傳統教育的問題除了因為它的型態與內容只能提供學生較貧乏的經驗歷程，另一個關鍵問題是它不夠注意激發學生學習的主動性，較難以使學生以積極態度去經歷學習過程的種種內容。

杜威經驗理論強調個人的主動性，因此他所提出的許多促進豐富經驗歷程的提議都蘊含個人主動性這一要素。杜威最常闡述的豐富經驗歷程是「問題解決」，這是人們日常生活中經常會出現的行動調適歷程，透過思考與調整行動以解決大大小小的生活問題，甚至系統的科學研究也遵循著這種「問題解決」的思維模式。「問題解決」的關鍵是個人的主動精神，積極迎向問題，才能從中獲得豐富經驗。另一種杜威曾深入探究的豐富經驗歷程是「藝術經驗」歷程，他的晚期名著《藝術即經驗》（*Art as experience*）即指出人在藝術活動中的深度投入，可以讓人體驗到最深刻、豐沛而充滿感動力的經驗，充實人的生命內涵。藝術經驗的核心也是參與者的主動性：主動積極地去創作藝術作品，或體會欣賞藝術作品。還有一種杜威曾提及的豐富經驗類型是「有目的的行動」，帶著目標的行動者會依據目標去思考、行動，並關注過程中各種狀況，於是便可以獲得豐富的經驗。

本文以下將討論「問題解決」、「藝術經驗」、「有目的的行動」等經驗歷程，以及其中的「主動性」內涵。

「問題解決」經驗中的主動性

　　杜威認爲人與環境互動的過程，最主要就是面對環境變化所帶來的挑戰。人需要時時承受環境加諸於人的刺激或影響，而後做出應對的作爲，以適應環境。如果環境的刺激或影響沒有變化，原來有效的應對作爲也不必改變。而一旦這些刺激或影響與過去不同，原有應對作爲效果大減，人就必須另行建立不同的行動方式以有效適應環境。變化的環境刺激使人得以見識環境的更多樣貌，而能「見多識廣」；爲因應變化，迫使人努力發展出不同的行動方式，而增進自己處理不同境況的能力。人經歷的環境變化越多、越大，就越能使自己的見識和處事應變能力增廣、增強。所以依照杜威的原則，人應該勇於走出「舒適圈」，接受更多、更大的環境變化，以增益自己的經驗。

　　杜威也進一步指出人因應環境變化的挑戰，解決原有行動無效之困境所經歷的過程，就是「問題解決」歷程。當環境變化，個人原有的身心狀態或行動方式不再能有效應對環境，就對個人構成一個問題情境。爲了解決問題，個人必須思考應變的辦法。首先，設法分析了解問題的性質和關鍵，找出解決的可能線索。然後可能從自己的過去相關經驗找尋是否有近似的事例可供參考，或徵詢他人的建議，或透過各種管道找尋相關資料。經由思考與蒐集資料而逐漸形成一些可行方案。接著可能會在心中設想每個方案實行過程的狀況，以及可能的後果。再來，會依據對各方案實施的推想，比較、評估各方案的長短處，而決定優先採取的方案。然後透過具體實驗，以確認該方案的成效，如果可以滿意，就確定以此方案爲後續的定案。如果不能滿意，就再回頭找尋其他方案進行實驗，直到找出滿意的方案。這種應變的思考與試驗行動爲個人帶來新經驗，也累積自己的心智內容。

　　杜威的「問題解決」理論預設了「變化」的價值，變化才能引發個人能力的改變與擴充，才有進步的可能。「變化」不僅是指環境面向，更重要的是面對環境的個人願意「變化」，準備好讓自己改變──改變對環境的既有認知，也改變既有的身心狀態和行動方式。這種「變化」的意願與

準備就蘊含著個人的「主動性」，不願對環境的挑戰束手無作爲，而願主動因應，經由改變的過程而增益自己的經驗、心智和能力。

　　「主動性」的意義反映在杜威關於「習慣」的獨特看法。（Dewey, 2004, p. 44）一般認爲「習慣」是固定、平衡的身心狀態或不變的行爲方式，人們經常無意識地受習慣所制約。但是，杜威特別指出習慣形成過程的主動性因素。習慣其實是個人與環境互動的結果，它是個人爲因應環境而主動設計的行爲方式。習慣的形成是緣於個人因應環境問題，經過嘗試錯誤，逐步調整、發展出最能因應環境狀況的行動方式，進而將其確定爲慣性的行動方式，只要環境不變，這種行動方式仍能有效因應環境，就一再重複這些方式。然而，一旦環境改變，就必須重新調適出新的因應環境的行爲方式。這種調適過程如同杜威所主張的解決問題的過程：確認問題── 蒐集有助於解決問題的各種經驗和資料── 構思可行的行動方案── 實驗各方案── 確定最適合的方案。這個過程是個人理智、意志與情感及各種身心條件積極對應環境變化，而獲得的結果。因此，習慣並不是被動的，也不是怠惰的身心狀態，而是個人的身與心積極運作的一個環節。就杜威的觀點，一個主動面對環境變化的人，不會被習慣所束縛，而是隨時準備改變習慣。

藝術經驗中的主動性與完整經驗

　　杜威經驗論的另一個重要面向是討論「藝術經驗」，他認爲在藝術活動中人最可能體驗到完整的經驗。完整的經驗是一種充實的經驗，或者說深刻而豐沛的經驗。充實的經驗來自於當事人認眞地去承受、經歷他的境遇，越是用心去做一件事，細心應對、處理過程中的各個環節，所得到經驗就越充實飽滿。若是不認眞經歷當前的境遇，就只能得到零碎散漫的經驗。杜威在《藝術即經驗》中稱那些充實完整的經驗爲「一個經驗」（an experience），意謂這是具有明晰過程、完整發展、在記憶中可以明確喚起的一段經歷。相反的，那些破碎散漫的經驗就不是一個經驗。杜威指出，我們生活中有很多經驗是散漫的，雖然看到、聽到、感覺

到事物，但並不足構成一個經驗，因爲分心、漫不經心，以致眼前所看到的和心裡所想的，心中想要的和當下在手的，並不一致（Dewey, 2005, p. 36）。這狀況就像中國古書《大學》所說的「心不在焉，視而不見，聽而不聞，食而不知其味」。如果心不認眞，經驗就破碎散漫，事後回憶這段經歷，就感到模糊不清、似有若無了。散漫不用心的狀態會使人的經歷（experiencing）支離破碎，所留下的經驗（experience）也就貧乏不成形了。

杜威《藝術即經驗》所提出的藝術經驗，就是闡述一種完整經驗的性質。藝術經驗是一種極致化的、深刻的經驗，代表一種理想的經驗狀態。杜威指出：

> 當經驗真正是經驗時，它是強化的生命力。這不是指封閉在自己的私密感受與感覺之中，而是指積極而活躍的與世界的交流；其極致是自我與事物世界的完全相互滲透。……經驗是有機體在事物世界中奮鬥與成就的完成，它是萌發中的藝術。（Dewey, 2005, pp. 18-19）

杜威指出藝術經驗是人的生活中，最豐富深刻的經驗。因爲不論創作或欣賞藝術都是期望著，並致力於達到一種「完滿」狀態。在藝術創作過程中，藝術家以超乎常人的專注與用心，以全副身心和精力去經歷這個過程，完成其作品，也爲自己發展極豐富、深刻的經驗。藝術家全心全意投注於創作的時候，這時的經驗就是一種豐盈完整經驗。另一方面，在藝術欣賞過程中，欣賞者全神貫注，努力領會藝術作品的每個要素，所傳達或表現的每個涵義，調適自己的心智與情感以與藝術作品契合，追求對作品最豐富、深刻的感動經驗。總之，在藝術的動態歷程中，創作者或欣賞者的全部身心以最凝聚、最深入的方式投注於這一歷程，並積極地因應、運作、調適，以追求所期盼的「完滿」狀態。在這樣的歷程中，自我與事物交融，身心獲得豐盈充實的經驗，從而感到無比滿足喜悅，此即所謂「美感」（aesthetics）。這種完滿而充盈著美感的感受就成爲經驗的理想標竿，杜威認爲人們應該去追求這樣的美好經驗，才能獲得充實有意義的生

活。

　　杜威對「一個（充實）經驗」與散漫經驗的區別，蘊含著一個關鍵因素「主動性」。當個人在經驗歷程中缺乏主動性，就只會是被動地、沒有方向地、隨機而散漫地感知外在訊息，或機械式、反射式地動作，當然無法得到「一個（充實）經驗」。當個人充滿主動性地與環境互動，就能體驗歷程中的豐富內容。在藝術創作過程中，藝術家主動地努力表達自己心中的境界，用盡心智和技巧來運用素材，以達到令自己滿意的完備作品。在藝術欣賞過程中，欣賞者主動感受藝術作品的重要訊息，用盡感受與理解能力來體會作品的蘊含，使自己心靈與作品的境界交融達到最豐盈的欣賞經驗。主動性在藝術經驗過程，具有關鍵的力量。

　　杜威指出藝術經驗的主動性引導藝術家高度凝聚自我，形成以下身心狀態，包括：一、高度的專注與投入；二、對歷程的清楚覺知；三、朝向經驗歷程的圓滿完成。

一、高度的專注與投入

　　藝術經驗是專注的身心投入歷程，在高度專注和投入的狀態下，人的身心能力可以最大可能地傾注於與環境的互動，覺察並因應各種變化，發展新的經驗。杜威指出：

> 　　知覺是一種付出精力以求獲得的動作⋯⋯要想使自己沉浸在一個題材之中，我們首先必須投身其中。⋯⋯為了投入其中，我們必須凝聚精力，以符應（境況）的方式投注力量。（Dewey, 2005, p. 55）

杜威提醒我們，理想的經驗必須用心去經營，如果能真正全心關注所經歷的活動，興味盎然地體味其中每個環節，才能夠在活動歷程獲得豐富深刻的經驗。

二、對歷程的清楚覺知

藝術經驗的另一特徵是對歷程的清楚覺知。藝術家在創作時清楚地了解他的每個藝術動作的作用和意義，他會省思這個動作的效果是接近或是遠離他所預期的完整作品理想，也清楚地辨識各個動作對作品所造成的變化，進而針對這變化後的作品狀況安排下一個動作。這是個「作為」與「承受」不斷「調適」的持續歷程。越是高明的藝術家，越能了了分明地掌握每個環節，在每個環節投注充分的心智和熱情，與其作品互動。杜威指出：

> 畫家必須有意識地承受他畫出的每一筆的效果，否則他就不會知道他正在做什麼，他的作品將往什麼方向發展。此外，他必須從作為與承受和所欲產製之總體的關係，來看作為與承受之間的特殊關聯。要理解這樣的關係就要去思考，而且是最嚴格的思考型態。（Dewey, 2005, p. 47）

藝術家清楚覺知歷程中的每個部分，每個部分都貫注著他的深思和精力，也以最大的心意去經營這個創作歷程，因此能逐步邁向圓滿的完成，所以能獲得最深刻而豐富的經驗，不致像一般散漫的經驗歷程只能得到模糊、零碎的經驗成果。

三、朝向經驗歷程的圓滿完成

杜威指出一個完整經驗是一個事件或活動歷程的充分完成，它是我們生活的一個特別段落，也成為我們生命的一部分。經驗之所以能充分完成，是因為我們期望在這個歷程完成某些東西，因此以積極的態度投入其中，所實行的每一個作為都指向那所期望完成的東西，一直到達成了我們所期望的狀態，這一經驗歷程就圓滿完成了。杜威指出：

> 當所經驗到的內容走完其歷程而達到完滿時，我們就擁有

一個經驗。…… 一件作品是在令人滿意的狀況下完成……一個情況……是如此完備，因而它的結束是圓滿而不是停止。這樣的經驗是一個整體，帶著它自身獨特發展而來的性質以及自我完足性，這是一個經驗。（Dewey, 2005, pp. 36-37）

藝術創作歷程是追求作品的圓滿完成，藝術家用盡心力經營其創作的每個步驟經驗，一點一滴地構築他的作品，直到他對這個作品已達成的結果感到稱心滿意，他便可以停手，而享受經驗圓滿的喜悅。

杜威從不同層面向我們描述經驗發生的歷程和性質。「好的」經驗即深刻又活潑：因為完全投入而充分覺察，所以深刻；因為敏銳回應環境變化而調適適當行動，所以活潑。當一個人經歷一番豐富、深刻、活潑、回味無窮的經驗，就意謂他享有一段美好有意義的生活。而僵化、貧乏無味的經驗，則反映一段可有可無的生活。杜威希望人們的生活經驗都能夠是「一個經驗」，生活中的每個段落都是充實、深刻、有所完成，而不是零碎、模糊、似有若無的狀態。因此，在教育上，杜威主張教育經驗應該是一種健全充實的經驗，讓學生在教育活動歷程所體驗到的東西，能成為自己身心內容的一部分。

肆、「有目的行動」中的主動性

杜威另一個關於人的主動性的闡述，是對於行動「目的」的解析。杜威認為「目的」是個人理性地行動的指引。「目的」意謂想要達成的某種成果，它促使人採取合理有效的方式去實現這種成果。杜威指出：

目的作為一個預見的終點，能指引活動的方向。……它影響邁向終點的各個步驟。這種預見有三個作用：（一）它促使（行動者）對既有狀況的細心觀察，以找到達到終點的可用手段，並發現過程中的障礙。（二）它提示運用各種手段的適當程序，以促成有效率的選擇與安排。（三）它（使行動者）能

夠在可行方案進行選擇。（Dewey, 2004, p. 98）

杜威的分析充分顯示有目的行動，引發了人的主動思考：基於實現目的的意志去衡量各種客觀狀況，預判可能的障礙，並依據自己的身心條件和所掌握資源，規劃可行的手段和步驟，進而在多個可能的行動計畫中選擇最適方案。換言之，目的會使人思慮為了實現目的，必須採取什麼手段？可能遇到什麼困難？如何運用我的能力？因此，能夠對整個實現目的過程有某種程度的通盤觀照。杜威進一步說：

> 有目的行動是明智的行動。預見行動的終點，就有了依據，可以觀察、選擇、有序地安排各種物品和我們的能力。……對這件事的完成有一番計畫。（Dewey, 2004, p. 99）

有目的，所以會去思考行動可能涉及的各方面，觀照到的層面和內容會比較寬廣而深刻，從而預先對行動有某種程度的掌握，或者說有一番計畫。到了真正行動時，就會很清楚自己每個作為的作用和意義，而不會是漫不經心的隨意行為。杜威指出目的讓我們對行動「用心」（have a mind），對行動的過程和細節了了分明，因而是「有意識的」（conscious）行動。他指出：

> 有意識就是覺知我們正在做什麼。「有意識」意指行動中的慎思、明辨、有計畫的特質。……「意識」（consciousness）指稱行動的目的特性。……有目的就是具有意義的行動。（Dewey, 2004, p. 99）

目的就是行動意識的關鍵要素，也是行動之意義的基礎。沒有目的的行為只是「無心」、散漫的動作，就像被制約的行為、慣性的機械性動作、隨幾的反應動作等，這些都是沒有意識、沒有意義的動作，不會成為個人的真正「經驗」。

杜威對「目的」的討論是指行動者自己設定的目的。它的關鍵作用是能引發行動者的主動性，導引出一連串的思考、評估、決定與執行，使行動者理智地思慮自己行動的全盤計畫與實踐，並有著這是「自己的」行動的意識，而積極作爲。如果一個人行事並不是出於自己的目的，而是受外在的指令行事，這時目的是存在於下指令的他人，或是規定我們行動的組織機制。在這種情況下，整個行動計畫都是外在安排或規定的，而不是行事的人主動思考而來的，他便不會覺得這是自己的行動，只是被動地操作著，整個行動對自己並沒有意義。

　　在教育方面，杜威指出教育本身並沒有目的，也就是說教育並不先驗地預設某種終極目的，沒有一種理論上的普遍的教育目的，只有在個別的教育活動上才有教育目的。杜威說：

> 　　教育本身並無目的，只有人（父母、老師等）才有目的。……他們的目的變化多樣，因不同的兒童而有異，也因兒童成長及教導者經驗增長而有所變化。（Dewey, 2004, p.103）

父母、教師爲孩子規劃教育，會抱持著某種教育目的，他們會期望透過教育將孩子培養成某種他們心中的理想樣態。這些目的會因孩子本身和教導者的獨特條件狀況，而有所不同；也會因孩子和教導者經驗的增長而有所改變。總之，教育目的是個別化的，且隨著歷程發展而變化的。關鍵要點是父母、教師爲孩子擬定的教育目的必須基於孩子的身心條件和需要，並且具有在教育活動上實踐的可能性。杜威提醒人們良好的教育目的有以下特徵：（Dewey, 2004, pp. 103-105）

　　1. 教育目的必須立基於受教的個人本身的活動和需要（包括原初本能和習得習慣）。

　　2. 目的必須能轉化爲調和既有教學活動的方法。

　　3. 教育者必須能抵抗所謂一般性和終極性的目的。

　　杜威極力主張成人不該爲兒童的教育設定一般性或終極性目的。傳統的教育觀則是傾向於爲孩子設定長期的、普遍性的教育目的。杜威指出最

常見的教育目的是培養兒童形成完備心智，而完備心智就是以心智成熟的成人為標準。人們以成人為標準，對比兒童的心智狀況，因而認為兒童相對於成人，心智是欠缺不足的狀態。杜威指出：

> 我們容易把未成熟狀態看作短缺，把成長看作填補從未成熟到成熟之間的空缺……我們把成年看作固定的標準，按照這個標準衡量，童年就成了匱乏狀態。（Dewey, 2004, p. 42）

依照這樣的觀點，人們就自然將兒童教育的目的設定為達到成人所具備的知識、能力狀態。「教導就是補充這欠缺狀態，把知識倒進正等著灌充的一個心智和道德的空洞裡。」（Dewey, 2004, p. 50）杜威認為這種教育模式造成許多問題，最主要是其中的教育目的是基於「成熟的人」這樣一個抽象概念，並不是基於兒童的身心條件和需要，並且達成目的的歷程相當長遠而複雜，涵蓋的學習內容也甚為龐大，所以整個教育歷程對兒童而言是相當漫長而負擔沉重的道路。再者，此一教育目的預設兒童為不成熟、條件匱乏者，所以只有成人才能夠為兒童安排一切教育措施，便形成所謂「成人本位」教育。並且決定教育目的的「成人」，並不是在兒童身旁的父母或教師，而是遙遠的教育決策者，甚至是非人的行政決策機制。所以兒童本身，及父母與教師，都是教育目的的局外人，沒有人能參與目的的訂定，完全處於被動遵循的地位。杜威呼籲教育者要抵抗「一般性和終極性的目的」，即是出自對這種狀況的深刻憂慮。

杜威認為目的的關鍵意義在引領行動者的主動性，所以目的應當由行動者自我擬定，行動者以目的為綱領而開展出全副的行動計畫與實踐作為，整個過程都在自己的覺察觀照中，因而能有意識地經歷整個行動歷程，獲得有意義的經驗。然而，「成熟」導向的教育是依成人所設定的目的，再用成人所規劃的內容和方法，來填充、塑造兒童心智，以達到成人所期望結果。兒童的學習活動並不是自發的「有目的行動」，而是被動依循成人教育目的與計畫來接受教育，這樣的學習行動是缺乏意識的、無心的，無法真正積極運用心智去追求知識、克服困難，以完成學習。

關於成人為兒童設定長遠教育目的的問題，歸納杜威曾提出的觀點，其挽救方法大致有三種：第一種方式是由父母或教師來為孩子擬定教育目的，他們必須依照前文所述良好教育目的的三個原則，特別是要根據孩子的身心條件與需要來擬定教育目的。這樣較可避免一般由遙遠行政機制主導而產生的弊病。第二種作法是在日常教學中，安排由學生主動推進的教育活動，引導學生自己形成目的而展開學習歷程。例如：問題教學法可以讓學生在解決問題的目的意識下，主動規劃自己的探究歷程，而獲得學習經驗。又如設計教學法讓學生主動設計某種方案，讓他們在完成方案的目的意識下推展整個過程，從中獲得學習經驗。這一作法是在局部層面讓學生擬定短程目的和行動計畫，能切合學生條件和需要，並發揮主動性，而避免一般性、普遍性教育目的之弊病。

第三種作法是超越目的思維，教育者不必堅持目的的完成或完全不需要目的，只要學生認真投入學習歷程，獲得有意義的經驗，就有了教育的效果。如果說教育的本質是使受教者成長、變得更好，那麼在教育過程中，只要教育活動含有豐富且有意義的內容，而受教者認真地去經歷整個過程，自然就能獲得豐富深刻的經驗，增益心智或能力的內容，達到成長或變好的教育成果。所以杜威說：「教育過程沒有它本身之外的目的，教育過程本身就是它的目的。」（Dewey, 2004, p. 48）「目的」是我們所預想的一個好的結果，以此作為規劃行動的指引。但即使我們不要求學生達到什麼目標，教育過程本身就會導向好的結果——讓受教者成長、變得更好。只要讓學生經歷一個又一個好的教育活動，他就能點點滴滴地改變與成長，逐漸地日積月累達到「成熟」狀態。這個「成熟」狀態不是成人所預想的，而是從學生本有的身心特質一步步發展成長出來的，它不是「一般的或普遍的」成熟模式，而是學生「自己的」成熟。

然而，杜威的建議真的能改變成人為兒童設定長遠教育目的的狀況嗎？預期某個目的並規劃行動進程，本就是人的理性思維方式，並且成人對於兒童的未來境況總是充滿期望，所以高遠的目的總是不斷出現在教育之中。再者，現代教育是國家體制的一環，行政機制的特性是「目的理性」思維，並為全體國民福祉負責，所以會設定一般性和普遍性的目

的，及訂定系統的執行計畫。因此，在我們的教育領域充滿了系列的目標：總目標下有次目標，次目標下有分目標，分目標下有階段目標……，層層疊疊的目標細密地導引著教育的每個環節。只不過這些目標都是外在於學生，也外在於教師和父母的抽象性目的，它不是出自於個別學生的條件和需要，而是強迫個別學生去適應與達成這些目的。這正是杜威所憂慮的狀況。但是這樣的目的思維與機制似乎是教育的常態。現在的「十二年國民基本教育課程」也隱含著以成熟理性成人的心智狀態為目標，分析成熟的成人需要具備哪些素養，而後透過各科和各類課程來使學生養成這些素養，其中同樣是行政機制所設定的系列目標，及涵蓋長久時程和龐大教育內容的複雜教育計畫。此外，更高層級的大學專業教育，也是以同樣的思維，設定以成熟專業人員為目標，分析一個成熟專業人員應具備的知能條件，而後設計一系列課程與教學活動。學生則是欠缺成熟專業知能的心智狀態，等待透過教育來填補這種缺乏，以成為有能力從事該專業的「成熟」人員。從許多事實來看，現實狀況下的教育似乎很難避免外在的、長遠的、一般性的目的。

杜威所批評的外在目的取向教育的確不是理想的教育，但是教育似乎很難避免依外在目的來規劃教育方案。在這種矛盾狀況下，或許只能採取折衷的調和方式。可能的作法有二，首先是在一般性教育目的與計畫的架構下，讓兒童了解與認同成人所設定的長程教育目標，及過程中衍生的系列目標，讓他們明瞭各種學習活動、學習內容和學習歷程與各層次目標的關係。許多學生會問為什麼要學這個？為什麼要學那個？這些問法就是在確定學習的目的，他們希望得到好的理由、合理的目的，以確認自己的學習是有意義的。若從不讓學生明瞭教學的目的，只是要求他們被動地跟著教師的進度、課本單元的順序而前進，這豈不是在教導學生：只要順著大人的安排就好了，不必知道目的和理由。這恐怕會導致學生過度順從與缺乏主動性。另外有的學生可能把考試成績和學習目的錯誤地連結，形成為考試而學習情形。這些狀況都有礙學生的正常學習與心智成長。因此，教育者有必要讓學生充分明瞭各個長、短程教育歷程或活動的目的與計畫，讓學生知道每個學習環節在整個歷程的意義和作用。具體而言，可以採取

以下步驟：(1) 使學生了解既定學習活動或課程的目標；(2) 與學生討論、解說達成該目標應該運用哪些方法或步驟，及學生須做什麼努力，使學生明瞭教學活動與內容安排的用意；(3) 導入教學活動或課程，注意讓學生了解各步驟與目標的關係；(4) 鼓勵學生們依據目標合作研討可以採取什麼行動來更有效地達成這目標，增進學生主動參與教學目標的達成。

另一個可能作法是指導學生在既有課程之外，練習自訂學習目標，嘗試進行有目的的學習，以培養為自己訂定學習目標、規劃學習方案之能力。在一般教育情境中已布滿大大小小各層次的教育目標，規定著學生的學習。我們可以打開一些空間，指導學生們自己規劃學習目標與實施計畫，增進他們主動學習的機會。具體作法與步驟為：(1) 與學生討論擬定學習活動之目標；(2) 依目標研商學習過程、方法、步驟等；(3) 進行學習活動，並依狀況討論、調整措施；(4) 完成學習活動後，共同評估方法與過程之得失。

在教育中，成人為學生擬定目標及規劃學習活動計畫，似乎是難以避免的。學生若要習得一套完整的知能，就必須要由深通這套知能的人來為他們規劃一系列目標和學習進程，讓學生從完全缺乏這套知能，逐漸累積到具備充分的知能。學習成為一個理性成熟的成人也是如此。為了不要讓學生在長遠的教育歷程處於全然被動狀態，應該儘量讓學生了解與認同這些教育歷程的目的，或試著自己擬定某些學習目的和計畫，以增進主動學習的意識和能力。

伍 結語

杜威的經驗理論強調人們應當專注而深刻的體驗自己的經驗歷程，才能充分把握與擁有這一段經驗。越是用心專注，就能吸收越多歷程中的豐富內容，其中的關鍵就是經驗者的主動性。具有主動性的人會努力去體察歷程中的一切。被動或隨波逐流的人則是漫不經心地度過歷程，只獲得單薄而貧乏的經驗。因此，在教育方面，杜威極力主張學校應當提供學生豐富、深刻而有意義的經驗歷程，引導學生主動去經歷，在身心留下充實的

「經驗」，爲心智增添新的內容。依據杜威看法，能夠引發學生主動性以獲得有意義經驗的教育，就是好的教育。

杜威最常闡述的豐富經驗歷程是「問題解決」，另外還有「藝術經驗」、「有目的的行動」等經驗歷程。這些經驗歷程之所以能獲得豐富體驗，關鍵也在於經驗者的主動性。在「問題解決」歷程中，個人必須「主動」因應情境變化所造成的問題，積極讓自己改變——改變對環境的既有認知，也改變既有的身心狀態和行動方式。這種「主動性」促使個人超越環境的挑戰，經由改變的過程而增益自己的經驗、心智和能力。

對於「藝術經驗」，杜威認爲這是豐沛、深刻與鮮活經驗的代表，這樣的經驗必須要在極度專注與投入的身心狀態下才能獲得。而專注與投入的基礎是人的「主動性」。個人在經驗歷程中若是缺乏主動性，就只會是被動地、沒有方向地、隨機而散漫地感知外在訊息，或機械式、反射式地動作，當然無法得到充實的經驗。當個人充滿主動性地與環境互動，就能體驗歷程中的豐富內容。藝術活動最能形成這種經驗，因此藝術活動是人生活中不可或缺的活動。

「有目的的行動」，它的關鍵作用是能引發行動者的主動性，導引出一連串的思考、評估、決定與執行，使行動者理智地思慮自己行動的全盤計畫與實踐，並有著這是「自己的」行動的意識。這會促使行動者調動高度的身心動能去經歷這個活動，獲致豐富的經驗。在教育上應鼓勵學生主動發展有目的的學習活動，讓學生爲自己擬定學習目標和計畫，而後努力實踐，以獲得對自己具有意義的經驗。

目的思維在教育上引發一個矛盾的問題，即成人爲兒童設定長程目標的問題。成人爲兒童長遠發展考量，而爲兒童規劃長程目標與學習計畫。這造成兒童必須犧牲自己特性與需要，而去配合成人所訂的目標和計畫，也會養成兒童的順從、被動習性。所以，似乎應當極力避免成人爲兒童設定長程目標的作法。然而，衡諸現實，目的思維是人的理性特徵，要從現有教育機制中消除諸多成人設定的目標與計畫幾乎是不可能的。如何使學生能在這樣的外在目的網絡中保有自己的主動性與學習興趣，是我們必須深思的課題。

Dewey, J. (2004). *Democracy and education*. New York: Dover. Originally published in 1916.

Dewey, J. (2005). *Art as experience*. New York: Perigee. Originally published in 1934.

民主與教育有何關係？英國二次大戰期間一場教育改革的考察

5

顧曉雲　國立中正大學教育學研究所副教授

前言

　　「民主與教育」究竟有何關係？一直是我近來年所關心的主題。在我的研究與教學中，一直在關注著民主與教育之間的互動關係，並尋找著兩個問題的答案：一、民主的理念如何影響著教育的發展？二、教育應有如何的變革，才能促進民主社會的真正實現。相較於第一個問題，第二個問題對我而言又更是重要，畢竟教育是國家重要的社會制度，其不僅體現一個國家人民所共同懷抱的社會理想，更扮演著促進與實踐社會理想的積極功能。對於上述兩個問題的答案，我從 20 世紀前半葉英國教育史的發展中找到了不同於以往的思考元素，將在本文中將它們勾勒出來，並試著提出我對於這兩個問題的初步解答。

　　關於「民主與教育」的關係，過去臺灣學術界多從「民主的學校教育」（democratic schooling）的角度來思考。例如：鄭玉卿（2018）探討杜威《民主與教育》一書中的民主理想如何落實在杜威學校的實踐中；郭實渝（2008）探究尼爾夏山學校內部的學校大會和由學生們自訂的行為法規與懲罰原則所展現的民主教育精神；陳素秋（2005）檢視哈伯馬斯的審議式民主觀對於公民教育的啟示等。相較於此，英國於 20 世紀前半葉在走向教育民主化的過程中，實更聚焦於教育制度的改革。《1918 年教育法》（1918 Education Act）通過後，小學的學費終獲廢除，保障了所有人民接受基礎教育的機會，然而中等教育卻仍需收費，仍是少數人的特權。因此自一次大戰後，許多教育改革者遂紛紛提倡中等教育階段的改革，例如：英國著名的社會主義學者和經濟史家 R. H. Tawney（1922: 7）遂為工黨撰寫備忘錄——《中等教育普及化》（*Secondary Education for All*），呼籲為 11-16 歲的孩子建立「免費且普及的中等教育制度」。1930 年代起，德、義等極權國家崛起，以民主為理想的英國，遂更從民主的角度來論述教育改革。民主與教育改革之間的緊密關係，在二次大戰期間達到高點，因為這場戰役對於英國人民而言，不論是對外、對內都是「為了民主而戰」，對外是為了對抗極權主義；對內則是透過各種社會的重建計畫，希冀於戰後實現民主社會。正如 Addison（1977: 129, 131）指出，一方面，

戰時節約的需要、基本物資的分配、高所得稅的收取，以及社會巨幅的動盪，均為平等社會的實現提供了有利條件；另一方面，許多人也認為既然在戰事上有「犧牲的平等」，戰後自然也應該有「報償的平等」，這樣的集體心態也對當時由保守黨和工黨組成的聯合政府，形成了社會改革的壓力。

在此脈絡下，許多當時參與這場以「民主」為名之教育改革的時人，如 Fred Clarke（1880-1952）、H. C. Dent（1894-1995）、R. H. Tawney（1880-1962）、Shena Simon（1883-1972）等人，均以民主為核心理念來論述他們的教育改革方案。更重要的是，他們在各種教育改革議題上的論辯，實深刻地反映了英國政治哲學家們於 19 世紀開展出的「自由主義式的民主」（liberal democracy）與「社會主義式的民主」（social democracy）兩種民主理論間的競逐。Clarke 和 Dent 的民主理念較傾向於「自由主義式的民主」，而 Tawney 和 Simon 的民主理念則屬「社會主義式的民主」。因此，在本文中，將先闡述這兩種民主理論的異同，並以此為理論基礎，分析和比較四人的教育改革方案，希望能從不同的視角來看待這場教育改革中「民主與教育」的緊密關係。

貳、兩種民主理論

自 19 世紀初起，便有兩套民主理論在英國接續興起。「自由主義式的民主」興起於 19 世紀前半葉。根據 C. B. Macpherson（1977: 22）的分類，「自由主義式的民主」在歷史發展上，可大致區分為兩個階段：一為「保護性民主」（protective democracy），主要興盛於 19 世紀的前半葉；另一為「發展性民主」（developmental democracy），主要形成於 1850 年代至 19 世紀末葉。與此同時，「社會主義式的民主」也在 19 世紀末葉興起，並與「自由主義式的民主」相互競逐。茲將這兩種民主理念的主要特徵簡要陳述如下，以分析與比較二者的異同。

一、自由主義式的民主

「自由主義式的民主」最初的提倡者是功利主義哲學家 J. Bentham（1748-1832）及 J. Mill（1806-1873），他們的理念與當時盛行的經濟上的自由主義——亦即資本主義的市場機制相合。Adam Smith（1723-1790）於 1776 年出版的《國富論》（*The Wealth of Nations*）指出，每個人在追求一己的利益時，仍可貢獻於整體的福祉，且爲了產生最多的財富，應要讓每個人自由地運用資本。而這即意味著在政治的安排上，必須採取自由放任（laissze-faire）（Cunningham, 2001: 97）。換言之，資本主義經濟的成功必須仰賴最小程度的國家干涉，國家的功能僅在於立法確保個人在追求自己的利益時，不受政府的任意干涉（Held, 1996: 95）。在此背景下，Bentham 和 J. Mill 皆主張實施民主代議制度來保護個人的經濟自由得以不受政府干涉。J. Mill（1820/1978: 71）堅持：「每個個體應受到保護，而爲了保護個人所形成的權力，必須僅以保護個人爲目的。」而爲了防止政府濫用權力，社群應選出代表以檢核政府（Mill, 1820/1978: 73）。因此，Mill（1820/1978: 75, 79）提倡 40 歲以上男性的普選權，並且主張縮短代表的任期，以確保代表的權力不會轉而侵犯社群。同樣的，Bentham（1830/1983: 30-33）也主張賦予選民權力，使他們能透過請願來罷免代表，同時選民也可選舉大部分官員，藉此以確保政府完全地向人民負責。Macpherson（1977: 22）將 Bentham 和 J. Mill 設想的民主代議制界定爲「保護性民主」（protective democracy），因爲民主是爲了保護人民免於受政府的壓迫。Wilfred Carr 和 Anthony Hartnett（1996: 48）則更進一步指出，對 Bentham 和 J. Mill 而言，「民主只是使政府能對人民負責的工具，以達成人民的需求和保護他們的自由」。

正如 D. Held（1996: 98）所指出的，「保護性民主」的模式將自由視爲免於受到過度政治權威的干涉，但其忽略了自由的核心乃源於有實際的能力追求不同的選擇和行動方向。19 世紀中期，J. S. Mill（1806-1873）補足了這一理念上的弱點。J. S. Mill 相信民主代議制的成功，有賴於人民有維持此制度的能力。因此，他主張，普及教育應先於普選權的落實，

以發展人民的能力（Mill, 1861/1991: 330）。然而，J. S. Mill 自身並未完全脫離「保護性民主」的思維。他認為過度的國家干涉會威脅人民的自由，因此，他反對將人民所有的或大部分的教育交由國家辦理（Mill, 1859/1991: 117, 122）。他相信國家只應「要求」每個兒童接受教育，而非「提供」教育，因為國辦教育會阻撓個體性以及教育的多樣性（Mill, 1859/1991: 117）。國辦教育只能在同時有許多相互競逐的教育實驗時才能存在，而國辦教育的存在是為了成為楷模和作為刺激，以保持其他教育方式的水準（Mill, 1859/1991: 117）。相較於國辦教育，J. S. Mill 偏好由私人在自願原則的基礎上辦理教育，且國家僅應對負擔不起學費者提供經費的援助（Mill, 1859/1991: 118）。J. S. Mill 之強調人民接受教育以得到發展的理念，為 1880 年代的政治哲學家重新詮釋，也導致「發展性民主」（developmental democracy）的形成。「發展性民主」的提倡者將民主制度視為促進「個人自我發展的工具」（Macpherson, 1977: 22）。因此，他們主張國家應更大程度地干涉教育，以確保人民的發展。

　　「發展性民主」的代表學者主要包含英國觀念論者 T. H. Green（1836-1882）和 B. Bosanquet（1848-1923），以及「新自由主義」（New Liberalism）思想家 L. T. Hobhouse（1864-1929）和 J. A. Hobson（1858-1940）。他們面對英國 19 世紀中後期所遭遇到的失業和貧窮等嚴峻社會問題而重新思考國家的角色。他們傾向於放棄自由放任的經濟模式並轉而支持擴充國家權力，尤其重視國家在解決社會問題以及在確保個人發展所需的教育機會中所扮演的角色。例如：觀念論者 Green 即主張延伸國家力量的範圍，以確保人民能力的發展。和「保護性民主」的提倡者不同的是，Green 認為自由並非意味著消極地「免於限制或強制」，而是指「有能力做，且做出對眾人而言均是值得做的事情。」（Green, 1881/1891: 370-371）。Green 稱此為「積極意義下的自由」，隱含著社群中「所有人的能力能同樣得到解放，以貢獻於社群的公共善。」（Green, 1881/1891: 372）據此，Green 認為國家的功能應是維持那些使個人能自由運用其能力的條件（Green, 1881/1891: 374）。但延續著英國自由主義的傳統，他反對極端的國家干涉。他指出：「國家的有效行動……必須僅限於移除障礙。」

（Green, 1893: 514）「爲了防止對發展兒童能力造成阻礙」，「教育應由國家來強制」（Green, 1893: 515）。換言之，Green 認爲，國家的力量乃應是有限的，才不至於干涉公民的獨立性和自立。同樣的，Bosanquet 也認爲，國家的功能應僅在於「移除阻礙」或「阻止那些對最好的生活或公共善所造成的阻礙」（Bosanquet, 1923/2001: 184-185）。因此，爲了防止文盲的產生，Bosanquet 主張國家應強制教育（Bosanquet, 1923/2001: 186）。但這並不意味著國家應承擔所有的教育責任。Bosanquet 堅持個人責任無法被國家行動所取代，因爲若無法「在最大可能程度上將責任交予父母和個人」，則不僅「有害於品格」，更「終將破壞社會生活」（Bosanquet, 1895: 290）。同時，Bosanquet 也相信，社群中的「自願組織」（voluntary organizations）會比國家更有助於改善貧窮，因爲在安排設施和提供機會以發展能力和激發責任感上，自願組織具有「最極致的技巧和細膩的影響力」（Bosanquet, 1907: 17）。

一般而言，新自由主義者比觀念論者傾向於支持更大程度的國家干涉。他們嘗試建立一套集體主義式的國家理論，以證成大範圍的福利政策（Vincent & Plant, 1984: 36），但他們仍堅持自由主義的一些基本原則。例如：Hobhouse 主張國家的功能應是「確保一些條件，使心智和品格能自己發展」（Hobhouse, 1911/1994: 76）。同樣地，國家也要謹慎，其所提供的經濟條件僅應「使得一般身心和意志都正常的人，能夠靠著有用的勞力提供食物、居住處和衣物給自己和家庭。」（Hobhouse, 1911/1994: 76）因此，Hobhouse 也和 Green 及 Bosanquet 一樣，強調個人責任的重要性。他質疑，「如果國家爲個人做了他應做的所有事情，這將會對其品格、創造力和進取心造成什麼影響呢？」對 Hobhouse 而言，「這將不是自由的問題，而是責任的問題。」（Hobhouse, 1911/1994: 74-75）Hobson 則重新界定自由的概念，他認爲自由不應是「沒有限制」，而應是「機會的呈現」（presence of opportunity）（Hobson, 1909: 3, 92）。Hobson 也主張爲了確保人民的自我發展，人民應能「同等地取得知識和文化」，而「教育是一切機會的機會」（Hobson, 1909: 109）。此即仰賴國家的干涉，國家應該爲所有公民確保自我發展的完整機會以及社會服務

（Hobson, 1909: 3）。但他澄清，國家之所以提供同等的自我發展機會和社會的協助，目的不在於廢除競爭制度，或是社會化所有的生產、分配和交換的工具，而是爲了讓每個個體能爲了自己來接受教育和使用自己的能力（Hobson, 1909: 172）。正如 Hobson 所言，新自由主義不只關心「國家機能和潛在能力的解放和使用」，更關心「由個體以及公民組成之自願團體的機能，及其潛在能力的解放和使用。」（Hobson, 1909: 95）此亦是 Hobson 不同於社會主義者之處。

　　整體而言，「自由主義式的民主」興起於 19 世紀前半葉，最初發展的「保護性民主」主張「自由放任」（laissez-faire）的市場機制和最小的國家干涉，民主制度僅是保護公民免於國家的壓迫；然而此主張在 19 世紀中後期因嚴峻的社會問題而遭到挑戰，遂有「發展性民主」的出現。一般說來，「發展性民主」的提倡者均摒棄「自由放任」的意識型態，並主張在民主的政體中，國家應在教育中扮演積極的角色，提供條件以確保同等的教育機會，使每個人均有自我發展的自由，並進而貢獻於整體社會的公共善。即便如此，他們仍堅持有限的國家干涉，強調個人責任和自願組織的重要性。

二、社會主義式的民主

　　相較於「自由主義式的民主」因應資本主義的自由市場機制而產生，「社會主義式的民主」則抨擊資本主義，以經濟平等和無階級分化的社會爲目標。「社會主義式的民主」可說是社會化經濟和政治民主的結合（Busky, 2000: 7）。因此，提倡者如「費邊社」（The Fabian Society）代表人物 Sidney Webb（1859-1947）、「社會民主聯盟」（Social Democratic Federation）的創立者 H. M. Hyndman（1842-1921）以及「獨立工黨」的創立者 Keir Hardie（1856-1915）等，都比自由主義者更加擁護國家大範圍的干涉經濟和社會事務。例如：Webb 強調「民主的概念必須被擴充，進而含括經濟和政治上的關係。」（Webb & Webb, 1897: 840）爲了使民主的原則能從政治範疇擴及經濟或工業的領域，Webb 主張應沿著「集體規範」

（collective regulation）、「集體徵稅」（collective taxation）、「集體擁有」（collective ownership）、「集體提供」（collective provision）的四元路徑發展。首先，「集體規範」是指「持續增加對於私有土地和資本的限制」，國家也必須註冊、視導和控制尚未納入國有的工業，如報社、銀行、私人資助的慈善學校和所有私立教育機構等（Webb, 1890a: 15, 112-113, 127）。「集體徵稅」則是徹底地修改稅制，以逐漸增加遺產稅、收入稅、土地稅，直至完全徵收非靠勞動而得的收入和利益（Webb, 1890a: 15）。「集體擁有」則意味著逐漸以公有取代私有工業，例如：電報、鐵路、土地以及所有較大型的工業資本（Webb, 1890a: 15）。此外，他也主張在倫敦和其他城鎮，應將瓦斯、水、市場、電車、醫院、墓園、公園、博物館、藝廊、圖書館、閱覽室、學校、碼頭、港口、河流等納入市營的範圍（Webb, 1888: 15）。最後，「集體提供」則是由公共的組織來取代私人慈善機構，以提供公共教育和改善住宅等（Webb, 1890a: 15）。Webb指出，「國家未來的福祉有賴於未來公民的健康和教育，既然我們的制度讓個別的父母過於貧窮而無法照顧自己的孩子，集體的父母（亦即國家）就必須照顧它的下一代。」（Webb, 1890b: 9）對 Webb 而言，這意味著教育應成為一種公共服務，應不計代價地為所有階級建立一個全國性的教育制度（Webb, 1890b: 9）。集體主義常受人質疑會損及個人自由和獨立。然而 Webb 回應道：「自由不是任何自然的或不可讓渡的權利，而是人們在社群中生存的條件，這樣的條件實際上會使每個個體的能力有最大可能的發展。」（Webb & Webb, 1897: 847）因此，他主張政府權限範圍的擴充反而是「為了自由」（Webb, 1891: 376）。

　　同樣地，Hyndman 也主張為了公共利益而將土地、礦場、鐵路、運河等納入國有（Hyndman, 1881, 30, 107-108）。然而，他體認到由於國家仍受到宰制階級的控制，「政府控制底下的資本主義式薪奴」仍持續存在（Hyndman, 1904: 22）。因此，他強調，應首先以民主國家取代階級國家，讓國家為了人民全體的利益而受到人民的直接控制（Anonymous, 1884: 35）。為使國家裡的各種制度民主化，Hyndman 主張每個成年男女應有投票權（Anonymous, 1884: 10）、參選費用應出於公款（Hyndman,

1881, 92）、廢除君主制和上議院（Hyndman, 1884a）、廢除下議院並由人民直選出的代表組成全國集會（Hyndman, 1884b）、所有法律之通過均應訴諸人民公投（Hyndman, 1884a）。此外，Hyndman 也和 Webb 一樣，體認到人民接受教育對發展「合作的共和國」（cooperative commonwealth）的重要性（Hyndman, 1898: 44）。他雖承認教育本身可能無法改變社會條件，但相信教育可增進工人的知識、強化工人整合的力量，並賦予工人抵抗的力量，最終對抗階級間的不正義（Hyndman, 1884c: 14-15）。因此，他主張不分階級地提供免費和強制教育給所有小學和小學階段以上的孩子（Hyndman, 1894）。另外，他也提倡國家應提供生活津貼（包含免費的食物和衣物）給所有 16 歲以下的孩子（Hyndman, 1898: 45）。他堅持，免費教育和生活津貼對於社群的福祉而言乃是基本的，且應是一種「權利」，而非一種「慈善行爲」（Hyndman, 1898: 45）。對 Hyndman 而言，「眞正完整的教育應是國家的職責」（Hyndman, 1881: 91）。因此，Hyndman 和反對國辦教育的 J. S. Mill 不同，Hyndman 認爲「集體國家力量之最重要且最有益的運用，即在於發展社群裡每個人的能力到極致。」（Hyndman, 1898: 47）不可否認地，J. S. Mill 曾批評社會主義乃是藉由多數壓抑了個體性（Mill, 1879/1989: 270）。Hyndman 就此回應並指出，今日工人如同奴隸般地工作、無法運用他們的天賦，只因他們必須工作以養活自己，人民的個體性早已被壓抑（Anonymous, 1884: 11）。因此，他再次強調「社會主義並不會壓抑個人的能力和個人的主動性，反而會爲其提供最自由的出口。」（Hyndman, 1898: 45）類似地，Hardie 也主張社群運用國家機制將土地和資本轉變爲公共財（Hardie, 1896/1928: 58）。他反對個人主義式的國家概念——亦即將國家視爲某種施加有害影響於社群生活的外在權威，主張國家的存在是既定的事實，應改變國家的觀念和功能，使其從一個保護資本家私人財產的機構轉變爲保存人民生命的機構（Hardie, 1907: 6-7, 24）。爰此，Hardie 呼籲國家應確保下列措施的執行：(1) 立法改革工時爲一日 8 小時；(2) 廢除超時工作、零工，以及禁止 14 歲以下兒童工作；(3) 對非勞動所得徵稅，以協助患病、年老及鰥寡孤獨者；(4) 提供失業者有報酬的工作；(5) 藉由徵稅以廢

除非勞動所得；(6) 提供免費且不屬於任何教派的小學、中學與大學教育（Hardie, 1895: 38）。

　　整體而言，「社會主義式的民主」擁護大規模的國家干涉，最大可能地使用國家機制而將民主原則由政治世界延伸到經濟和社會領域。「社會主義式的民主」的提倡者將教育和生活津貼視為國家的職責，應由國家集體地來提供，經費也應來自於國家。準此，他們提倡提供免費的教育和衣物給所有階級的孩子。這也隱含著所有私人的教育機構不復存在，或至少應受到國家規範，如此才能為個人確保均等的教育機會，以最大程度地發展能力，實現真正的自由。相較之下，「自由主義式的民主」仍堅持個人（父母）責任和自願組織在教育制度中的價值，並且在擴充教育機會的程度上持相對保守的立場。

二次大戰期間的教育改革論辯

　　如前所述，及至 19 世紀末，「自由主義式的民主」和「社會主義式的民主」的支持者均提倡擴充國家干涉的範圍，並承認國家在確保個人自由實現應扮演的角色，亦即國家應維持發展個人潛能和能力所需要的條件，進而使個人能貢獻於社群。因此，在二次大戰期間，支持「自由主義式的民主」的 Clarke 和 Dent 的民主理念以及支持「社會主義式的民主」的 Tawney 和 Simon，均主張國家應確保「教育機會均等」（equality of educational opportunity），提供所有孩子最大可能的發展機會。準此，Clarke（1941）、Dent（1941b）、Tawney（ca. 1941）和 Simon（1940）均呼籲國家提供免費且普及的中等教育，而這最終也被納入《1944 年教育法》（1944 Education Act）中。在新法（第 7、61 條）下，公共教育包含初等（primary）、中等（secondary）和繼續（further）教育三個階段，並且「地方教育當局」（Local Education Authorities）所補助的中學不再收取學費（Board of Education, 1944, 4, 48）。儘管有此共識，在一些議題上，他們仍有改革方案上的歧異，而他們意見的歧異正反映著兩種民主理念，對於國家干涉教育之程度預設的不同。雖然二次大戰期間涉及的議題

眾多（其他議題還包含中等教育的組織、學費和選擇方式，以及部分時間的繼續教育等），但因篇幅限制，以下僅針對其中較能反映他們民主立場異同的兩個議題（離校年齡及「公學」（Public Schools）的改革）來說明。

一、離校年齡

首先，在離校年齡方面，二次大戰前，《1936 年教育法》（The 1936 Education Act）雖然將離校年齡提高至 15 歲，但美中不足的是，仍同意讓那些能在就業中獲益的孩子於 14 歲時離校。由於戰爭的爆發，原本預期在 1939 年 9 月 1 日生效的法條，只能被迫暫緩實施（Woodin, McCulloch & Cowan, 2013: 69）。在此背景下，許多社會主義的教育改革提倡者如 Tawney 和 Simon 便主張離校年齡的改革不應受限於《1936 年教育法》，而最終的離校年齡必須是 16 歲。正如 Tawney（ca. 1942）所指出的：「只要大多數青年的教育終止於某個年齡，而這個年齡對於少數人而言僅是教育的早期階段，就不可能充分發揮這些青年的價值，也不可能為一個民主社會奠定教育的基礎。」同樣地，Simon 和其他「工黨教育次委員會」（Labour Party's Education Sub-Committee）的成員也宣稱：「工黨的政策即是提高離校年齡至 16 歲；自戰爭結束起，離校年齡應被提高至 15 歲，無人可豁免，且新法應具體指明戰後三年內將離校年齡提高至 16 歲的日期。」（Labour Party's Education Sub-Committee, 1941）相較於此，Clarke 則認為離校年齡提高至 15 歲已足夠。1940 年 9 月間，當時的中央「教育委員會」（Board of Education）主席 Herwald Ramsbotham 提議設立 14-18 歲的日間繼續學校（day continuation schools）。由於擔心部分時間的繼續教育將會取代提高離校年齡至 16 歲的政策，Tawney 寫信給 Clarke 尋求支持。於信中，Tawney（1940a）指出：「若提議讓 14 歲的孩子接受一週 8-12 小時的繼續學校教育，則無疑地，在多數的情況下，主要影響孩子的將是賺取薪資的職業。」（Tawney, 1940a）數日後，Clarke（1940b）回信道：「在立即的政策方面，我完全支持提高離校年齡到 15 歲，並且無豁免。」事實上，基於「自由主義式的民主」理念，Clarke 仍堅持自願組織在教育中扮演的角色，並相信工業也有教育性的功能（Clarke, 1940b）。Clarke

（1923: 96）也曾評論 Tawney 所撰寫的《中等教育普及化》（*Secondary Education for All,* 1922）一書。他雖然同意 Tawney，相信中等教育的普及是即將到來之民主體制的基石，但他認為「對於青少年而言，學校……不必然、也不總是最好的地方。」

1943 年 7 月 16 日，中央教育委員會發布了《教育的重建》（*Educational Reconstruction*）白皮書。由於白皮書僅建議提高離校年齡至 15 歲，「一旦情況允許」才提高到 16 歲（Board of Education, 1943a: 3）。因此，Tawney 批評這樣的建議是「相當模糊且敷衍的」（Tawney, 1943）。Simon（1943: 7）也強調「直到離校年齡提高到 16 歲，所有關於教育機會均等的談論……都將只是空談。」因為若只有「文法中學」（grammar school）的離校年齡是 16 歲，許多本應接受文法中學教育的孩子將會選擇就讀「技術中學」（technical school）或「現代中學」（modern school），僅因為他們可在 15 歲時離校就業（Simon, 1943: 7）。有鑑於此，Simon（ca. 1943）主張草案必須比白皮書更進一步，為提高離校年齡到 16 歲確立一較早的日期。然而，1943 年 12 月 16 日，中央教育委員會公布《教育草案》（The Educational Bill）。草案並未確定提高離校年齡至 16 歲的時程，僅於第 33 條中規定：「一旦教育部長[1] 認為提高到 16 歲是可行的」，就應儘快實行（Board of Education, 1943b: 27）。因此，Tawney 和 Simon 均持續提倡改革，要求新法中要有明確的日期。相較於此，Dent 雖曾批評白皮書並希望政府能明確指出提高到 16 歲的日期，避免拖延改革（Dent, 1943a: 14, 20, 1943b），但在草案公布後便不再如 Tawney 和 Simon 般要求確定日期。他轉而支持時任中央教育委員會主席的 R. A. Butler，指出不確定日期是明智的，畢竟戰爭的結束可能不如預期，延遲改革將是無法避免的，屆時再延期只會帶來失望和挫折。更重要的是，他回顧英國教育史上，許多教育改革都因為爭議而受阻，因此他希望能平息爭議，讓教育草案能順利通過（Dent, 1943c）。誠如前述，對於

---

[1] 草案第1條規定，為落實教育改革，教育委員會將改設為「教育部」（Ministry of Education），委員會主席也提升到「部長」（Minister）的地位，享有「指導」和「控制」地方教育當局的權力（Board of Education, 1943b: 1）。

社會主義者而言，教育是國家的職責，且國家所提供的公共教育，是個人潛能發展之條件，因此 Tawney 和 Simon 比 Clarke 和 Dent 更傾向於擴大公共教育的範圍，以確保教育機會均等。然而，最終《1944 年教育法》採取了自由主義者的立場。新法（第 35 條）僅規範離校年齡應提高至 15 歲，並交由未來的教育部長決定提高至 16 歲的適當時機（Board of Education, 1944: 29）。

二、公學的改革

　　1930 年代後期，不少私立的「公學」因為受到出生率下降的影響，招生不足、學費不夠而面臨營運的困難（Hillman, 2012: 238）。因此，原本經費和治理均獨立的公學遂轉向教育委員會求助，希冀獲得國家經費的補助，卻不打算改變獨立的地位並向公眾開放，他們的作為遭致了極大的批評，並於 1940 年代初期引起了論辯（Simon, 1991: 32）。Clarke、Dent、Tawney 和 Simon 也都加入論辯，並有著不同的改革立場，而四人中最激進的實屬 Simon。承上所述，「社會主義式的民主」的提倡者主張教育應由國家集體地來提供和控制，因此私人的教育機構不應存在，或至少應受到國家規範，如此才能為個人確保均等的教育機會，以最大程度地發展能力，實現真正的自由。因此，早於 1934 年，擁護社會主義的 Simon 即呼籲公學應被廢除，並且轉為公立的學校，主要提供寄宿教育給因健康、行為或家庭因素而需要寄宿的學生（Simon, 1934）。二次大戰期間，他也重申：「『教育機會均等』的口號……邏輯上意味著所有私校均應被廢除，包含所謂的公學。」（Simon, 1942）畢竟，若公學仍存在，則能付費的父母將不僅能為自己的子女購買更好的教育機會，更能因為這些學校較高的社會聲望，讓子女獲得更好的人生機會（Simon, 1942）。因此，當「勞工教育協會」（Workers' Educational Association）於 1943 年前往「佛萊明委員會」[2]（the Fleming Committee）提交證據，Simon 遂主張公學必須納入

2　此委員會由當時的教育委員會主席R. A. Butler於1942年7月指派，旨在就統合公學與國家教育制度的方式進行調查。

地方教育當局的控制之下，雖然他坦承這樣的提案可能會被視爲「極端且有些殘酷」（Workers' Educational Association, 1943）。

相較於 Simon 的激進立場，Tawney 雖也譴責公學爲「階級機構」（class institutions）（Tawney, 1940b），但他曾於 1894 年至 1899 年間就讀於拉格比公學（Rugby School），並且也堅信公學仍具有不少優點（Terrill, 1974: 23; Tawney, 1941）。因此，Tawney 傾向於保留公學。然而，爲使公學成爲「名符其實的『公共』學校」（Tawney, ca. 1942），他堅持公學應有兩個基本的改革。首先，公學的招生必須採用「100% 的特殊名額制度」[3]，亦即以單一測驗爲基礎，使得入學並非取決於父母付費的能力（Tawney, 1941）。其次，Tawney（1941）建議接受經費補助的公學必須遵守中央教育委員會的規範，且教育委員會有權力視導公學的財務。換言之，公學必須「接受合理的公共控制」（Tawney, ca. 1940）。這樣的建議遭致公學教職員的批評，他們從「保護性民主」的立場出發，主張公學應有發展一己特性和教育方法的自由，因此反對國家的干涉。針對他們的論點，Tawney（1943/1964: 68-69）認爲這些爲公學辯護的人只是「將特權描述爲自由」，因此，他再次強調「教育上的自由，就像其他類的自由一樣，並不是每個人使用經濟上的優勢來爲自己及自己的孩子確保特殊機會的權利。」

和社會主義者 Simon 不同的是，支持「自由主義式的民主」的 Clarke 和 Dent 也都反對廢除公學，因爲對他們而言，自願組織在教育中仍扮演重要角色，國家不應損及社群中的活力和多樣性。正如 Clarke（1940a: 49）所強調的：教育上的「統合」並不意味著「將所有的教育都納入一個中央國家權威的官僚體制控制之下」。他指出：「除非吾人可以宣稱公學完全沒有獨特的優點，否則就應尋找將他們的優點盡可能廣布的可能性。」（Clarke, 1943a: 8）同樣的，Dent 也認爲私立學校在民主國家中仍

---

[3] 1932年，「特殊名額制度」被採用以取代自1907年即已實施的「免費名額制度」。在「特殊名額制度」之下，每所接受國家經費補助的中學必須保留固定比例的名額給成功通過競爭性測驗的公立小學學童，而學童是否需繳納學費，則取決於父母的薪資高低（Gorden, 1980: 187-188）。

有存在的合法性。他主張：

> 在一個自由民主的國家裡，只要私人教育是有效率的，
> 而且其理念和目標與反映社會整體理想和目標的國家教育體
> 制一致，沒有任何理由主張公民不能為子女購買私人所提供
> 的教育，並因此拒絕接受由國家提供給子女的教育。（Dent,
> 1941a: 16-17）

事實上，Dent 也和 Clarke、Tawney 相同，相信公學具有教育價值，不
應被廢除（Dent, 1942: 34）。儘管如此，為了去除公學所享有的社會和
經濟特權，Clarke 和 Dent 也都主張公學應對所有學生開放，並且納入國
家的教育體制之中。Clarke（1940a: 57）建議公學應納入全國的選擇機制
中，從全國的學生中招收學生，且不限制來自於國家控制之學校的學生數
量。Dent 也指出：問題的關鍵應是「如何去除公學在社會和經濟方面的缺
點，並將它們納入國家的教育體制之中，使這些學校將自己的長處貢獻出
來。」（Dent, 1942: 36）準此，Clarke（1943b: 545）批評支持公學校長們
無法理解公學所具有之純粹教育上的價值，不應只有公學學生能享有。

　　此外，藉由指出「國家的行動」實為英國的人民確保了教育的機會，
Clarke 也反對公學校長們宣稱「在財務受到國家控制的學校中，英國教育
的優勢──自由和多樣性無法被長久維持。」（Clarke, 1943b: 546）事實
上，公學的校長們是從「保護性民主」的預設立論。面對著這樣的論述，
Clarke（1943b: 546）從「發展性民主」的角度出發並指出，真正重要的是
決定國家在教育中所建立之夥伴關係的性質和程度，而非在「徹底的反對
國家」和「完全官僚體制的國家」二者間做選擇。換言之，Clarke 強調國
家應增加對私立公學的控制，並和公學發展出夥伴關係。

　　儘管 Clarke 等人大力提倡公學改革，然而他們的改革方案並未被納入
《1944 年教育法》中，「保護性民主」的理念最終仍贏得了勝利。正如
Simon（1986: 40-41）所指出的，中央教育委員會主席 R. A. Butler 成功地
藉由設立「佛萊明委員會」來拖延時間並逃避此議題。及至新法通過的一
星期前，「佛萊明委員會」才提交報告書。因此，新法中除了要求公學強

制註冊外（第 70 條），並未有任何重要的改革措施（Board of Education, 1944: 51）。

肆 結論

無疑地，雖然歷經二次大戰期間的論辯，在《1944 年教育法》中，「自由主義式的民主」仍是主要的精神，尤其在一些爭議的議題如公學的改革，「保護性民主」的理念仍勝過「社會主義式的民主」。有鑑於此，Brian Simon（1986: 43）批評《1944 年教育法》就像是「新瓶裝舊酒」（the old order in a new disguise）般地保守。儘管如此，這些被 Simon 評為保守的措施，在提倡者眼中均是民主的，而二次大戰期間的論辯正顯示著民主理念的多樣性，他們的擁護者嘗試以不同民主理念為基礎，為一己的改革方案提供證成的理由。

而從考察英國二次大戰期間這場教育改革的論辯中，我們可以試著針對前言中所提及的兩個問題提出簡要的回答。首先，就第一個問題而言，「民主的理念究竟如何影響著教育的發展？」從這場教育改革論辯中，吾人可知「自由主義式的民主」和「社會主義式的民主」對於國家干涉教育的程度有不同的預設，「自由主義式的民主」中的「保護性民主」是最反對國家干涉的，因此強調父母對於子女教育的責任（由父母擔負學費）、父母投資子女教育及選校的自由，而私立學校在教育體制中自是有存在的合法性。「自由主義式的民主」中的「發展性民主」則較「保護性民主」更主張由國家來確保教育機會均等，因此轉而支持由國家強制教育，乃至於由國家提供免費教育，然而因仍重視個人（父母）責任和自願組織的價值，因此提倡私立學校不應廢除，惟應去除階級和特權的色彩，向所有階級的學生開放，也應加強和國家教育體制的夥伴關係。「社會主義式的民主」則是主張國家最大程度地干涉教育，教育（包含生活津貼）應由國家集體提供、私立教育不復存在或至少應納入國家規範。

回答了第一個問題，針對第二個問題「教育應有如何的變革才能促進民主社會的真正實現呢？」似乎也就有了更明晰的答案了。如文中所說明

的，就英國二次大戰期間的改革而言，在離校年齡及公學兩方面的改革，擁護「社會主義式的民主」的 Tawney 和 Simon 均提出比傾向於「自由主義式的民主」的 Clarke 和 Dent 均更激進的方案。Tawney 和 Simon 認為離校年齡應提高到 16 歲，然而 Clarke 認為提高到 15 歲已足夠，Dent 也未堅持確立提高到 16 歲的日期。Simon 認為公學應廢除，Tawney 雖提倡保留公學，但公學應向所有學生開放，且財務應受到國家控制。Clarke 和 Dent 及 Tawney 的主張類似，惟更重視國家和公學間要建立夥伴關係。

　　當然，教育史研究者絕非僅是考古癖，誠如 E. H. Carr 所言：「歷史是歷史學家跟他的事實之間，不斷交互作用的過程，是現在與過去之間，永無止境的對話！」（江政寬譯，2009：126）教育史家必然會帶著對於當前教育的關懷在看待過去的教育史實。因此，在本文的最後，我想延伸第二個問題並追問「臺灣教育應有如何的變革才能促進民主社會的實現？」對於這個問題的答案，實取決臺灣人民心目中的理想「民主」為何。臺灣人民想要的究竟是「自由主義式的民主」，還是「社會主義式的民主」呢？依我個人的觀察，臺灣社會目前仍傾向於「自由主義式的民主」中的「保護性民主」，因此「十二年國民基本教育」雖美其名為「國民教育」，但對於後期中等教育卻採不強迫、不免費的政策；「偏鄉教育」雖是政府關切的重點，但《偏遠地區學校教育發展條例》第 16 條第 3 項卻僅指出：「偏遠地區學校得結合非營利組織、大學校院及社區資源，提供學生學習活動及兒童課後照顧服務；學校所需經費，中央主管機關得予以補助。」而非由國家全額補助；政府為確保教育機會均等而擬向下延伸國民義務教育的範圍，然卻提出「私幼準公共化」的政策，以提供部分教育補助給私立幼兒園的方式來取代普設公立幼兒園。尤有甚者，國家體制之外也存在著另一類打著雙語教育名號，未來得以直接銜接國外名校大學教育的貴族私校。這些政策背後所預設的都是一個以「自由」為名，不願意完全承擔教育責任的國家。這樣的國家保護了上層階級子女的利益，也犧牲了下層階級子女的權益。然而，「教育選擇的自由」究竟是一種權利或是特權？僅有少數人擁有這種自由的社會，可以稱之為民主社會嗎？我想這是當前臺灣教育走向民主化需再深思的根本問題。

參考文獻

中文部分

江政寬（譯）（2009）。E. H. Carr著。何謂歷史？（*What is History*？）。臺北：五南。（Original Published Work）

陳素秋（2005）。哈伯馬斯之審議式民主觀對於公民教育的啓發。人文與社會學科教學通訊，**15**(6)，6-21。

郭實渝（2008）。夏山學校展現的民主教育精神。通識教育學刊，**2**，39-54。

鄭玉卿（2018）。民主的理想及其在學校中的落實：杜威學校與《民主與教育》。哲學與文化，**45**(6)，41-59。

英文部分

Addison, P. (1977). *The Road to 1945: British politics and the Second World War*. London, UK: Quarter Books.

Anonymous (1884). Will socialism benefit the English people? (Verbatim report of a debate between H. M. Hyndman and Charles Bradlaugh, held at St. James' Hall on April 17th).

Bentham, J. (1830/1983). *Constitutional code*. Vol.1. Oxford: Clarendon Press. (Original work published 1830)

Board of Education (1943a). *Educational reconstruction* (White Paper). London: HMSO.

Board of Education (1943b). *A Bill to reform the law relating to education in England & Wales 1943* (Education Bill). London: HMSO.

Board of Education (1944). *Education act 1944*. London, UK: HMSO.

Bosanquet, B. (1895). Socialism and natural selection. In B. Bosanquet (Ed.), *Aspects of the social problem* (pp. 289-307). London: Mcmillan.

Bosanquet, B. (1907). *The social criterion*. London, UK: William Blackwood and

Sons.

Bosanquet, B. (1923/2001). The philosophical theory of the state. In G. F. Gaus & W. Sweet (Eds.), *The philosophical theory of the state and related essays* (pp. 47-293). South Bend, IN: St. Augustine's Press. (Original work published 1923)

Busky, D. F. (2000). *Democratic socialism: A global survey*. Santa Barbara, CA: Praeger.

Carr, W. & Hartnett, A. (1996). *Education and the struggle for democracy: The politics of educational ideas*. Buckingham: Open University Press.

Clarke, F. (1923). *Essays in the politics of education*. London: Oxford University Press.

Clarke, F. (1940a). *Education and social change: An English interpretation*. London: The Sheldon Press.

Clarke, F. (1940b, October 5). [Letter to R. H. Tawney]. Tawney Papers, UCL IOE Archives, DC/TY/2/11.

Clarke, F. (1941). Towards reconstruction in education [Speech delivered in Oxford (Somerville), November 22]. Clarke papers, FC/1/43.

Clarke, F. (1943a). Ends and means in educational reconstruction II. *The Journal of Education, January*, 7-9.

Clarke, F. (1943b). The headmasters' conference: An appeal. *The Journal of Education, December*, 545-547. Clarke papers, FC/1/63.

Cunningham, H. (2001). *The challenge of democracy: Britain 1832-1918*. London: Pearson Education.

Dent, H. C. (1941a). Reform in English education. *The Fortnightly, July*, 14-22.

Dent, H. C. (1941b). Programme for reform. *Times Educational Supplement, November*(29), 571.

Dent, H. C. (1942). *A new order in English education*. London: University of London Press.

Dent, H. C. (1943a). *A landmark in English education*. London, UK: University of London Press.

Dent, H. C. (1943b). From Paper to Bill. *Times Educational Supplement, October*(23), 379.

Dent, H. C. (1943c). The Bill welcomed. *Times Educational Supplement, December*(25), 619.

Gorden, P. (1980). *Selection for secondary education*. London: The Woburn Press.

Green, T. H. (1881/1891). Lecture on liberal legislation and freedom of contract. In R. L. Nettleship (Ed.), *Works of Thomas Hill Green Vol. III* (pp. 365-386). London: Longmans, Green, and Co. (Lecture given in 1881)

Green, T. H. (1893). Lectures on the principles of political obligation. In R. L. Nettleship (Ed.), *Works of Thomas Hill Green Vol. II* (pp. 335-553). London: Longmans, Green and Co.

Hardie, K. (1895). My Independent Labour Party. *The Review of Reviews, January*, 38.

Hardie, K. (1896/1928). Whither. In Emry Hughes (Ed.), *Keir Hardie's speeches and writings* (pp. 56-60). Glasgow, UK: Forward Printing and Publishing. (Original work published 1896)

Hardie, K. (1907). *From serfdom to socialism*. London: George Allen.

Held, D. (1996). *Models of democracy*. Oxford: Polity Press.

Hillman, N. (2012). Public schools and the Fleming Report of 1944: Shunting the first-class carriage on to an immense siding? *History of Education, 41*(2), 235-255.

Hobhouse, L. T. (1911/1994). Liberalism. In J. Meadowcroft (Ed.), *Liberalism and other writings* (pp. 1-120). Cambridge, UK: Cambridge University Press. (Original work published 1911)

Hobson, J. A. (1909). *The crisis of liberalism: New issues of democracy*. London, UK: P. S. King & Son.

Hyndman, H. M. (1881). *The textbook of democracy: England for all*. London: E. W. Allen.

Hyndman, H. M. (1884a). Our republic. *Justice, June*(14).

Hyndman, H. M. (1884b). Abolition of the House of Lords. *Justice, August*(9).

Hyndman, H. M. (1884c). *The social reconstruction of England*. London: William Reeves.

Hyndman, H. M. (1894). Why social-democrats strive for socialism alone. *Justice, May*(5).

Hyndman, H. M. (1898). Socialism and the future of England. *Cosmopolis, 9*(25), 22-58.

Hyndman, H. M. (1904). *Social-democracy: The basis of its principles and the cause of its success*. London: Twentieth Century Press. (A lecture delivered in Queen's Hall, Langham Place, London, on April 14)

Labour Party's Education Sub-Committee (1941). Minutes of the 1st meeting of the Labour Party's Education Sub-Committee held on 25 September. Labour Party papers, People's History Museum Archives.

Macpherson, C. B. (1977). *The life and times of liberal democracy*. Oxford: Oxford University Press.

Mill, J. (1820/1978). 'Essay on Government'. In J. Lively and J. Rees (Eds.), *Utilitarian, logic and politics* (pp. 53-95). Oxford: Clarendon Press. (Original Work published 1820)

Mill, J. S. (1859/1991). On liberty. In J. Gray (Ed.), *On liberty and other essays* (pp. 1-128). Oxford: Oxford University Press. (Original work published 1859)

Mill, J. S. (1861/1991). Considerations on representative government. In J. Gray (Ed.), *On liberty and other essays* (pp. 203-467). Oxford: Oxford University Press. (Original work published 1861)

Mill, J. S. (1879/1989). Chapters on socialism. In S. Collini (Ed.), *On liberty with the subjection of women and chapters on socialism* (pp. 221-279). Cambridge: Cambridge University Press. (Original work published 1879)

Simon, B. (1986). The 1944 Education Act: A conservative measure? *History of*

Education, 15(1), 31-43.

Simon, B. (1991). *Education and the social order 1940-1990*. London: Lawrence & Wishart.

Simon, S. (1934). If Lady Simon became educational dictator. *Teachers World, October*(31).

Simon, S. (1940). *The school leaving age and day continuation schools*. Tawney papers, Institute of Education Archives, TY/9/6.

Simon, S. (1942). Equal educational opportunity: What it means. Shena Simon papers, LSE Archives, 7SDS/5/2/8.

Simon, S. (ca. 1943). Memorandum on the White Paper [n.d.: August 1943?]. Tawney papers, UCL IOE Archives, TY/2/44.

Simon, S. (1943). Educational reconstruction. *The University Socialist, August*, 6-8.

Tawney, R. H. (1922). *Secondary education for all: A policy for Labour*. London: George Allen & Unwin.

Tawney, R. H. (ca. 1940). [no title, about the Public Schools] [n.d.: 1940s?]. Tawney papers, LSE Archives, Tawney/18/5.

Tawney, R. H. (1940a, September 30). [Letter to Fred Clarke]. Tawney papers, UCL IOE Archives, TY/2/12.

Tawney, R. H. (1940b). Issues in education. *Manchester Guardian, March*(8), 4.

Tawney, R. H. (ca. 1941). A note on behalf of WEA deputation to the Board of Education. [n.d.: February 1941?] Tawney papers, LSE Archives, Tawney/18/4.

Tawney, R. H. (1941). The public schools. [Memorandum to the Labour Party's Education Advisory Committee, January 1941]. Tawney papers, LSE Archives, Tawney/II/50.

Tawney, R. H. (ca. 1942). Memorandum to the Labour Party (Part III) [n.d.: 1942 or 1943?]. Tawney papers, LSE Archives, Tawney/23/3.

Tawney, R. H. (1943, November 21). [Letter to Crozier]. Guardian Archives, B/

T18/115.

Tawney, R. H. (1943/1964). The problem of the public schools. In R. Hinden (Ed.), *The radical tradition* (pp. 52-69). London: George Allen & Unwin. (First appeared as an article in the *Political Quarterly*, April/June 1943; later printed as a WEA pamphlet)

Terrill, R. (1974). *R. H. Tawney and his times: Socialism as fellowship.* London: Andre Deutsch.

Vincent, A. & Raymond Plant, R. (1984). *Philosophy, politics and citizenship: The life and thought of the British idealists.* Oxford: Basil Blackwell.

Webb, S. (1888). *Wanted, a programme: An appeal to the Liberal Party.*

Webb, S. (1890a). *Socialism in England.* London: Swan Sonnenschein & Co.

Webb, S. (1890b). *The workers' political programme (Fabian Tract, No. 11).* London: Fabian Society.

Webb, S. (1891). The Difficulties of Individualism. *The Economic Journal, 1*(2), 360-381.

Webb, S. & Webb, B. (1897). *Industrial democracy.* London: Longman.

Woodin, T., McCulloch, G., & Cowan, S. (2013). *Secondary education and the raising of the school-leaving age.* NY: Palgrave Macmillan.

Workers' Educational Association (1943). Committee on Public Schools: Draft Memorandum of Oral Evidence given by representatives of the Workers' Educational Association on 20 May. WEA papers, TUC Archives, WEA Central/3/3/1.

不可取代的學校教育？

張珍瑋

國立臺灣師範大學教育學系助理教授

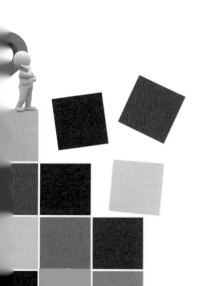

前言

　　在這個新科技與新思維充斥的時代，知識來源越趨多元，對個人而言雖然教育亦存在於家庭與社會中，但學校可謂是個人接受正規與制度化知識的重要管道，只是教育改革、課程內容革新都需要時間，在現今行動載具盛行的年代，學校教育可能因其教授的內涵與傳授的方式難以日新月異、與時並進，而被視為是一個「僵固」的機構，且與現今時代對於可快速實用知識的需求產生落差，也讓學校教育的必要性與不可取代性受到質疑。然而，學校教育是否真的可以輕易地被取代？或者學校教育對個人仍具何種不可取代的重要性？此即為本文希望能夠進行初探與再思之處。

貳　學校教育的目的與功能

　　從國民教育的基本目的而言，學校教育是一種最正式、目標最明確、計畫最周詳的社會化機構。學校教育基本上透過正式課程與潛在課程的形式執行三種社會化任務：基本知識的學習（認知）、生活能力的訓練（技能）、社會態度的陶冶（情意）（譚光鼎，2016）。而以下則依據教育社會學主流理論：「功能論」、「衝突論」的觀點，略述學校教育對於個人與社會而言的目的與功能及影響，並指出學校教育具備有效加值個人未來發展機會的功能：

一、強調學校教育是在促進社會公平流動的功能論

　　結構功能論指出：「學校教育的目的，是在滿足現代民主社會所需之智識、政治、社會、經濟等之需求；學校教育能提供平等的機會，讓個人發揮各自才能，使社會成為達到功績的目的」（譚光鼎，2016）。

　　基於和諧的社會流動與社會變遷觀點的結構功能論，常為倡導推廣學校教育者所參考與採行，其將教育視為促進社會進化與社會變遷的主要動力。現代學校教育以培育高科技經濟所需要的大量人力資本，並且提升公

民價值與公民行為，以滿足工業社會對人才的需求以及對於自由民主的需要。此外，現代學校教育發展出的功績主義式選擇制度有效地促進社會的開放，讓個人可依據實際能力和貢獻而獲得社會地位，打破過去傳統社會依據出身決定社會地位的不公平狀態（譚光鼎，2016）。

二、主張學校教育實為服務社會主導團體利益的衝突論

衝突論則視教育為資本主義操縱的工具，國家統治階級運用教育把個人（某些人）的目標轉換為社會共同目標，以維護既得利益，統治者因此並未提供「真正的教育」給勞工，而是藉由學校教導合乎其利益的教條，協助下一代接受統治階級的價值觀和態度，服從以資本主義為主的經濟關係以及因此而產生的不平等社會關係（階級政治），完成這樣「社會化」的目的是在培養資本主義經濟所需要的勞工，把這些勞動力輸送到資本主義經濟制度所建構的階級結構中，順從資本主義的壓榨、剝削和宰制（譚光鼎，2016）。

三、學校教育有效加值個人的未來發展

上述兩個主要的教育社會學理論都是從鉅觀的層面討論學校教育對個人的影響，而不論是東西方的教育觀點，學校教育都一直被視為是有利年輕人發展的社會制度。因為教育可以增加個人的經濟機會，特別是在教育普及以及課程分化（進入不同軌的普通教育和技職教育）之後，青年人的就業機會隨其教育程度的提高而明顯增加，接受較多教育可增加工作機會，獲得較好的工作以及待遇，以提高生活品質並促進社會流動（譚光鼎，2016）。

因此，全世界目前越來越多人唸到比其父母更高的學歷。在 2000 年時，全世界大多數的年輕人最高只具備高中階段的學歷，在今日則是各國 25-34 歲的年輕人均高比例地具備高等教育階段學歷（OECD, 2017）。在主要國家，大專學生的粗在學率分別如圖 1，我國大專學生的粗在學率也是名列前茅。由此可見，全世界仍看重學校教育對於個人的功能，並且越

來越多人花更多時間投資在學校教育之中。

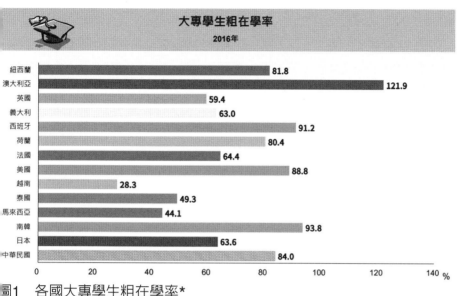

圖1　各國大專學生粗在學率*
*大專學生粗在學率定義：大專學生數÷18至21歲人口數× 100%
資料來源：http://stats.moe.gov.tw/files/important/OVERVIEW_N03.pdf

　　承上，個人投資教育與延後就業的動機主要是在累積個人的人力資本，以有利其出社會後就業並得到較高薪資的工作機會。如表 1 所列之統計數字是臺灣地區受雇者（初任人員）每月經常性薪資（按教育程度分），其中可觀察到兩個現象：第一是教育程度越高者，其薪資收入越高；第二是各教育階段之間的薪資差距，隨教育程度升高而加大幅度。這樣的實際統計數據顯示出接受學校教育的時間越久，對於個人的未來生涯發展與薪資所得確有正向幫助。在國家層面也可以從普遍提高教育程度的國民中得到好處，透過在社會福利上減少的公共支出，且可以從個人提高的就業薪資中收到更多稅收。因此，個人與政府因均從接受學校教育中得到益處，而強化辦理正規學校教育的正當性與重要性（OECD, 2018）。

表1	初任人員每人每月經常性薪資──按教育程度分						單位：元
	平均	國中以下	高中或高職	專科及以上	專科	大學及以上	大學	研究所
100年	24,655	19,822	21,183	26,258	23,388	28,203	26,577	32,321
101年	25,036	20,375	21,727	26,460	23,732	28,193	26,722	31,639
102年	25,175	20,690	21,946	26,677	23,890	28,405	26,915	32,017
103年	25,634	20,986	22,341	27,060	24,304	28,702	27,193	32,269
104年	26,230	21,836	22,980	27,567	24,824	29,171	27,655	32,638
105年	26,723	22,221	23,380	28,056	25,198	29,675	28,116	33,313
106年	27,055	22,841	23,806	28,332	25,527	29,922	28,446	33,633
107年	27,583	23,558	24,477	28,905	26,206	30,359	28,849	33,880

資料來源：勞動統計查詢網：初任人員每人每月經常性薪資──按教育程度分。
取自http://statdb.mol.gov.tw/statis/jspProxy.aspx?sys=210&kind=21&type
=1&funid=q19031&rdm=ilcebfql

今日的學校教育備受挑戰？！

　　學校教育雖如上述對於國家整體與個人發展有其功能性，然而當全球均在增加其國民義務教育年限時，卻也可見各界對於學校教育「有沒有用」（被賦予的目的／功能達到程度）的檢視，多半是質疑受教者在學校教育中得到的是什麼樣的內容？是否個人在學校待得越久，讀越多「書」，對其未來發展就會更「好」？學校教育在社會地位分配過程中究竟扮演了何種角色？不同背景出身的學生學到的是對其未來發展的公平機會，或是再次進行分化再製的階級價值與位置？

一、學校教育作為「再製／加劇階層化」的工具

　　Bourdieu（1977）、Bowles 與 Gintis（1976）、Cookson 與 Persel（1985）、Kozol（1991）所持的批判取向觀點，指出學校的運作偏好既得利益團體與其子女。學校被視為是再製優勢階級與弱勢階級的過程，許

多的教育社會學研究亦採此觀點對學校教育進行批判（Paino & Renzulli, 2013; Roscigno, 1998）。

Bowles 與 Gintis（1976）指出學校旨在培養資本主義經濟所需的勞工，獲得其位置所需的知識技能與態度。Bourdieu（1977）指出學校偏好中產階級與菁英學生的「文化資本」。此外，一些研究甚至指出學校教育不只是再製不平等，且會使社會更加不平等，即學校教育的運作機制與實踐都有利於高社經背景的子女，其包括：經費分配不平等，致使一些學校只有較差的設備、未更新的教科書、大班教學等（Kozol, 1991; Darling-Hammond, 2010; Mosteller, 1995）。此外，教師的教學品質不均，亦致使學生教育成就的不平等（Gordon, Kane, & Staiger, 2008），加上居住隔離導致弱勢學生都聚集在同樣的學校，而促使學業落差（Berends, Lucas, & Penaloza, 2008; Card & Rothstein, 2007）。甚至是在校內的課程實踐也產生差異，如能力編班或分流課程，可能會加劇原先學生所具先備知識技能的差距（Condron, 2009; Gamoran, 1992; Oakes, 1985）。

二、學校教育未能減緩背景因素對個人的影響

在學校體制裡待得越久，學到的是什麼？Coleman、Campbell、Hobson、McPartland、Mood、Weinfeld 與 York（1966）所執行的 Equality of Educational Opportunity 研究報告（後稱 Coleman Report）中，即在透過研究了解「美國各級公立教育機構，因種族、膚色、宗教或民族出身而沒有獲得均等教育機會的狀況」（範圍包括 650,000 位學生與 4,000 所學校）。該研究發現，弱勢族群與多數族群的學生在進入學校之初，對學校、學業成績重要性的看法並無差異。然而追蹤一年級學生到其十二年級時，發現弱勢族群與多數族群學生之間的測驗分數差距拉大，弱勢族群學生在學校待越久，成績竟越落後（Coleman et al., 1966）。Coleman 等人（1966）進一步指出，學生的學業成就與其家庭社經背景相關，而學校教育扮演的是一種中性的（neutral）角色，或者只扮演對於形成學習成就落差的不痛不癢（minor）角色（即未能有效介入與改善階級所造成的學

習落差）。若是如 Coleman Report 所指出的發現，則學校教育並未能達到其所被預期能夠增進社會正義、解決社會問題的功能（Coleman et al., 1966）。

三、學校育才與社會需求的人才之間的落差

在日新月異的全球競爭環境中，學校教育是否能符合社會期望？趕上社會對人才的需求？在課程的內容方面是否能有效地運用現今社會發展需要的新興價值與資源？

傳統上，學校教育被視為是在教授過去的知識，而非教授學生哪些可以預備面對未來挑戰的知識——所教授的是既有的知識，以應付後續升學考試，而少有新意與創造性的想法。這樣的學校教育讓學生在學習時只是為了下一階段的學校教育做預備（國中→高中→大學），而當時勢變化，不能再以這種線性方式思考運作時，個人常感到的是更大的生存危機。其次，學校教育中教授的多是知識，少有態度或是面對挑戰的因應策略，讓個人難有對自我有充足的探索與認識，且較少能與現實之間產生連結。加上學校多受限於其有限且難以與時俱進的教學資源，而常在「因材施教」或是「一份教材適用全部人」兩方面進行拉扯。

再加上一些未在正規學校教育體系接受教育，或是在接受「學校教育」過程「中輟」的名人（如表 2）被傳頌的人生經歷與故事（雖然常是刻意忽略其原具有的高社經地位，如比爾・蓋茲），一方面成為被歌頌的成功典範，另方面也是在質疑學校教育對於個人成長發展不可取代性的地位。

表 2　10名未完成（未讀過）大學學業的成功CEO

財富排名	CEO	公司	國籍	身價*	當初中輟的大學
1	Bill Gates	Microsoft	美國	870億美金	哈佛大學
2	Amancio Ortego	Inditex Group, Zara	西班牙	713億美金	未完成高中學業

（續

財富排名	CEO	公司	國籍	身價*	當初中輟的大學
3	Mark Zuckerberg	Facebook	美國	560億美金	哈佛大學
4	Larry Ellison	Oracle	美國	522億美金	伊利諾大學
5	Eike Batista	EBX Group	巴西	270億美金	RWTH Aachen University
6	Mukesh Ambani	Reliance Industries	印度	232億美金	史坦福大學
7	Michael Dell	Dell Computers	美國	204億美金	德州大學
8	Steve Jobs	Apple Inc.	美國	55億美金	Reed College
9	Ralph Lauren	Polo Ralph Lauren	美國	55億美金	City College of New York
10	Richard Branson	Virgin Group	美國	50億美金	未完成高中學業

*此為2017年的財產申報資料。

資料來源：https://www.pinoymoneytalk.com/ceo-college-dropouts/

肆 學校教育對個人發展仍具不可取代的重要性

如果家庭環境背景對於個人學習與發展確實可能產生長期且重要的影響，學校教育應強化透過有效方式以協助貧窮家庭或弱勢群體學生克服這些限制（譚光鼎，2016）。

學校教育是否真的選擇性地較有利於「誰」？或者是對於來自上層階級、中產階級、勞工階級的學生而言，學校教育應都具備「價值」。如吳媛媛（2016）自瑞典學校教育中擷取出的：應提供一種具備「覺知差異」的學校教育，並提供相應的內容與策略回應學校教育之「社會功能」？尤其是對於弱勢學生而言，若是能夠針對需求，提供學校相應的資金與資源，學校教育可以成為翻轉其階級限制的重要必須歷程。此外，如藍佩嘉（2014）研究發現，在現今競爭的社會環境常使家長親職時間被切割而加劇階級再製，學校教育應如何扮演更為重要的積極角色？發揮正向積極的教育功能與價值？

支持「學校教育作爲『促進社會公平』的推進器」者，透過下述研究舉出有力證據證明高低社經背景學生的認知技能落差，主要是在學校教育之外的因素所形成的產物（Downey, von Hippel, & Broh, 2004; Entwisle & Alexander, 1992; Heyns, 1978）。如 Heyns（1978）分析 1971-1972 學年期間的 42 所亞特蘭大學校超過 3000 名六年級與七年級生的暑期學習與學期中學習成效，而有突破性的發現，即學生在暑假的學習成效主要是受非學校因素的影響，而其學期中的學習成效則同時受到學校與非學校的因素影響，故學生於暑期結束後所產生的學習成效落差並非源自學校對不同背景學生的差別待遇所致。而其他相關的研究（Alexander, 1997; Alexander, Entwisle, & Olson, 2007; Downey et al., 2004; Entwisle & Alexander, 1992, 1994）均指出，「學生技能方面呈現的社經背景差距在非學期時較學期中時加劇得更快。」即「學校教育較傾向於社會不平等問題的解方，而非形成社會不平等問題的原因」。

　　Downey、Wokman 與 von Hippel（2018）分析早期兒童長期追蹤研究 2011 年的資料時，在社會與行爲結果的季節性模式，發現由教師評估幼童進入幼兒園時的學習表現所呈現的是跨階級、種族與性別的社會及行爲技能落差，而且也沒有顯示學生在幼兒園至二年級間有因爲學童在學期間較未在學時有更明顯的落差。

　　依據折射（refraction）架構的[1]觀點解釋，當學生由其自身的成長脈絡進入「學校」時，即改變了個人原具（社經背景）「不平等條件」的未來形成軌跡。學校的角色可能對個人的不平等條件而言產生「中性」的作用，或是「加劇」，或是「補償」（減緩）不平等的作用。而學校教育無疑應強化其補償（減緩）個人不平等條件的功能。

---

[1] 由Downey與Condron（2016）所提出的折射（refraction）架構所指的是：學校是不平等的折射，就像是光從空氣進入到水中時會出現的折射一般，作者提出不平等是學生進入學校後折射出的結果。光會在進入不同速率（高、中、低）的介質時，產生不同的折射。相似地，一旦學生進入學校後，其所具的不平等也會因新的介質（學校），而產生不同的折射度（中性、加劇、補償）。

伍 結語

學校教育實具備翻轉弱勢學生生命與未來發展的可能性，然而，如何強化學校教育的內涵，讓學校教育成為促進社會正義的驅動機制，應為現今學校教育達成的新目標。在本文最後一部分，將略述我國學校教育在促進社會平等方面，是扮演「中立」、「加劇」，還是「補償」的角色呢？

國人對於整體教育以及學校教育一直以來都賦予高度的期待，教育常常被當作是萬靈丹。當國家經濟出現發展瓶頸、年輕人找不到學用相符的工作，或者是社會產生各式各樣問題時，專家學者與社會評論者（名嘴）或大眾都會說：「是不是我們的教育出了問題？」並且，由於過去曾有三級貧戶成總統的實例，更使得教育被當作是階級期待藉以翻身的最佳途徑。

然而，自黃敏雄（2015）的研究中分析 TIMSS 的資料（尤其是 2007年的資料）後指出，學生家庭社經背景的差異是導致城鄉學習表現差異的重要原因，鄉村的家庭社經背景對學生學習影響是更為重大的。黃敏雄（2015）並發現數學成績顯現低落的學生，約只有四分之一到三分之一是來自鄉村或偏遠地區，大部分發生學生學習表現低落的狀況存在於普遍的學校與班級中。

當社會中看似處處是知識、到處是資源時，是否每一個人真的都「能夠擁有等質的資源與機會」？為了避免因個人背景差異而產生教育資源的分配落差，學校教育更具其必要性。如何能夠讓學生們在校學習時是一種公平經驗的累積與預備未來的機會，而非使「學生坐在教室中等待失敗」（臺灣師範大學教育政策小組，2016），使得學校教育在個別學生的求學階段能夠具備「補償」或是「減緩」不平等的功能，以強化學校教育其所能具備的目的與功能，使其對個人發揮「不可替代」的重要性，相信會是學校教育持續將面臨的挑戰與任務。

中文部分

吳媛媛（2016）。沒有回家功課的瑞典孩子。取自https://opinion.cw.com.tw/blog/profile/320/article/3989

黃敏雄（2015）。學生數學表現的城鄉差異。教育研究集刊，**61**(4)，33-61。

譚光鼎（2016）。教育社會學。臺北市：學富。

藍佩嘉（2014）。做父母、做階級：親職敘事、教養實作與階級不平等。臺灣社會學，**27**，97-140。

臺灣師範大學教育政策小組（2016）。教育：美好世界的開端：臺師大對新政府教育政策建言。取自http://pr.ntnu.edu.tw/archive/file臺師大對新政府教育政策建言_簡報檔1050509(1).pdf

英文部分

Alexander, K. L. (1997). Public schools and the public good. *Social Forces, 76,* 1-30.

Alexander, K., Entwisle, D., & Olson, L. (2007). Lasting consequences of the summer learning gap. *American Sociological Review, 72*(April), 167-180.

Berends, M., Lucas, S., & Peñaloza, R. (2008). How changes in families and schools are related to trends in black-white test scores. *Sociology of Education, 81*(October), 313-344.

Bourdieu, P. (1977). *Reproduction in education, society, and culture*. Beverly Hills, CA: Sage.

Bowles, S., & Gintis, H. (1976). *Schooling in capitalist America: Educational reform and the contradictions of economic life*. New York, NY: Basic Books.

Card, D. & Rothstein, J. (2007). Racial segregation and the black-white test score gap. *Journal of Public Economics, 91*(11-12), 2158-2184.

Coleman, J. S., Campbell, E. Q., Hobson, C. J., McPartland, J., Mood, A., Weinfeld, F. D., & York, R. L. (1966). *Equality of Educational Opportunity*. Washington, DC: U.S. Government Printing Office.

Condron, D. J. (2009). Social class, school and non-school environments, and black/white inequalities in children's learning. *American Sociological Review, 74*(5), 685-708.

Cookson, P. & Persell, C. (1985). *Preparing for power: America's elite boarding schools*. New York: Basic Books.

Darling-Hammond, L. (2010). Teacher education and the American future. *Journal of Teacher Education, 61*(1-2), 35-47.

Downey, D. B., von Hippel, P., & Broh, B. A. (2004). Are schools the great equalizer? Cognitive inequality during the summer months and the school year. *American sociological review, 69*(5), 613-635.

Downey, D. B., Wokman, J., & von Hippel, P. (2018). Socioeconomic, ethnic, racial, and gender gaps in children's social/ behavioral skills: Do they grow faster in school or out? *Sociological Science, 6*, 446-466.

Entwisle, D. R., & Alexander, K. L. (1992). Summer setback: Race, poverty, school composition, and mathematics achievement in the first two years of school. *American Sociological Review, 57*(1), 72-84.

Entwisle, D. R., & Alexander, K. L. (1994). Winter setback: School racial composition and learning to read. *American Sociology Review, 59*, 446-460.

Gamoran, A. (1992). *The Variable Effects of High School Tracking*. Madison, Wis.: Center on Organization and Restructuring of Schools.

Kane, T., Rockoff, J., & Staiger, S. (2008). What does certification tell us about teacher effectivess? Evidence from New York City. *Economic Education Review, 27*, 615-631.

Heyns, B. (1978). *Summer learning and the effect of schooling*. New York: Academic.

Kozol, J. (1991). *Savage Inequalities: Children in America's schools*. New York: Crown Publishing.

Mosteller, F. (1995). The Tennessee study of class size in the early school grades. *Critical Issues for Children and Youths, 5*(2), 113-127.

Oakes, J. (1985). *Keeping Track: How schools structure inequality*. Yale University Press.

OECD (2017). *Education at a Glance*. Retrieved from https://www.hm.ee/sites/default/files/eag2017_eng.pdf

OECD (2018). *Education at a Glance*. Retrieved from http://www.cnedu.pt/content/noticias/internacional/Education_at_a_glance_2018.pdf

Paino, M. & Renzulli, L. (2013). Digital concept of cultural capital: The (in) visible advantages for students who exhibit computer skills. *Sociology of Education, 86*(2), 124-138.

Roscigno, V. J. (1998). Race and the reproduction of educational disadvantage. *Social Forces, 76*, 1033-1061.

何必曰利？大學靈魂安在？——Kerr對大學效用的觀點

葉坤靈

國立臺灣師範大學教育學系副教授

壹 前言——研究問題敘明

臺灣社會在 21 世紀面對全球化的衝擊下，政府為因應前所未有的變局，其中一項重要施政方針乃聚焦在高等教育（簡稱高教），因知識經濟乃全球化，或「工業 4.0」（Industry 4.0）之重要內涵。李立國（2016）在〈工業 4.0 時代的高等教育人才培養模式〉一文中，認為進入新世紀後，全球科技有了嶄新的發展，以智能生產製造為核心，配合資訊、生物科技、新材料及新能源等技術，展現了以智能、綠能及服務為特徵的科技革命，是為工業 4.0，標誌著數字化、網路化及智能化的技術應用，及其所催生的生產模式和型態。作為科技與經濟生產研發的高教機構，更須強化學生的基礎知識的奠基、知識的統整、實踐力及個人價值體現的個性化涵養。

我國教育部於 2013 年 12 月提出《教育部人才培育白皮書》（《簡稱白皮書》），標題為「轉型與突破：培育多元優質人才，共創幸福繁榮社會」，其具體策略中有關「大學教育暨國際化及全球人才布局」之理念與目標，揭櫫人才培育攸關著國家競爭力及產業發展，高教則是提升人力資源與帶動國家進步的關鍵。在因應國際環境及產業結構快速轉變之際，頂尖大學享有大量的資源，負有特殊的任務，其師資及培養的各級學生，須有國際競爭力，並能吸引國際一流人才前來進修；教學卓越大學培育的學生，應掌握專業知識，進入職場後，迅速融入工作，並了解世界趨勢，以適應未來產業的變化；其他的大學，則應與業界密切合作，直接培育能夠滿足產業需要的人才（教育部，2013）。教育部為因應知識經濟的來臨，早在 2004 至 2005 年，即推出「獎勵大學教學卓越計畫」（簡稱教卓計畫），和 5 年 500 億「發展國際一流大學及頂尖研究中心計畫」（簡稱頂大計畫），採競爭性經費核撥補助款（楊瑩，2008）。

由教育部的重要高教政策和措施觀之，實過於偏重高教與產業界的連結，強調如何將高教研發的成果用於產學合作，所培育的人才要能投入就業市場，避免學用落差，這似乎是教育部所認定的高教「效用」（uses）。然而黃政傑（2016）在〈大學別再爭排名〉一文中，批判大學

在競逐排名的過程中，戕害傳統高教應兼重教學、研究及服務三種功能，呼籲高教應保障每個大學生皆能獲得最基本的優質教育。惟何謂「優質教育」？是否即是指高教應透過優質教育培養良好的高教人才？然而何謂良好人才？好的高教人才之培育是否可以不顧產業界的發展和配合國家整體施政方針？抑或指的即是高教機構為產業界或國家培養所需的經建人才？如為後者，人文學者將批判其缺乏高教理想性，淪為社會的服務站；如為前者，則又會落入持實用立場的學者所批評的象牙塔之封閉狀態。是以本文標題定為「何必曰利？大學靈魂安在？」即在於突顯高教在追求實際效益之時，宜如何維護中世紀以來西方大學之學術目的與功能，以保有大學之靈魂。

在梳理西方高教理念發展史的過程中，發現美國加州大學（簡稱加大）前校長 C. Kerr（2001a）著有《大學的效用》（*The uses of the university*）一書，對高教理念與功能有歷史脈絡的闡明，並提出己見。J. Brubacher 在其《論高等教育哲學》（*On the philosophy of higher education*）對高教理念之發展撮述如下：

> 高教哲學也脫離不了歷史因素，其合法性奠基在其契合歷史的要求上。中世紀的合法性在於培養社會專業人士，文藝復興基於恢弘人文精神，具體呈現在博雅教育的教學；Newman 的英國學院就是以博雅教育為主。德國大學是啟蒙運動的產物，奠基在科學研究上，美國的撥地學院（Land-grant Colleges）旨在服務社會，這些定位產生在不同國家和時代，美國大學則是集大成（Brubacher, 1982: pp.3-4）。

他接著評述 Kerr 的高教理念：

> 這些不同哲學理念，可否融合在一起？Veblen（1918）認為將專業教育置於學術校園內，是一種野蠻時代的遺風，博雅教育雖可以作為公民培育，但不應在大學之內施教。José Ortega y Gasset（1946）認為大學應專注專業和博雅教育，

而將研究排除在外。Nisbet（1971）主張研究是大學正當的活動，但為政府或企業服務，則是學術信條墮落之舉。Kerr（1963）則認為這些活動都可在大學中進行，大學可以稱為「多元大學」（multiversity）（Brubacher, 1982: p. 4）。

依 Brubacher 對高教學者理念的歸類，Kerr 居於調和折衷的立場。此外，Brubacher（1997）在《高等教育在遞嬗中：美國學院與大學史》（*Higher education in transition: A history of American colleges and universities*）一書中，將 Kerr 與 J. Dewey 列為實用主義之高教主張。而 L. Jarech（1978）則在其《大學效用的兩個對照觀點：赫欽斯與柯爾》（*Two contrasting views of the uses of the university: Robert M. Hutchins and Clark Kerr*）博士論文，也將 Kerr 歸到實用主義，並與人文主義學者 R. Hutchins 的高教哲學論點做對照。

本文以 Kerr 的高教理念為核心，探討其對高教效用的觀點，著重闡釋 Kerr 對於身處民主社會中的高教機構，如何回應大眾對實際生活需求之同時，亦矜持高教的傳統精神與價值之論述。首先說明 Kerr 的高教理念與具體實踐，接著闡釋其對高教目的與功能的觀點，其次論述其對美國新世紀高教走向的反省與前瞻，最後提出其主張對臺灣高教可資借鑑之處。

貳、Kerr之多元高教理念與美國「多元大學」圖像之描繪

Kerr 的高教理念與其高教的實踐密切相關，其從事高教的活動可分為兩個階段。Kerr 於 1952 至 1958 年，應聘擔任加大柏克萊分校校長（Kerr, 2001b: p. 34; Gonzalez, 2011: p. 3）。1958 年，升任加大校長，學術治理重點是將柏克萊的經驗推行至加大其他分校，並將其高教理念，融貫於 1959 年通過立法的「加州高等教育總體規劃」（the California Master Plan for Higher Education，簡稱總體規劃），進而拓展至全加州的公立高教機

構（Gonzalez, 2011: p. 4）。1964 年秋，柏克萊分校的「言論自由運動」（free speech movement）越演越烈，進而爆發學生運動，Kerr 被迫辭職（Kerr, 2003）。其後，Kerr 於 1967 年擔任「卡內基高教政策研究委員會」（Carnegie Council on Policy Studies in Higher Education）主席（其後改組爲「卡內基高教基金會」）直至 1980 年，任內對美國高教做了仔細的調查與檢視，共計出版了 37 篇建議報告，完成 130 篇補助型研究報告（Kerr, 1991: pp. xi-xii）。

　　Kerr 卸下基金會主席後，仍著述不輟，深獲學術界的好評，而其影響力主要來自其開展出的高教視野（Gonzalez, 2011: p. 7）。Kerr 的高教視野與實用主義哲學家 W. James 的多元哲學觀相契。以下首先論述 Kerr 的多元高教理念，其次說明 Kerr 對美國現代大學的新形貌──「多元大學」的勾勒，作爲闡明其多元高教理念的實際印證

一、服膺James多元論的多元高教理念

　　Kerr 之高教理念可由其在《高教的巨變──1960-1980》（*The great transformation in higher education, 1960-1980*）中，〈功能─多元社會中的多元大學〉（Functions-the pluralistic university in the society）及〈短文─不同意 Hutchins 的主張〉（Vignette-disagreeing with Hutchins）章節中窺出（Kerr, 1991），其基本立場源於民主多元社會的教育需求，在〈功能─多元社會中的多元大學〉一文中，Kerr 說：

> 　　本文的寫作動機源於《當今偉大的觀念》（*Great ideas today*），該書是《大英百科全書》（*the Encyclopaedia Brittanica*）系列叢書之一。Hutchins是《大英百科全書》的重要推動者，也擔任「民主制度研究中心」（Center for the study of democratic institutions）總裁，我則受邀擔任與談者，……他曾經說我的多元觀點彷彿將自身置於熙來攘往的「廣場市集」（Agora）中，與周遭事物產生「衝撞」（the "bumps and grinds"），他則寧可獨處在仿若古希臘一隅的「衛城」

（Acropolis），延續Socrates、Plato及 Aristotle的偉大對話，就Hutchins的識見而言，是美好的，但就教育而論，應不僅於此（Kerr, 1991: p. 47）。

他在〈短文—不同意 Hutchins 的主張〉道出與 Hutchins 對於高教效用觀點的差異：

> D. McDonald認為，我主持的「卡內基高教委員會」之研究報告，未能提倡以「偉著」（the great books）為內容的博雅教育，作為高教問題的主要解決方策。我認同McDonald的高教主張，……高教的確需要類似「聖約翰學院」（Saint John's College）以偉著為施教的高教典範，也需要有位於聖塔芭芭拉（Santa Barbara）桉樹山（Eucalyptus）之「民主制度研究中心」的學者統體之機構。……但我認為如果聖約翰學院之偉著博雅教育實施計畫成為唯一的高教模式，那麼高教將會失去更多，畢竟古典模式僅是眾多模式的一種而已（Kerr, 1991: pp. 79, 81）。

由此可知Kerr的高教理念應屬開放多元，參照Kerr在《大學的效用》的論述，明確指出其理念契合 W. James 的多元論。

Kerr 認為 James 在探討「多元宇宙」（the multiverse）時，用到「多元論」（pluralism）和「一元論」（monism）兩個名詞，頗能貼切衍釋「多元大學」的涵義。

(一)「一元論」的封閉絕對性

「一元論」的單一取向在於尋繹「絕對」的真理，如 K. Marx 的階級鬥爭論、C. Darwin 的演化論、S. Freud 精神分析等皆屬之。「一元論」的特點為：1.單一的核心決定其他事物，從而使各個部分聚合成為整體；2.是一個有機體，單一的部分無法獨立自存而產生內在的一致性；3.「絕對」的統一性，而有確定感；4.尋求「確定準則」，用以評判現實生活中

的對錯（Kerr, 2001a: p. 104）。

(二)「多元論」的相互動態性

James 的「多元論」有兩項要點：1. 認定每一事物在充滿內在矛盾的樣態中處於流變的狀態。2. 有機整體的「部分」與其他部分有「內在的關聯」，也與外在具有「外部的關聯」（Kerr, 2001a: p. 104）。

基於此，James 認為「多元宇宙」意指「有機體的每一部分皆與其鄰近的部分連接在一起。」呈現的狀態可能是部分連成一串的形式，或比鄰地靠在一起，沒有一個絕對的中心，即不存在主宰一切事物的某物或絕對力量（Kerr, 2001a: p. 104）。

(三)「多元大學」契合「多元論」的多重宇宙觀

由 James 的觀點來看，多元論似乎較能說明「多元大學」的實況，是一種部分與部分聚合且共存的狀態。「多元大學」內部各個社群因利益與學術旨趣相異，往往扞格而發生齟齬，雖缺乏絕對原則以平息紛爭，但比起傳統價值單一之大學，在強調以民意為依歸的民主社會中，較能展現多樣的學術價值與履行批判現狀的功能（Kerr, 2001a: pp. 105-106）。

二、揉合各種理念的「多元大學」為現代大學之形貌

Kerr 於 1963 年在哈佛大學的「戈金講座」（Godkin Lectures）提到，美國大學正經歷第二次巨變及其促成因素，他說：

> 美國大學正處於第二次大轉型。第一次發生在19世紀最後的25年，當時撥地學院運動和德國智識主義匯集成一股巨大力量，促成轉變。目前的轉變發軔於二次大戰後，大學面臨的處境有：需要容納快速增加的學生數、回應並服務不斷擴張的國家需要、與產業界進行前所未有的合作及調適新的知識取向。在此階段結束後，將會出現嶄新的美國式的大學，無須再向其他大學典範取經，就足以作為全球各地的取法對象，這是時勢

使然（Kerr, 2001a: p. 65）。

Kerr 接著說，援用「多元大學」一詞的緣由：

> 「多元大學」一詞，旨在說明一種嶄新大學形貌的出現。
> 舊有「大學」一詞，指的是具有單一靈魂或目的之緊密師生統
> 體（community）[1]。既然出現了新的事實，就該用新的名詞來
> 指稱，即傳統的母校越來越不具統一的精神，有著越來越多的
> 分裂與多變性格，往昔緊密相依的統體就像變化萬千的城市。
> 「多元大學」一詞僅是描述語詞，但在某些人的嘴裡卻成了汙
> 名化之詞（Kerr, 2001a: p. 102）。

由美國高教發展史，經歷三個主要階段：1636 年哈佛成立至南北戰
爭前，是傳統學院和大學時期；南北戰爭後至 1910 年是現代大學時期；
二次大戰後則是「多元大學」時期（Kerr, 2001a; Veysey, 1965）。「多元
大學」揉合了博雅文化、科學研察及推廣服務之理念。Kerr 在《大學的效
用》開宗明義說：

> 大學肇端於單一統體，是教師與學生的統體，因有中心的
> 運作原則，所以有其靈魂。然而今日美國大型的大學是由一系
> 列的統體和活動組成，統一在共同的校名、治理董事會及相
> 關聯的目的之下。面對此種巨大轉變，一些人感到遺憾，大多
> 數人接受這項事實，只有極少數人欣喜迎合（Kerr, 2001a: p.
> 1）。

又說：

---

1 將「community」譯作統體，係援引 R. M. Hutchins 對統體的闡釋，他主張統體的
涵義不僅是居住在相同地域的一群人之聚合而已，這是社區之意；相較之下，統體
意指一群居住在同一地域的人共同工作，能互助合作即是有共同一致的生活原則與
目的，惟如群體中有一半的人搶劫、詐欺、壓迫並戕害另一半的人，就無法稱作統
體，有此可知共同原則與目的創造出統體，統體的原則是正義、和平、平等及法律
等共善（common good）（Hutchins, 1943: p. 84）。

Flexner憧憬以德國為師的《現代大學》（*The "Modern university"*），幾乎在1930年褪色了！就如同Newman以古典的牛津大學為典範，在1852年出版的《大學的理念》（*The idea of a university*），也早已不受青睞。歷史前進的腳步比觀察者之筆要來得快速。不論是經典和神學或是德國的哲學和科學，皆無法為目前的「多元大學」（multiversity）定調（Kerr, 2001a: p. 5）。

從這兩段話中，Kerr 認為「多元大學」揉合了中世紀大學傳統、Newman 的博雅教育理念、柏林大學的純科學研察理念及強調社會效益的威斯康辛服務理念（Wisconsin idea），因此其內部是由許多社群組成，如大學部學生、研究生、人文學者、社會科學家、自然科學家、專業學院、非學術之行政人員、學術行政主管等，各社群彼此間所關心的利益不同，且其各自與外部的校友、州議員、農民、或企業界間又形成複雜的關係網絡，因而時有矛盾產生，而其運作主要靠某種「機制」（mechanism），即藉行政運作的規則，將不同社群連結在一起。這也即是 Kerr 認為 James 的多元宇宙觀較能合理解釋「多元大學」之理由（Kerr, 2001a: p. 15）。

Kerr 對「多元大學」確切的界說如下：

我用的「多元大學」一詞，意指現代大學是「多樣複雜的機構」，多樣複雜有多重涵義：有多種目的，非單一目的；包含幾個權力核心，不是只有一個領導中心；服務不同對象，不是單一對象；沒有統一信仰。其特色是擁有多種真善美之不同視野與實現方式、權力間時常發生矛盾衝突、服務不同的市場與大眾的需求。……我對「多元大學」所做的註腳，旨在與有著單一目的、精神、領導核心及服務對象之傳統大學做參照。傳統的牛津大學由教授治校、專注教學，以培養博雅涵養的紳士或由講座教授主導，且也與專注科學探究新知之柏林大學迥異（Kerr, 2001a: p.103）。

Kerr對多元社會中高教效用的析論

Kerr 在 1960 年代目睹的美國「多元大學」，迥異於 J. Newman 強調以牛津為典範的博雅教學（Newman, 1996），也不同於 A. Flexner 認定真正大學應如柏林大學，致力於純科學探究（Flexner, 1994），其肇因是「時勢所趨」（an imperative），Kerr 說：

> 多元大學如何產生？沒有人創造它；也沒有人設想而預見它，它的誕生係醞釀相當的時日，也還有漫長的路要走。它的歷史為何？如何治理？其內部生活樣貌又如何？其存在要如何圓說？有未來嗎？（Kerr, 2001a: p. 7）

Kerr（2001a: p. 1）說：「高教面對此種巨變，一些人感到遺憾，大多數人接受這項事實，只有極少數人欣喜迎合。」依此，Hutchins 和 Flexner 應屬遺憾之列，Kerr 則屬於接受既定事實之立場，惟認為其未來應審時度勢，而加以調適。

由高教之遞嬗，教學、研究及服務應是其應展現的功能與效用，然而 Kerr（1991）在〈功能—多元社會中的多元大學〉，認為以這三種功能闡釋高教的效用，實過於簡化，他另提出「生產」、「使用」（consumption）[2] 及「公民義務」（citizenship），作為大學效用之實質內涵。

一、生產

高教之生產功能意指高教機構透過選擇、引導及評定學生表現等歷程，使學生能順利投入職場，承擔社會職業分工之篩選的角色。

高教欲履行選擇之教育功能，社區學院及四年制大學，藉授予副學士、學士、碩士及博士等學位，培養社會所需的實務、技術及專業人才。

---

2 根據《劍橋英語辭典》（*Cambridge-International Dictionary of English*），consumption來自動詞consume，意指使用或消費之義，翻譯為「使用」較符合教育之脈絡。

大學內部之研究單位及外部分支研究機構，所從事的研究，透過各種諮詢服務管道，提供了州政府、聯邦政府及產業界技術研發之基礎，帶動了國家經濟之產值（Kerr, 1991: p. 58）。

二、使用

高教之使用功能包含「現時性」（current）與「長期性」（durable）兩類。「現時性」功能意指大學提供學生在校園內需求滿足的服務；「長期性」則著眼於學生終身學習發展之服務功能，其重要性乃基於學生之品味、技能或興趣會隨時間與環境而改變，有再學習之需要（Kerr, 1991: p. 58）。使用功能表現在博雅教育的學習、校園成為社區生活的中心、監護及庇護場所等方面。

（一）博雅教育：傳統博雅教學強調經典的學習在品格陶冶的意義，現在則強調文化和怡情養性之功能，以契合學生和一般社會民眾之精神需求（Hutchins, 1953; Kerr, 1991: p. 59）。

（二）校園與社區生活的緊密結合：傳統大學校園生活深具宗教與道德教育色彩，其後融入兄弟會與姐妹會、運動及文藝辯論競賽等課外之社團活動。目前的校園活動則增加了各種社區服務、文藝及政治性活動，有形的圍牆藩籬不復存在，社區生活深受大學校園文化之影響（Kerr, 1991: p. 59）。

（三）監護：大學除了學習活動之安排外，亦提供膳宿、醫療保健、諮商指導等服務，是學生離開原生家庭至自組家庭期間，重要的身心安頓場所（Kerr, 1991: p. 59）。

（四）庇護所：現代社會日益多元與複雜，許多學士或碩士班學生無法在畢業前，即對未來之就業或升學做出決斷，此時透過延畢，大學提供了學生思慮未來之場所，而加強選擇的穩當性（Kerr, 1991: p. 59）。

由這四項功能之分析，係著眼於學生之興趣與需求，而非政府、產業界或學術研究之需要，因此該功能之效用的評估，以學生的滿意度做考量（Kerr, 1991: pp. 59-60）。

三、公民義務

高教的公民義務功能意指學生、教師及校友在各自公民責任上的表現，分社會化、評價及補救等三方面做說明（Kerr, 1991: p. 60）。

（一）社會化：社會化功能意指傳授學生對政治、經濟及社會生活之性質與規範等基本的知能。

（二）評價：評價之功能在於對現行社會之政府作為，進行批判，並提出建議方案，或實質的社會改造運動。

（三）補救：補救矯正功能著眼於來自不同社經、地域或族群背景的學生，其入學條件之落差，須提供教育機會均等措施，以補救矯正其學力之不足，促進弱勢學生之學習成效。

由 Kerr 分析高教之生產、使用及公民義務三種功能效用，其倚輕倚重，隨高教類型或社會發展情況而定。雖每一高教機構皆須肩負三種功能，但為展現自身之獨特性與履行社會責任，機構間應做功能區分，即針對機構屬性，選擇擅長之領域追求卓越（Kerr, 1991: p. 64）。

基於此，社區學院提供：1. 實務技能之培育與成人教育（生產功能）；2. 提供進入博雅教育或準專業訓練預備（庇護功能）及 3. 弱勢學生學力之矯正補救（補救功能）。獨立或附屬之四年制文理學院，主要提供：1. 博雅科目之教學（使用功能）；2. 提供社區豐富的文化生活（使用功能）及 3. 評價社會之措施與價值（公民義務功能）。至於綜合性大學則主要履行：1. 中級與高級技術與專業訓練（生產功能）；2. 研究與推廣服務活動（生產功能）及 3. 針對技術和專門領域進行評價（公民義務功能）（Kerr, 1991: p. 64）。

1959 年，加州政府通過 Kerr 主導之「總體規劃」（Douglass, 2000, 2010），使得加大、州立大學及社區學院做功能區分，各自在「生產」、「使用」及「公民身分」三種功能中追求卓越，展現機構之特色。「總體規劃」之功能區分之要旨如下：

確定公立高教各部門的特定功能，鼓勵在其功能範圍內，致力追求卓越：(1)加大強調研究所和專業教育，且負督導公立

高教機構在法律、醫學、牙醫及獸醫等教學之責，是唯一可以授予博士學位的公立高教機構，惟亦可與州立大學聯合授予。(2)州立大學主要從事大學部和研究所碩士班的教學，加大是加州主要的公立學術研究機構，其他州立大學所從事的研究，應配合其主要教學功能。(3)初級學院（後來改稱社區學院）負責至14年級的教育，主要實施通才教育及轉入4年制大學的教學，同時提供職業和技術方面的訓練（Kerr, 1994a: pp.126-127）。

肆 Kerr眼中美國「多元大學」之效用──遷就現實而缺乏理想

一、Kerr對於「多元大學」發出的兩種聲音

Kerr 成長於賓州（Pennsylvania）的農村，目睹農人耕作景況，養成務實性格。大學就讀史沃斯摩爾學院（Swarthmore College），是美國知名的文理學院。Kerr 認為注重博雅教育的史沃斯摩爾是名符其實的學者統體，F. Aydelotte 校長引介「榮譽學程」[3]（honors courses），Kerr 亦獲選入「榮譽學程」，其後至加大柏克萊分校就讀研究所，撰寫勞工關係之博士論文（Kerr, 1994a; Gonzalez, 2011）。Kerr 務實與理想兼具的高教理念實與成長經歷和學術背景有關，高教學者 S. Rothblatt 在〈Kerr的兩種聲音〉（Clark Kerr: Two voices）中說：

> 我們看到Kerr時常援引產業和商業語詞，這並不足為奇，因為他早歲的訓練是勞動經濟學，但在後期著作中卻逐漸出現

---

[3] 「榮譽學程」之措施是選取大三和大四學術表現優異之學生，每一學期參與兩個「研討班」（seminar），一個研討班約6位學生，上課地點通常在教師家中，每位同學每周皆須撰寫報告，供同儕間討論之用。為期2年後，聘請校外人士進行筆試和口試。

另一種語彙，反映出對道德秩序和理想的追求。他認為大學應該是國家的良知代言人，值此危機四伏的高教環境，他批判大學政治色彩過於濃厚，也警覺到大眾對高教信賴感的逐漸喪失，感嘆大學統體的崩解及懷疑大學本身的自治能力。他引用James的話說：從來就不曾有過神職人員對自身做改革，此話應驗了大學已臣服於商業誘惑之下，理由是學術界不願管理自身（Rothblatt, 2012: p. 4）。

Kerr 的經濟實利與精神理想兩種聲音，可由他接受「多元大學」存在之事實窺出，惟並不遷就現實，他曾自比爲有遠見的刺蝟[4]（Kerr, 2001a: p. 226），來自於嫻熟西方高教的發展史[5]。他的高教代表作——《大學的效用》係於 1963 年應哈佛之邀，所進行的三場演說，分別爲「多元大學理念」、「聯邦贊助大學之實況」及「智識之城的未來」（The future of the city of intellect），構成該書的前三章，清楚闡明其高教的理念。其後又分別於 1972、1982、1995 及 2001 年逐步擴充成九章，皆對高教所處的情勢變化，做出觀察與批評。他的高教眼光可謂就著現實，透視問題，採點滴之修補方式，以期邁向烏托邦。

---

[4] Berlin（1953）在其〈刺蝟和狐狸：論托爾斯泰的歷史觀〉（The Hedgehog and the Fox：An Essay on Tolstoy's View of History），援引古希臘詩人Archilochus（680-645 B.C.）關於刺蝟與狐狸兩種動物的隱喻，來勾勒兩種典型的性格差異。Archilochus 說：「狐狸知道許多事，可是刺蝟僅知道一件大事。」 Berlin以此衍釋，屬於刺蝟型的人往往將其所理解和所感知的事情連結到單一核心視野，形成清晰井然的體系與普遍之原則；屬於狐狸型的性格往往追逐許多目標，目標間往往不相干，甚至互相矛盾。Kerr（2001a）以此延伸刺蝟型與狐狸型的領導風格對照如下：(1)秩序與混亂；(2)整體與多元；(3)宏觀視野與因應變局；(4)確定與不確定（Kerr, 2001a: pp. 207-208）。

[5] Kerr對高教史的關注可由其《高等教育無法迴避歷史——新世紀的論題》（Higher education cannot escape history: Issues for the twenty-first century）一書中窺出，該書從長期的高教發展脈絡，探討全球性高教發展議題，如全球化、高教治理模式及高教功能與任務之檢視等（Kerr, 1994a）。

7 何必曰利？大學靈魂安在？——Kerr 對大學效用的觀點

二、Kerr診斷「多元大學」的病徵

Kerr 在《大學的效用》第二章「聯邦補助大學的實況」、第三章「智識之城的未來」、第六章「研究型大學輝煌時期的評論」及第九章「新世紀的智識之城是狐狸擅勝場之年代?」,一再提出「多元大學」的「病徵」。茲分 1960 年代與新世紀為例說明。

(一) 1960年代聯邦經費挹注研究型大學衍生的問題

S. Hook 說聯邦政府好像一條會讓人分心的「紅鯡魚」[6] (a red herring),聯邦政府的研究補助經費與學校總經費相較,占相當大的比例。而當教授爭取到研究經費後,在大學中就握有相當大的影響力,惟其流弊在於教授對於置身的機構之認定轉移至聯邦政府,往往棄大學之福祉於不顧 (Kerr, 2001a),而衍生出下列問題:

1. 校園內兩種文化之形成:科學人員經費充裕,人文學者相形見絀

聯邦政府的經費補助在大學內部製造了一種新矛盾,即人文學者和科學學者間的矛盾。一般而言,在聯邦補助較多的大學中,科學人員的升等較快、有較大的研究空間、較多的額外收入和助理,且在大學的內外部都有較高的知名度,人文學者對此深感不平 (Kerr, 2001a)。

2. 研究所和大學部教學的失衡

研究所的教學和研究有緊密的關聯,如果教授的研究成果豐富,研究所的教學品質也會隨之提升,所以聯邦政府經費補助在改善研究所教學方面極為明顯。然而在大學部,「馬虎教學」成為常態。據 Kerr 的觀察,在許多規模大的研究型大學裡,大學部教學對教授而言,只是不得不然的苦差事 (Kerr, 2001a)。

3. 學術倫理問題層出不窮

聯邦政府將大量的經費投入大學中,大學有責管理這些經費,但是經

---

6 紅鯡魚當成轉移焦點的代名詞有幾種不同的源起:其一認為當初打獵人士為了混淆獵犬的嗅覺,所以在獵場中四處放置煙燻過的鯡魚,藉此轉移獵犬的注意力;另一說法則認為是監獄逃犯為了誘騙追緝的警犬,所以在逃跑的路程外放置紅鯡魚以順利脫逃。

費被濫用的情況，仍時有所聞。此外，一些教授爲爭取研究案，也會結黨營私，即形成審查研究案的默契。此外，在採購精密的設備和儀器時，也經常出現價格浮報之舞弊情事。Kerr 認爲凡此違反學術倫理之事例，不一而足，須訂定更爲嚴謹的經費稽核制度，方能杜絕（Kerr, 2001a）。

　　儘管衍生這些問題，但整體而言，二次大戰後的 20 年間，聯邦政府對大學經費的挹注，確實達成國家發展所需，提升了大學的整體素質，突顯了高教之生產功能。

(二) 世紀之交上演的高教劇本

　　時至西元 2000 年，Kerr（2001a）完成其《大學的效用》的最終章，即「新世紀的智識之城是狐狸擅勝場之年代？」時，指出在不確定的年代，高教處境將更爲嚴峻，他預見上演的劇本有六項：1. 馬士薩拉（methuselah）[7] 劇本；2. 遺傳學革命；3. 融入外在環境引發大學內部的解組；4. 傳統學術「行會」（guild）的分裂；5. 全球化劇本；6. 你爭我奪失控（free-for-all）的劇本。其中全球化劇本實爲對高教傳統學術精神與理想產生衝擊的根本因素。新世紀經濟全球化，伴隨資訊與交通傳輸的國際流動，迫使產業界長驅直入大學校園，以獲取嶄新的先進知識、技術及人才，成爲產業界在全球化競逐中，勝出之祕訣，大學淪爲產業界的研發部門。在產學密切合作中，Kerr 意識到大學在捍衛學術自由與自主的兩項困境，其一爲若某大學爲了維護學術忠誠而訂定嚴格的合作契約，另一所大學可能出高薪搶奪其教授；其二與產業界關係密切且受青睞的教授，如其與業界之合約遭到校方之否決，該教授可能打著學術自由之旗幟與大學對抗，揚言出走他校作要脅。面對這種情況，大學幾無招架之力。（Kerr, 2001a: pp. 213-217）。

　　根據 Kerr 所提這六項劇本，考其運作的核心力量與要素在於全球化與電子科技，這兩種力量有相互激盪的效果。茲將其與六項劇本之關係，

---

[7] 　聖經中記載馬士薩拉爲諾亞（Noah）洪水發生前的猶太族長，據傳活到969歲，象徵長壽。馬士薩拉劇本在說明新世紀即將上演年輕一代的高教需求與年長者照護間有限資源的衝突（Kerr, 2001a: 213）。

圖示如圖 1 所示。

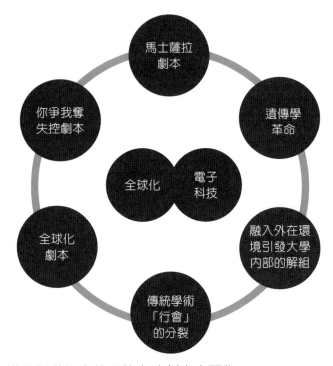

圖1　Kerr描繪新世紀高教可能上演劇本之圖像
資料來源：整理自Kerr（2001a）。

三、Kerr的針砭之道

　　Kerr 在《大學的效用》的〈智識之城的未來〉、〈困難的抉擇〉及〈新世紀的智識之城是狐狸擅勝場之年代？〉三章，皆針對「多元大學」的問題，提出修正之方針與具體的解決方策如下：

(一)「多元大學」應依循之理念方針

1. 大學須有身體，也要有腦袋

　　Kerr 在評述美國高教生產、使用及公民義務三種功能之表現時，認為生產功能最佳，展現在培養專業與高技術人才，滿足不斷擴增之經濟

發展需求。在使用之功能方面，表現最不理想，他用「災區」（a disaster area）來形容大學部博雅教育的忽視。至於公民義務方面，弱勢學生的補救教學較不理想，教授展現之評價功能不能僅止於批判，應提出具體建議（Kerr, 1991: pp. 62-64）。

大學生產功能之表現主要拜聯邦政府經費挹注所賜，卻囿於現實，Kerr 引用 D. Riesman 的話：「一流大學之學術改革缺乏方向，僅一味模仿國外改革模式而缺乏自身創新力。」Kerr 對此不表完全贊同，他認為：「美國大學並非缺乏方向，而且以極為敏捷之速度，朝明確方向邁進。只是這些方向並非來自大學對自身目的視野之認定，而是受制於外在環境，包括聯邦政府、基金會及產業界。」他以詼諧的口吻說：「大學被其追求者擁抱並引領至花園小徑，是那麼地誘人和親切，誰能抗拒？不過，話說回來，又何以想要抗拒呢？」（Kerr, 2001a: pp. 91-92）。

由於一味追求研究所帶來的物質報酬，而不問其與高教確切存在價值之相關性，Kerr 引用芝加哥大學（University of Chicago）校長的話說：「美國旗艦型大學將如同恐龍一樣，身軀越來越大，最終無法適應環境之變遷，缺乏調適演化之能力而滅絕。」Kerr 說這是因為腦袋太小，無法因應龐大身軀之需求，只有步上死亡之途（Kerr, 2001a: p. 91）。

他對大學效用之結論是：大學應以社會之樞紐，即靈魂自居，以寬廣的視野，涵攝社會所有智識資源和力量，成為社會整體之救贖力量（Kerr, 2001a: p. 92）。

2. 大學拒作浮士德式出賣靈魂的交易

Kerr 在 1995 年版《大學的效用》新增的第八章「困難的抉擇」，以其自許的刺蝟眼光，認為 1990 至 2015 年美國「多元大學」將因經濟的波動，導致財政緊縮，而愈加私有化[8]與更為聯邦化[9]，高教將更仰賴聯邦政

---

[8] 美國大學在1990年代，對外界服務和專利所得的增加、校友的經費捐助以及產業界的研究發展經費贊助的大幅提高等因素，有逐漸成為「私有補助性質大學」（the private grant university）之趨勢（Kerr, 2001a）。

[9] 新世紀經濟生產力的增加有40%來自於「知識研發」，20%在於技術的增加，研究型大學在經濟發展中取得關鍵性的地位，驅使聯邦政府更加注重研究型大學的發展，研究型大學將與聯邦政府產生更緊密的連結。

府、產業界及校友的經費挹注時，不能被金錢眩惑，做出「浮士德式的交易」[10]（Faustian bargains），而犧牲學術的核心價值，如學術品質和機構自主性（Kerr, 2001a: p. 185）。

(二) 具體的解決方策

Kerr 在 1990 年代盱衡美國在財政緊縮下，以及國內外政經局勢巨大之轉變，認為未來高教將面臨許多問題的衝擊，勢必做出困難的抉擇，而非僅是政治性的利益盤算（Kerr, 1994b）。他認為具有識見的校長在這充滿困難的時刻，將會做出以下之決定：1. 捍衛學術核心價值，避免受枝節或不相干活動的羈絆而庸俗化；2. 鼓勵運用新的教學科技，以提升教學品質，並與中學緊密合作，改善學生入學成績；3. 選定擅長之學術領域，做卓越的探究，非盲目地因應外在環境之壓力而照單全收。4. 著眼於長期的學術發展，做出縝密的規劃，而非困陷於且戰且走的泥淖（Kerr, 2001a: p.184）。Kerr 在高教視野與應有功能的光照下，參照高教在學術統體的割裂、大學部教學的輕忽、「教授企業家」衍生的學術倫理議題等問題，提出的具體方策如下：

1. 提振大學部教學品質

Kerr 認為大學部教學之受忽視，與教師過於重視研究有關，建議如下：(1) 配合新的教學科技，提升教師之教學效能；(2) 設計滿足學生需要之創新課程；(3) 在講求知識整合之時代，兼重專才與通才之培育；(4) 視學生為獨特之個體；(5) 創發讓學生感受人性化之學習社群；(6) 營造師生間更緊密的情感支持與聯繫（Kerr, 2001a: p. 89）。

2. 重塑學者統體

Kerr 目睹大學校園內部各個社群各行其是，尤其缺乏不同知識學科交流與對話，為了填補 C. P. Snow（1959）所謂人文與科學學者之間的鴻溝，他建議可利用生物科技在整合各學科領域之契機下，鼓勵各系所教師進

---

[10] 歌德的悲劇《浮士德》中，浮士德為了尋求生命的意義，在魔鬼梅菲斯特的引誘下，以自己的靈魂換得他的幫助，經歷了愛欲、歡樂、痛苦、神遊等各個階段和變化，但到了生命的最後時刻，他終於領悟了人生的目的。

行學術合作，以恢復中世紀以來學者統體之一體感（Hutchins, 1964; Kerr, 2001a: pp. 89-90）。

3. 重拾撥地學院之服務精神，取得大衆的支持與信賴

美國的撥地學院成立的宗旨在於爲農業和工業服務，因此早期農工學院與州民的關係非常緊密，隨著社會的變遷，州立大學與一般社會大衆之關係逐漸疏遠。「教育」和「醫療保健」領域正可以提供與大衆互動的機會，其做法；一爲教育學院可建立推廣服務和實驗站，並與各級學校建立夥伴關係；二是採取北卡羅萊納大學（University of North Carolina）健康教育中心之措施，與全州的醫院建立合作關係（Kerr, 2001a: pp. 189-190）。

4. 維護大學「非市場」功能

Kerr 認爲高教越趨市場導向，過度關注生源、研究和服務市場。惟大學的功能不僅止於此，爲反映整體社會的需要，一些非市場需求的價值，如培養良好公民、促進大學生對於文化的興趣和能力、由學術的立場批評社會狀況，以及支持沒有即刻回饋的學術活動等，都是應致力維護的職責所在（Kerr, 2001a: pp. 192-193）。

5. 須更有效的運用資源

在未來資源緊縮的情況下，經費的運用需經審愼的評估。Kerr 提出高教資源更有效率的做法如下：(1) 大學應探究自身機構最擅長的知識領域，以追求卓越；(2) 師生比與教學品質沒有絕對的關係，而統一的教學時數也需斟酌調整；(3) 研究型大學無須提供基本技能的訓練，也無須設置補救教學的措施，這些是高中、社區學院、推廣中心或企業界的責任；(4) 教學設施應全年無休，准許大學部學生可以 3 年畢業（Kerr, 2001a: pp.190-191）。

Kerr 以 A. N. Whitehead 在其《教育的目的及論叢》（*The Aims of Education and other essays*）的「智識陶冶」之價值，爲大學的效用作註腳。Whitehead 說：

在現代生活條件下，此原則是確定的，即一個民族如不珍視「智識陶冶」（trained intelligence）的價值，將注定滅亡。不是憑你的英雄氣概、社交的魅力、機智的應對或在陸地及海上的勝利等可以扭轉命運之指。今日我們或許可以求得自保，惟明日科學之步伐將更進一步，若還陷於無教養之狀態，其結局將不證自明（Whitehead, 1929: p.14; Kerr, 2001a: p. 95）。

伍、Kerr的高教效用主張對臺灣高教之借鑑（代結語）

一、立基於高教發展之現實，恢弘高教應有的價值與理想

Kerr 對於高教的洞察力絕非憑空而得，是來自於理論與實踐不斷對話與辯證的成果。實踐方面，他擔任過加大柏克萊分校校長、加大校長及「卡內基高教基金會」主席等職。在加大服務期間，對高教之發展與問題，有了親身經驗，在擔任「卡內基高教基金會」主席時，更擴大對高教關懷之視野，透過與各地區高教學者和實務工作者的訪談與意見調查，掌握了高教發展的實徵資料。

奠基在實踐的基礎上，Kerr 關注高教哲學著作，為文導讀重要學者，如 Newman、Flexner、Hutchins、K. Japers、J. Gasset、Whitehead 等人的代表作，他的代表作計有《大學的效用》、《高等教育的劇變：1960-1980 年》、《美國高等教育處於多事之秋》（*Troubled times for American higher education*）（1994b）、《高等教育無法迴避歷史——新世紀的論題》等，這些著作皆針對時事而發，見出理論與實踐間不斷的辯證，浮現出高教立足於傳統，前瞻未來的社會責任。

二、臺灣高教領導者應養其高教識見，以擘劃具前瞻性之高教政策

　　據楊瑩（2008）的分析，臺灣高教自 1949 年以來歷經七次主要發展階段：（一）發展停滯階段（1949-1953 年）；（二）發展成長階段（1954-1971 年）；（三）限制管控階段（1972-1985 年）；（四）解嚴開放階段（1986-1993 年）；（五）自主及再度擴充階段（1994-2001 年）；（六）多元競爭「春秋戰國」階段（2002-2005 年）；（七）強調學校自主管理及績效責任階段（2005 年以後）。自第六個發展階段，臺灣高教面對內部快速擴充，所產生的經費競逐壓力外，復因 2002 年臺灣加入世貿組織（WTO）後，更面臨教育市場必須開放之衝擊。因此教育部在 2002 年後，為因應「全球化」與「市場化」之趨勢與挑戰，除了在 2003 年公布大學院校進退場機制之規定外，2004 至 2005 年推出「教卓計畫」，和 5 年 500 億「頂大計畫」，採競爭性經費核給。而自第七發展階段因應《大學法》再次修訂（2005 年 12 月 28 日公布），強調學校自主管理及績效責任階段後，配合 2005 年「高教評鑑中心」的設置，教育部扮演各大學辦學品質之遠端操控的角色，而爭取經費之卓越指標集中在世界大學之排名，排名的良窳關鍵要素著重研究的產出與產學合作的績效。詹盛如在〈臺灣高等教育治理政策之改革——新管理主義的觀點〉認為在新管理主義的影響下，臺灣自解嚴以來追求實質機構自主的大學治理模式，儼然被強調高教經濟競爭力之工具目的政策所取代（詹盛如，2010）。這種工具理性思維乖違了高教學術自由的傳統，高教公民義務的評價功能萎縮，缺乏前瞻與理想性。

　　黃政傑（2016）在〈大學別再爭排名〉一文，對我國高教政策囿於知識經濟之思維而憂心忡忡，他說：

> 　　對於「頂大計畫」的批評……都指出頂大計畫花了很多經費，世界排名的目標卻未能實現。有的學者認為計畫目標根本不對，手段也不實在，對於學術頂尖及大學一流的目標，不求穩紮穩打，只求浪得虛名，盲目迷戀世界百大或世界排名，且特別預算的大筆經費用在搞校地、建校舍、買設備。頂大計畫

核心的學術發展被批評得更為不堪，拚國際期刊文發表數、發展論文產業、敗壞學術風氣和倫理、讓本土學術空洞化、與社會和產業需求脫節、宰制學術自由、爭奪學術資源分配權力及利益等，都是很嚴重的問題（黃政傑，2016：1）。

他在文末提出改進方向為：

> 避免一刀切要求大學定位於研究、教學、服務某項功能的作法，不論哪個大學都需要這三項功能。後頂大時代的大學教育政策宜重視整體發展及多元卓越，讓每個大學在各自的定位上開展優質教育。大學教育經費分配宜合乎公平正當原則，保障每個大學生在校得到最基本的優質教育（黃政傑，2016：7）。

教育部於 2017 年發布的「高等教育深耕計畫」，乃針對「頂大計畫」與「教卓計畫」競爭型經費補助之缺失，改以：1. 落實教學創新；2. 提升高教公共性；3. 發展學校特色；4. 善盡社會責任等四項為高教新政策之目標（教育部，2017）。究其內涵，一改過去以高教生產功能為重，兼重使用與公民義務之功能，然而如何落實，仍有待高教領導者以宏觀視野引領高教實踐（Gonzalez, 2011）。舉落實教學創新目標為例，如何為厚植學生基礎能力與培養學生就業能力之間做妥適規劃，就是西方長久以來博雅教育與專才教育孰輕孰重的一項課題，有賴穩當的高教理論與視野評估其實施成效。楊國賜就對國內一味以擠進世界「一流大學」為辦學目的，卻對所謂「一流」缺乏認定標準，只好隨各種世界排名機構所作的排名結果而浮沉之現象說：

> 大學的理念與精神是引導一所大學發展前進的指南，決定著一所大學的辦學方向，也影響大學策略規劃的實施。因此對大學理念，尤其是大學的核心價值，有必要進行系統的探討和解析，作為大學發展整個策略規劃的精髓（楊國賜，2018：171）。

美國加大高教行政學者 C. Gonzalez 在加大面臨新世紀發展的困境時，撰述《柯爾的加州大學：高教的領導、多樣性與擘劃》（*Clark Kerr's University of California: Leadership, diversity, and planning in higher education*）一書，序言提及：

> 目前我們需要新的Kerr們來克服狐狸型領導文化，以闡明新的刺蝟視野。變革來自上層領導，有許多外在因素影響像加大這樣的公立大學之前途，且其領導者的權力又相當有限，惟領導關係重大，這是本書嘗試要解答的問題（Gonzalez, 2011: p. xiv）。

因此，臺灣高教領導者，除了致力於高教哲學探究的學者外，教育部主其事者和各大專院校校長與學術行政人員，倘能汲取 Kerr 探究高教的方法與理念，以為參照，針對國內外高教環境發展的狀況做斟酌損益，應能獲致屬於我國高教發展的政策與模式，在務實中又能見出理想性，進而有助於個人與社會的整體發展。

 參考文獻

中文部分

李立國（2016）。工業4.0時代的高等教育人才培養模式。清華大學教育研究，**1**，6-15。

教育部（2013）。教育部人才培育白皮書。取自www.edu.tw/userfiles/url/20131204191917/1021204/教育部才培育白皮書.pdf.

教育部（2015.1.16）。邁向頂尖大學計畫（**102** 年9月修正）。臺北市：教育部。

教育部（2017）。高等教育深耕計畫。取自http://ctld.nctu.edu.tw/wp-content/uploads/2018/01/%E9%AB%98%E6%95%99%E6%B7%B1%E8%80%95%E

8%A8%88%E7%95%AB%E6%A0%B8%E5%AE%9A%E7%89%88.pdf

黃政傑（2016）。大學別再爭排名。臺灣教育評論月刊，**5**(10)，1-8。

詹盛如（2010）。臺灣高等教育治理政策之改革——新管理主義的觀點。教育資料與研究，**94**，1-20。

楊國賜（2018）。高等教育的藍海策略。臺北市：師大書苑。

楊瑩（2008）。臺灣高等教育政策改革與發展。研習資訊，**25**(6)，21-56。

英文部分

Berlin, I. (1953). *The Hedgehog and The Fox.* New York: Simon & Schuster.

Brubacher, J. (1982). *On the philosophy of higher education.* San Francisco, CA: Jossey-Bass.

Brubacher, J. & Ruddy, W. (1997). *Higher education in transition: A history of American colleges and universities.* New Brunswick, NJ: Transaction.

Douglass, J. (2000). *The California idea and American higher education: 1850 to the 1960 master plan.* Stanford, CA: Stanford University Press.

Douglass, J. (2010). *From chaos to order and back? A revisionist reflection on the California master plan for higher education @ 50? and thoughts about its future.* Retrieved from http://www.cshe.berkeley.edu/chaos-order-and-back-revisionist-reflection-california-master-plan-higher-education50-and-thoughts

Flexner, A. (1994). *Universities: American, English, German.* New Brunswick. The Canada: Transaction.

Gonzalez, C. (2011). *Clark Kerr's university of California: Leadership, diversity, and planning in higher education.* New Brunswick, NJ: Transaction.

Hutchins, R. M. (1943). *Education for freedom.* Baton Rouge, LA: Louisiana State University Press.

Hutchins, R. M. (1964). *The university of utopia.* Chicago, IL: The Chicago University Press.

Jarech, L. N. (1978). *Two contrasting views of the uses of the university: Robert M*

Hutchins and Clark Kerr (Unpublished doctoral dissertation). University of Illinois at Urbana-Champain, Urbana, Illinois.

Kerr, C. (1991). *The great transformation in higher education: 1960-1980*. Albany, NY: State University of New York.

Kerr, C. (1994a). *Higher education cannot escape history: Issues for the twenty-first century*. Albany, NY: State University of New York.

Kerr, C. (1994b). *Troubled times for American higher education: The 1990s and beyond*. Albany, NY: State University of New York.

Kerr, C. (2001a). *The uses of the university*. Cambridge, MA: Harvard University.

Kerr, C. (2001b). *The gold and the blue: A personal memoir of the University of California, 1949-1967, Vol. I: Academic triumphs*. Berkeley, CA: University of California.

Kerr, C. (2003). *The gold and the blue: A personal memoir of the University of California, 1949-1967, Vol. II: Political Turmoil*. Berkeley, CA: University of California.

Newman, J. (1996). *The idea of a university*, F. M. Turner (ed.) New Haven, CT: Yale University Press.

Rothblatt, S. (2012). Clark Kerr: Two voices. In S. Rothblatt (ed.), *Clark Kerr's world of higher education reaches the 21st century* (pp.1-42). New York, NY: Springer.

Snow, C. P. (1959). *The two cultures and the scientific revolution*. New York, NY: Cambridge University Press.

Veysey, L. (1965). *The emergence of the American university*. Chicago, IL: the University of Chicago Press.

Whitehead, A. N. (1929). *The aims of education and other essays*. New York, NY: New American Library.

落地就能生根嗎？臺灣新住民教育政策之哲學省察

李宜航

國立臺灣師範大學教育學系博士生

前言

　　一般而言，若問及對新住民[1]女性的印象，多數人的第一反應總不脫經濟不利或是文化不利。然而，進一步深入思考，不免發現這些第一印象不見得是吾人實際與之互動接觸之感，乃多受到官方或大眾傳媒之建構所致。（夏曉鵑，2002）事實上，新住民來到臺灣之後的生活難免波折，但其展現於生活中的毅力與堅強卻也著實令人印象深刻。[2]作為一個跨越原有結構的「能動者」（agent），這些「移民」身上所具備的能動性，能使其在不同結構中「游移」，進而成為跨文化、跨結構的「旅行者」（traveler）。不同於愉快、輕鬆的「旅遊」，「旅行」一詞自古以來皆意指痛苦、困難與艱困，[3]因此這些作為「旅行者」的「移民」，抵達一個新結構時，總不免遇到許多挑戰與衝擊。另一方面，也因為這些「移民」所具備之能動性，也為臺灣社會注入許多活力，同時也孕育出更優質的新生代。

　　自 2000 年後，我國開始步入少子女化風潮。在 2003 至 2007 年這段時間，也是新住民貢獻生育量最多的區間，則有超過一成的生育量。[4]其中，對來自東南亞與中國之新住民女性所生育的孩子，臺灣社會普遍以「新臺灣之子」稱呼之。值得注意的是，這群「新臺灣之子」的總數不斷累積，截至 2017 年為止已約有 40 萬人，而新住民總數則逾 70 萬人（張

1　在臺灣「新移民」相關政策的文化脈絡下，其政策用字亦隨不同的政治經濟環境而有所差異。因應臺灣政府於2015年統稱為「新住民」，故本文統一採用「新住民」一詞。

2　以2013年楊力州導演所導之紀錄片《拔一條河》為例，該片主軸在於敘述八八水災後的高雄縣甲仙鄉（現為高雄市甲仙區）甲仙國小拔河隊學生之集訓與比賽歷程，同時亦彰顯該地區的新住民女性對於刻苦生活之堅毅。

3　如方永泉（2002）曾提及：「古代的旅行並不似今日容易，特別是耗時甚久的長途旅行更常是艱苦、困難與充滿危險的。……也難怪旅行（travel）這個字的西文字源與『劇烈的痛苦』（tra-vail）的字源也十分接近。」

4　根據內政部統計處之「全國總出生數」與「新生兒生母狀況分析」之統計可知，在2002至2007年間，「外籍與中國母所生」之新生兒占「全國總出生數」約有10%~13%。然而，值得注意的是，其趨勢確實逐年下滑。另外，2015至2017年止，其比例約略占6%左右。

裕程，2017）。

　　若以就讀國中小的人數來看，至 104 學年度，則已有 20.8 萬新住民子女在學，其比率已高達 10.6%。目前預估到 2030 年，各級學生中，每 8 位便有一位「新臺灣之子」（薛承泰，2016）。由此可知，新住民子女的數量逐步增長的同時，其隨之而來的教育過程，也成了臺灣社會不得不關切的重要議題。換句話說，新住民及其子女能否藉由教育的力量，在臺灣這塊移居土地上真正地「落地生根」，著實值得深入探究。

　　值得注意的是，近年來臺灣教育現場新住民組成的樣貌其實也日漸多元，除了臺灣本土生長的新住民子女外，也有部分因跨國婚姻流動或從國外回臺的跨國轉銜學生（洪麗卿、劉美慧，2018）。是故，當教育現場面對到越來越多背景多元的學生時，臺灣的教育體制與教育政策，勢必要進一步思考如何協助他們融入學校教育中，使他們在學習過程中得以順利、成功。

　　相關研究亦指出，臺灣跨國婚姻的新住民女性教育程度偏低，結婚年齡偏低，家庭經濟也偏向弱勢（張芳全，2017）。此外，在語言隔閡與文化差異的情形下，其在生活發展與適應上則需要更多調適。例如：在文化認同上究竟是屬於「同化」（assimilation）、「涵化」（acculturation）、「分離者」，甚至是「邊緣人」[5]（譚光鼎，2010）。此外，新住民子女常因華語能力不足與學習能力落後之故，而面臨語言、心理與文化衝擊，導致無法順利與學校教育系統接軌（徐如宜、陳宛茜、莊琇閔，2017）。

　　綜上所述，在文化認同與語言學習上，是新住民在融入臺灣社會時必然會遇到的關鍵問題，對此，教育學界亦有所回應。張建成（2014）曾指出我國政府在提升弱勢學生之學習成就時，呼籲在教育過程中必須思考如何因材施教，將學生自身的文化脈絡轉為利器，如此一來方能落實實

5　「同化」意指移民者拋棄原有的文化認同，接受並認同主流族群文化；「涵化」意指移民者接觸到新的族群文化時，逐步學習並加以整合調適，能雙向認同自身原有文化與移入環境後的主流文化；「分離者」意指僅認同自己的文化，而排斥移入環境的文化；「邊緣人」意指不接受移入環境的主流文化，但也喪失原有文化的傳承。

質公平。然而，就目前教育現況而言，仍有許多困境有待解決。張芳全（2017）提及在教材上，目前仍多以「同化」觀點而未能以新住民觀點來設計；在教師教學上，其多元文化教育觀念仍有待提升。大部分教師雖鼓勵族群間相互學習，但依舊以單一主流文化觀點教導，而未能以「文化回應教學」，亦即與學生熟悉的母文化接軌，施以適性教學。

若就教育政策而言，事實上，政府對於新住民及其子女的生活與教育輔導相當重視，如內政部自 1999 年起，頒布許多外籍配偶生活適應與照顧輔導計畫；教育部也自 2004 年起頒布許多新住民子女教育輔導與教育發展計畫。[6] 不過，張芳全（2017）也指出上述新住民及其子女之教育政策仍有不少問題有待解決，如政策定義不清、政策延續不足、政策評估也不嚴謹等。張雅梁（2017）探究國小階段新住民教育現況之師培問題時，強調當前師培問題有三：欠缺常設機構主導、師培課程實用性不足、教案書寫多以華語爲主以及缺乏適宜教材。對此，張芳全（2018）亦有類似看法。總的來說，當前臺灣新住民教育政策之做法與成效，仍未見完整，尚有討論與進步空間。

有鑑於上述政策問題，本文將試圖爬梳自 1999 年起的新住民之相關教育政策，以時間爲主軸，檢視與探討下列議題，以求掌握臺灣新住民教育政策之核心脈絡及歷史意義。承上所述，本文首先論述臺灣新住民教育政策之內容，其次分析新住民教育政策之目的，接著釐清與檢視新住民教育政策之理念，並提出己見。

藉由上述三項議題之探究，筆者深信爬梳新住民教育政策，將爲臺灣日後新住民教育政策制定帶來重要的參考價值，同時也對臺灣日後思考與處理新住民教育問題，能有相當程度之貢獻。

---

6 內政部自1999年起頒布《外籍新娘生活適應輔導實施計畫》、2008年頒布《外籍配偶生活適應輔導實施計畫》、2012年頒布《全國新住民火炬計畫》與《新住民政策白皮書》以及2016年《外籍與大陸配偶照顧輔導措施》等。此外，教育部也自2004年起頒布《發展新移民文化計畫》與《教育部推動外籍及大陸配偶子女教育輔導計畫》、2009年頒布《新移民子女教育改進方案》、2015年頒布《新住民教育揚才計畫》與2016年頒布《新住民子女教育發展五年中程計畫第一期五年計畫（2016-2020）》等。

臺灣新住民教育政策內容

近年來臺灣政府在新住民及其子女提供之生活輔導與教育扶助等政策，經筆者整理分析後，列其要點如下：

一、提供新住民生活輔導，協助融入臺灣社會

為了讓新住民女性能儘速融入臺灣社會的日常生活，內政部先於1999年底制定《外籍新娘生活適應輔導實施計畫》，試圖提升新住民女性在臺灣之生活適應能力，與我國人共創美滿家庭，避免因適應不良而衍生許多家庭與社會問題。並於2002年推動《外籍與大陸配偶照顧輔導措施》，除了原先著重之生活適應輔導外，更加強其醫療保健、就業權益、教育文化、子女教養、人身安全、法令制度與觀念宣導等共八大重點工作。直至2016年則進一步統合相關政策，更名為《新住民照顧輔導措施》，奠基於上述八大面向，搭配各部實施相關之具體措施。（內政部，1999；內政部，2002；內政部，2016）

二、提供新住民教育資助，建立支持系統

為了進一步扶助弱勢的新住民子女，政府當局也挹注獎助學金，希冀照護新住民子女，如內政部於2012年提出《全國新住民火炬計畫》，其中引入《新住民及其子女培力與獎助學金計畫》鼓勵我國清寒及優秀新住民子女，努力向學以減輕家庭生活負擔。行政院於2015年成立《外籍配偶照顧輔導基金》，分10年共籌措30億元，以強化新住民體系，推動整體照顧輔導服務。並於隔年（2016年）修正為《新住民發展基金》，規模維持10億元，照顧與輔導新住民及其子女之生活與教育。（內政部，2012；行政院，2015；行政院，2016）

此外，行政院亦於2014年《弱勢跨國家庭子女教育處境與改進策略》專案報告上，提供新住民子女優先進入公幼就讀，也辦理學習輔導，提供語文、數學及社會學習。此外，自《攜手計畫課後服務計畫》也將新住民

子女納入補助對象，試圖營造良好的學習環境，有利於新住民子女學習。政府亦在各縣市設置「『新移民』學習中心」，以妥善運用閒置教室，以及「外籍配偶家庭服務中心」，以推動新住民家庭服務。（行政院，2015）

除了適切的教育資助，教育部亦著眼於文化面向的扶助。教育部於2004年在全國教育發展會議的討論題綱中，提及「加強外籍配偶及其子女教育，調整文化及學習落差」。其主要執行目標有二：一、協助新住民之社會適應與學習，希冀建立完整的社會支持網絡；二、確保其子女之教育照顧，希冀成立充分的學習支援系統。為了實踐此目標，教育部也於2005年起規劃《發展新移民文化計畫》，期程為3年（至2008年），提供外籍配偶語文學習、子女教養與家庭教育等管道外，希望引導國人能欣賞外籍配偶之多元文化背景，以促進雙邊文化認同。（教育部，2004；教育部，2005）

三、鼓勵新住民子女適性揚才，創造友善的學習環境

為了打造和諧多元社會，鼓勵新住民子女發揮先天的雙重文化優勢，於是教育部於2015年提出《新住民教育揚才計畫》。就策略與目標對象而言，以協助新住民學生發揮語言優勢，適性揚才；也協助新住民適應社會，發展潛能；至於一般民眾，則希冀普及多元文化，促進文化交流，乃至理解尊重，共創友善融合社會。（教育部，2015）

此外，就其行動方案而言，在「文化認同」上秉持多元文化理念，辦理多元文化教師增能進修研習，舉行新住民子女與教師國際文化交流活動，以及補助師培大學辦理多元文化師資在職進修學分班等，以「創造友善學習環境」；在「語言學習」上，則是研發新住民語文教材、推動語文檢核機制、辦理語文競賽與活動觀摩，以及研擬第二外語（東南亞語）專門課程，並鼓勵師資生修習以取得教師資格等，以「建構完善的語言學習體系」。（教育部，2015）

四、新住民子女海外培力，培育多元文化師資

不僅國內提供新住民及其子女適當的援助與教育計畫，奠基於當前全球化的脈絡，政府當局也放眼國際，希望新住民子女能加強與母系文化之連結，厚實其競爭力。如教育部於 2016 年提出《新住民子女海外培力計畫》，強化新住民以語言及文化連結母系文化，並鼓勵新住民子女利用寒暑假回到外祖父母家，度過家庭生活、語言學習、文化交流體驗以及企業觀摩體驗等。（教育部，2016）

同年也頒布《新住民子女教育發展五年中程計畫第一期五年計畫（2016-2020）》，其策略為建構專責行政支持體系，強化多元文化師資培育，落實多元語文學習資源以及營造友善家庭支持環境。其中，多元文化教育之強化，不僅從師資培育課程開始，也融入於在職教師進修，以及各縣市政府之學校主任、校長之培訓課程；在語文學習上，更強調培育東南亞語師資，培力新住民家長為母語教學人力，派遣師資生於新住民重點學校實習，以及委託專業團隊研發新住民語文教材等。（教育部，2016）

承上所言，我國政府在新住民及其子女的相關政策，聚焦的面向頗多，除了提振新住民之生活輔導外，亦強調教育資助與支持，提升文化認同，並積極地創設友善環境，甚至促進海外培力等。

參、臺灣新住民教育政策之政策分析

由上可知，臺灣政府其實投注許多人力與財力在扶助新住民及其子女的生活與教育上。然而，若深入探究則可以發現，其政策修辭與政策規劃多聚焦於政治與經濟脈絡，對此，本文試圖加以深入剖析，如下所述：

一、政策修辭：因應政治脈絡，從「他者」到「同化」

從新住民相關教育政策的名稱來看，可以發現在名稱上十分混淆，並不統一。自 1999 年起以「外籍與大陸新娘」；2003 年改以「外籍與大陸配偶」；2004 年又改以「新移民」；直至 2015 年後則統一以「新住民」

為主要之政策修辭。如前所述，2000 年第一次政黨輪替之前，在稱呼這群來自東南亞以及中國大陸之新住民，主要是以「差異」觀點視之，且著重於婚配關係之結合，故反映在政策名稱上便以「外籍與大陸新娘」。不可諱言地，這正反映偏狹單一且自我中心的意識型態。

至 2003 年時，此時已歷經第一次政黨輪替，由民進黨陳水扁執政。根據內政部資料顯示，此時跨國婚姻正興盛，結婚對數高達 54,634 對，占當年總結婚對數之 31.9%。這些跨國婚姻的新住民族群在受到全球化國家位階的情勢擠壓下，以婚姻與勞動作為生存交換之移動條件，在歷經十多年的生活適應與努力工作下，其強韌的生存意志力也逐步地在我國經濟市場中展現出其不可小覷之力量（陳燕禎，2008）。所以，此時的政策修辭也逐步放寬與調整，不再以性別或種族歧視等字眼，從「外籍與大陸配偶」一詞，可見其與臺灣民眾地位逐漸平行。

2004 年，民進黨繼續執政，並提出《族群多元國家一體決議文》，標舉多元文化作為國家認同與族群關係等議題的指導原則。此項決議文強調摒除壓迫的同化政策與片面的融合政策，主張「尊重差異，共存共榮」的多元文化政策。因此，政府應繼續支持各族群文化的傳承與發展，並積極開拓跨族群文化交流，提升國民多元文化素養，以促進族群關係之和諧，期望建立臺灣為多元文化國家之典範。（族群多元國家一體決議文，2004）於是，為了發展多元族群，因應多元文化，並將之納入臺灣社會，以建立臺灣主體性，在政策修辭上自然不宜再出現「外籍與大陸」等不同國別字樣，而改以「新移民」稱呼之。之所以稱呼「新」，乃是為了因應建構臺灣為一新興之多元族群國家，而「移民」則是大抵描繪出這群外來移民的動態移動過程。由此觀之，「新移民」一詞之政治意涵不可不謂濃厚！值得注意的是，這群外來移民在政策修辭被稱為「新移民」，是否對政策制定者而言，他們依然被視為「他者」，甚至是先天弱勢的「他者」，而無視於其政治、社會或經濟背景之因素，一律歸為同一群體。由此可知，政府當局透過政策，是希望將原本是社會上「陌生人」

（strangers）[7]的「新移民」，逐步地「吞沒」（devouring）與「同化」至臺灣社會，使雙方差異逐漸縮減，並希冀透過一致性的願景塑造，謀求臺灣整體利益！

2008 年，臺灣再次經歷第二次政黨輪替，由國民黨馬英九執政。兩岸關係可說是進入一個相對穩定的狀態，且新的移民人口大致穩定成長，也逐步適應與融入臺灣社會，因此在政策名稱上，相較於「新移民」之動態移動，由運用「新住民」一詞，可見其希望這群外來移民能定居融入，與臺灣民眾共存共榮。但不可否認的是，這樣的政策修辭似乎在實際上效果仍有所限縮！畢竟，在以漢民族為主體的脈絡下，面對「他者」不應只是頌揚差異而試圖同化，而應重視其實質的「代表性」，使其「發聲」。另一方面，漢民族也應試圖從差異中創造同理心與聆聽、關懷他者的可能性（Kanpol, 1995）。如此一來，方能構築出一個真實的多元公民權。

二、政策規劃：考量社會人口與市場經濟

臺灣的新住民之政策，其所包含的對象主要是新住民女性及其子女，其政策規劃目標，大抵可分為社會人口考量與市場經濟考量。

首先，政府於 1999 年開始規劃新住民女性及其子女之相關政策，事實上與臺灣過去的社會發展脈絡有緊密關聯。夏曉鵑（2000）之研究提及，臺灣自 1960 年代起，經濟逐步發展，此時，許多隨著國民黨軍隊來臺之榮民，在面臨擇偶時，便透過婚姻媒介業者的方式，與東南亞女性通婚，這也是臺灣跨國婚姻之始。1970 年代，許多中小企業因成本考量，逐步遷往東南亞。因循著地利之便，部分臺商亦開始與當地女性通婚，這也形成臺灣男性與東南亞女性跨國通婚現象。

---

7 美國人類學家包曼（Z. Bauman）提及每個社會皆有其「陌生人」（strangers），社會上處理「陌生人」大抵有二種策略：吞沒（devour）與吐出（vomit）。前者意味著同化論點，使雙方差距拉近，並藉由一致性規範的創制，提倡與強化此規範，使得「陌生人」融進該國社會；後者則是排除，試圖將所有的「陌生人」排除在任何可見的場域，對此通常有三個步驟：限制（confine），進而驅逐（expel），最後則是毀滅（destroy）（Bauman, 1997）。

直至 1980 年代，企業為了降低成本，提高獲利，開始外移大量資金，與大幅引進外籍勞工。如此一來，直接促使本國勞工失業問題劇增，其中受害較嚴重者為低技術性勞工，其經濟不利也影響其婚配選擇。此外，隨著教育日漸普及，臺灣女性的教育水準與工作能力日漸提升，當然這也加劇國內男性擇偶不易，更紛紛轉往東南亞或中國大陸覓偶，這也直接衝擊臺灣之婚姻結構。（夏曉鵑，2000）

1990 年代以後，由於兩岸政治情勢逐漸穩定，如 1991 年臺灣政府正式廢止動員戡亂以及 1992 年開始施行《兩岸人民關係條例》等，在在均有助於兩岸通婚。此外，相較於同時期的東南亞國家與中國大陸，臺灣的國民所得較高，生活環境便利，更是吸引新移民女性來臺婚配的重要拉力。（兩岸人民關係條例，1992）

自 1999 年起，臺灣開始制定新移民女性相關的照護政策，其政策規劃之出發點為協助其儘速融入臺灣社會，與臺人共創幸福家庭，且避免造成社會問題。換言之，政策規劃乃因應我國婚姻與家庭結構而生，因應外籍女性因通婚而進入臺灣之契機，穩定其生活，並逐步輔導之。

在新住民女性與臺人組成家庭後，生育子女之數量也是一大關鍵。特別是新住民子女陸續進入國小、國中就讀，其教育心理、社會認同等也是政府應當關切之焦點。自從 2004-2013 年，新住民子女數量劇增為 16 萬 5000 人，占全國國中小學生數比例將近一成。此外，就分布情況而言，2014 年新住民子女就讀國中小有三千多所，占全國國中小學校之九成六，可見其比例與分布甚廣。若就人數比例而言，主要集中於都會區，如新北市、桃園市、高雄市、臺中市、臺南市與臺北市，合占六成左右。（薛承泰，2016）若深究這些新住民子女之父母，多來自越南、中國大陸與印尼等地。

值得注意的是，臺灣社會面對新住民子女時，更應該協助其克服面臨之學習困境與激發可能的潛在學習優勢。許誌庭與姜添輝（2015）曾指出，「新住民」子女之學習困境多與母職功能發揮與否有重要關聯。此外，「新住民」子女的潛在學習優勢，即多元文化的潛在學習優勢，則常因課程結構之侷限與對母親母國文化了解不夠，甚至排斥而無法得以順利

展現。是故，新住民子女之教育問題，無疑地，應是新住民教育政策之重要關鍵。不可否認地，這群新臺灣之子，若能在教育階段受到良好啓發與引導，養成健全人格，習得豐富智識，未來勢必成爲良好的人力資產，成爲臺灣發展的一項重要助力。

總的來說，從政策修辭上可知，新住民之教育政策之修辭，不僅透露出兩黨政府當局對於這群移民的政治態度，仍視其爲「他者」並試圖用政策形式將之同化。此外，站在差異的角度上看待之，易淪爲多數與少數群體之爭，而未能眞正聆聽、關懷，更遑論重視其代表性並予之發聲機會。奠基於此，結構仍未有鬆動之可能，多元公民權自然難以落實，只能以政治現實爲依歸。是故，若放眼未來，新住民教育政策之政策修辭，勢必將因外在政治局勢以及臺灣社會之共識而再有微調之可能。

另外，從政策規劃來看，新住民教育政策之規劃，亦側重提升社會人口與服膺經濟需求。換言之，是站在對臺灣本位的需求上，試圖透過政策，挹注與分配相關資源，這也使得新住民教育政策流於表面物質性之分配，而未能觸及與改善眞正結構性不利的原因。透過政策實施，使新住民逐漸被臺灣社會同化爲社會之一分子而成爲社會中堅力量，服膺社會需求，厚實國力而已。

肆 臺灣新住民教育政策之哲學基礎

以下擬就本文中新住民教育政策之內涵，探究其哲學基礎，詳述如下：

一、欠缺多元公民對話可能，多著眼於「分配典範」

新住民及其子女，若要融入臺灣社會，不僅是依賴政府所辦之支持系統而已，更應獲得多數漢民族之「肯認」（或「承認」，recognition）。所謂「肯認」，應是透過不斷地「對話」（dialogue）來形成與實踐，特別是在於與重要他人（significant others）互動的過程中逐步發展、認識自

我之意（Taylor, 1995; Modood, 2013）。

從上述政策內容可知，當前政策雖側重新住民及其子女之語言能力之強化、友善學習環境的塑造與多元文化師資的培育，然而，若深究其思考基礎，不免可以發現臺灣政府多以補償性方案進行政策補償，而並未鼓勵公共論述空間的可能存在。[8] 欠缺公共討論的政策，因為新住民及其子女作為公民主體無法真正參與討論，更遑論藉由民主方式參與決策。當然，這也無法建構出依其生活經驗之特殊性而所需要的政策內涵，如此一來，多元公民權可能也很難開展。

承上所言，當前政策欠缺多元對話之可能，而易流於分配典範的宰制中。Young（1990）曾就分配正義多所論述，她提及當今的學術論辯多把「道德地分配社會利益」等同於社會正義之說法，視為一種太過延展的說法，並積極呼籲所謂的「社會正義」之概念，不應僅止於「分配」物質性財貨（如收入、財富等）或非物質性的社會財，而應排除制度化的宰制（domination）與壓迫（oppression）。此外，Young（1990）也提到壓迫可能出現的五大面貌：剝削（exploitation）、邊緣化（marginalization）、無力感（powerlessness）、文化帝國主義（cultural imperialism）以及暴力（violence）。[9] 這五種形式的壓迫面貌，清楚且細微地提醒吾人應當注意的關鍵面向。

---

[8] 這亦即Young（1990）所批評之福利資本主義國家的作為。在福利資本主義國家的視角下，多元主義僅等同於利益團體間競爭或協商後的結果，並將之作為政策或資源分配的依據。換言之，多元群體只不過是透過政府來提升自身意義，公共論辯從未發生，進而使得公共生活碎片化！

[9] 剝削意指制定社會群體之間的結構性關係，如相關的社會規則與占有工作成果的過程，也因此使得在規則運作過程中，產生權力與不對等關係，使得無產者被消耗以維持有產者之權力、地位與財富。邊緣化意指被標記、圈進社會邊緣人之生活，其中最危險的方式便是剝奪他們參與社會生活的機會，也容易遭到物質剝奪，甚至滅絕。無力感則指無力的人，因欠缺專業權威、地位與專業者自覺，而只能遵從專業者權威，甚至可能因社會再製的因素而使得其子女也走向非專業者道路。文化帝國主義意指某些支配群體運用其文化與生活經驗，作為規範的設立標準，也進一步使得受壓迫群體的自身文化與生活經驗，幾乎沒有空間得以展現。暴力除了有形的身體暴力，如攻擊、破壞與羞辱外，也包含無形的暴力，如貶低、羞辱等譏笑嘲諷。（Young, 1990, pp. 48-63）

由此反觀我國制定新住民政策，可以清楚地發現，政策制定者似乎僅聚焦於物質性貨財之分配，而未能拉高層次，重視多元公民權的可能，或是從宰制與壓迫的觀念下手，處理複雜的政治、經濟與社會脈絡之問題。換言之，上述政策大抵僅是「增能弱勢」，透過財貨的分配，提供新住民及其子女生活照顧與教育支持，令他們增能精進。然而，顯而易見地，政策的立基點並未強調多元對話的可能，且服膺於 Young 所言之社會正義應積極排除宰制與壓迫，透過政策的形式，逐步地「解構霸權」，真正地肯認多元文化的價值！

二、社會效率與兒童中心之拉扯，使得新住民教育政策成為鬆散集合體

　　臺灣新住民的教育政策中，不可諱言地，多見社會效率為主要思考立基。事實上，「社會效率」（social efficiency）[10] 即強調「社會整體觀」，也就是站在社會作為整體的立場，重視標準化與實用，希望將每個人皆能按照其能力，予以分配到適當的社會位置。以臺灣新住民及其子女之生活照顧與教育文化面向之政策內涵而言，大抵可見社會效率的影子，希望將新住民及其子女含納為臺灣社會的重要人力，透過增能賦權的方式，使他們成為社會中堅力量。

　　然而，新住民教育政策中亦可見「兒童中心」的思維，亦即強調個體本身的意願，並強調實作體驗，甚至也可見全球化下國家競爭的意涵，如政策內涵亦提及「適性揚才」，希望讓新住民子女發揮潛能，或提及「海

---

[10] 「社會效率」一詞源自於20世紀初美國進步主義之一個重要派別，對此Kliebard（2004）主張進步主義內部有三大主要派別，分別是「社會效率派」（social efficiency）、「兒童發展派」（child development）與「社會重建派」（social reconstruction）。其中社會效率派的特徵為：強調科學與秩序的世界觀、重視標準化測驗以分流學生，主張課程實用與日後職業接軌。由此可知，社會效率應是出自於結構功能論的思維，希望透過更具科學化的方式，將學生分流，讓他們在社會中各個位置都能發揮潛能，最終能讓整體社會運作順暢。此外，兒童發展派即為杜威（J. Dewey）所倡議的兒童中心（child-centered），強調以學生意願與實作體驗，其目標在於讓學生適性發展。

外培力」，讓新住民子女進一步與母系文化連結，厚實其競爭力等皆然。簡言之，政策內涵中也蘊含鼓勵新住民子女發展自我潛能，追求國際競爭力等服膺「兒童中心」之理路以及結合全球化競爭等特色。

總的來說，筆者發現新住民教育政策中其政策內涵之哲學思考，事實上隱含兩種衝突的思考邏輯於其中，即社會效率與兒童中心的拉扯，使得政策本身形成一種鬆散的集合體，甚至以雙頭馬車來形容亦不爲過。值得推敲的是，若政策思維即自我衝突，甚至自相矛盾，如此一來又如何能準確且有效地落實政策呢？這似乎是政策制定者應該釐清且愼思的部分。

三、政策評估易落入量化窠臼，且難以真正成就「多元文化主義」願景

張芳全（2017）曾提及，臺灣新住民及其子女之教育政策少見嚴謹的政策分析，較容易因爲執政者之意識型態爲主而制定或執行政策。此外，目前新住民的相關計畫多以計畫與執行爲主，較少評估與考核。

值得注意的是，在政策評估上，目前也多以科學式的量化指標爲主，而欠缺適時與符合情境脈絡的質化論述。因此，日後在評估新住民等政策時，宜應強調其時空脈絡的質化描述，方能有效且敏銳地察覺政策調整的方向。

此外，臺灣新住民及其子女之教育政策雖反覆出現「多元文化」之詞彙，但深究其理，目前似乎未臻眞正多元文化主義的地位。英國知名社會學家莫篤（T. Modood, 1952-）提出，目前的「融合差異」有四種模式：同化論（assimilation）、個體主義融合論（individualist-integration）、世界主義（cosmopolitanism）以及多元文化主義（multiculturalism）。此外，他也提到融合差異的關鍵不僅止於功能性或物質性的融合，其象徵性的融合架構（symbolic framework of integration）亦不可小覷（Modood, 2013）。

就上述四種融合模式而言，莫篤（Modood, 2013）認爲眞正的「多元文化主義」，不僅超越將個人融入群體，而是能保護少數族裔的認同，能

免於被誤解或屈服於外在壓迫；更重要的是，能透過政策或法令的方式，使他們成為自己，並堅守自我身分的認同，同時也使多數族群認可其認同。若據此反觀臺灣的新住民及其子女之教育政策，大抵仍停留在第二階段「個體主義的融合論」而已。由此可知，臺灣在此仍有許多進步與調整空間。

伍 結論：我國新住民教育政策未來走向的反思

　　新住民及其子女之教育，經過政府十多年來的努力，不可諱言地，雖已日見些許成效，但仍須日後之嚴密規劃與延續落實。此外，仍有幾點值得反思的議題，能有待進一步思考。

　　首先，當前政策側重分配式典範，重視增能弱勢，而卻尚未積極排除外在的政治、經濟、社會與文化的宰制與壓迫，也無法開啟多元公民權的可能。若然，那麼政策實踐的成效恐很難彰顯，政府對於新住民及其子女的協助美意也難免被削弱。

　　再者，當前政策內涵，深究其理路，蘊含社會效率與兒童中心之思維，兩者思考立基點可謂是截然相反，然而卻同時共構當前政策內涵，所造成的結果便是政策實踐難以延續、深化，且易受到外在環境或執政者干預而功虧一簣。

　　最後，就政策評估而言，目前較少進行政策成效評估，且側重量化指標下，亦難以窺視符合當前時空脈絡之質化說明。此外，在政策願景上之形塑，仍未臻真正的多元主義階段，仍有許多努力的空間。總的來說，臺灣新住民及其子女教育政策仍有許多有待進一步討論與調整之可能，吾人應當致力於政策落實與調整，讓新住民不僅真正地融進臺灣社會，免除壓迫與排除，同時爭取到自我與他人的認同，使其有能力、有機會參與公共討論，真正發聲。讓新住民及其子女與多數臺灣人能奠基於相互尊重、理解，共同建構出新的「集體認同」之願景，肯認彼此成為更有活力的「新臺灣人」！

參考文獻

中文部分

政策文件

行政院（2014）。弱勢跨國家庭子女教育處境與改進策略。

行政院（2015）。外籍配偶照顧輔導基金。

行政院（2016）。新住民發展基金。

內政部（1999）。外籍新娘生活適應輔導實施計畫。

內政部（2008）。外籍配偶生活適應輔導實施計畫。

內政部（2012a）。全國新住民火炬計畫。

內政部（2012b）。新住民政策白皮書。

內政部（2016）。外籍與大陸配偶照顧輔導措施。

教育部（2004）。教育部推動外籍及大陸配偶子女教育輔導計畫。

教育部（2005）。發展新移民文化計畫。

教育部（2009）。新移民子女教育改革改進方案。

教育部（2010）。教育部執行外籍及大陸配偶子女教育輔導計畫。

教育部（2015）。新住民教育揚才計畫。

教育部（2016）。新住民子女教育發展五年中程計畫第一期五年計畫（2016-2020）。

一般文獻

方永泉（2002）。當代思潮與比較教育研究。臺北市：師大書苑。

《兩岸人民關係條例》，1992。

洪麗卿、劉美慧（2018）。美國華盛頓州國小階段跨國移民學生之學習安置和語言支援制度。教育研究集刊，**64**(2)，85-123。

徐如宜、陳宛茜、莊琇閔（2017年9月10日）。華語能力不足，誰來幫「跨國銜轉學生」。聯合新聞網。取自https://udn.com/news/story/11481/2692724

許誌庭、姜添輝（2015）。提升人力資本以強化國際競爭力的新移民子女教育

政策之探討。嘉大教育研究學刊，**34**，25-60。

《族群多元國家一體決議文》，2004。

陳燕禎（2008）。臺灣新移民的文化認同、社會適應與社會網絡。國家與社會，**4**，43-99。

張芳全（2017）。新移民子女教育的實證。臺北市：五南。

張芳全（2018）。國民中小學實施新住民語的可能問題與解決策略。學校行政雙月刊，**113**，153-173。

張裕程（2017）。新移民子女對國民小學運用數位線上學習融入補救教學之知覺與認同度之探究。學校行政雙月刊，**108**，119-136。

張建成（2014）。再論多元文化教育的困境。教育研究集刊，**60**(3)，111-128。

張雅梁（2017）。從臺灣國民小學新住民語文教育現況論師資培育。教育研究與發展期刊，**13**(1)，1-30。

夏曉鵑（2000）。資本國際化下的國際婚姻——以臺灣的外籍新娘現象為例。臺灣社會研究，**39**，45-92。

夏曉鵑（2002）。流離尋岸。臺北市：臺灣社會研究雜誌社。

薛承泰（2016）。臺灣人口大震盪。臺北市：遠見天下文化。

譚光鼎、劉美慧、游美惠（編）（2010）。多元文化教育（三版）。臺北市：高等教育。

英文部分

Bauman, Z. (ed.) (1997/2015). The making and unmaking of strangers. In P. Werbner & T. Modood (eds.), *Debating cultural hybridity: Multicultural identities and the politics of anti-racism* (pp. 46-57). London: Zed Books.

Kanpol, Barry (1995). Multiculturalism and empathy: A border pedagogy of solidarity. In Barry Kanpol & Peter McLaren (eds.) *Critical multiculturalism Uncommon voices in a common struggle*. (pp. 177-195). Westport, CT: Bergin & Garvey.

Kliebard, H. (2004). *The struggle for the American curriculum, 1893-1958*. New

York: Routledge.

Modood, T. (2013). The strange non-death of multiculturalism. In T. Modood, *Multiculturalism: A civic idea* (pp.144-167). Cambridge, UK: Polity Press.

Taylor, Charles (1994). *Multiculturalism: Examining the politics of recognition*. Princeton, NJ: Princeton University Press.

Young, I. M. (1990). *Justice and the Politics of Difference*. New Jersey: Princeton University Press.

信念、真信念或確證的真信念是知識嗎？——德行知識論、智德與智育

林建福

國立臺灣師範大學教育學系教授

9

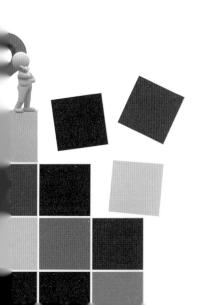

人類從事教育活動的目的是什麼？如果說其中的一項重要目的是發展人類的智性潛能，譬如協助人們學會觀察、分析、統整、批判、反省、創造與評鑑等能力，或者說應用這些智性能力以獲得眞信念、知識、理解、智慧等知態（epistemic）成就[1]，這種說法應該說得通。然而知識就是信念、眞信念或確證的眞信念嗎？在當代知識論領域之中，針對以知識爲確證之眞信念（justified true belief）的傳統定義，E. Gettier 於 1963年提出挑戰並引發熱烈討論，德行知識論（virtue epistemology，底下簡稱 VE）於 1980 年代應運而生並逐漸受到重視，主要以 Ernest Sosa 的德行可靠論（virtue reliabilism）和 Linda Zagzebski 德行責任論（virtue responsibilism）爲代表，對於知識的意義及其與德行的關係提出獨特的論點。因此，本文將借助 VE 有關知識與智德（intellectual virtue）的主張，以闡述智德與智育的相關議題。行文上第一部分交代 Gettier 的挑戰與 VE 的出現，其次分別於第二及第三部分介紹 Sosa 的德行可靠論與 Zagzebski 德行責任論的論點，最後第四部分則闡述前述所論在智德與智育的重要蘊意。

壹　Gettier的挑戰與VE的出現

　　在西方傳統的知識論中，往往會以 Plato 曾經提出的描述來界定知識，即知識是「具有論述（account, logos）的眞信念（true belief）」（Plato, 1961, Theaetetus: 201d）。也就是說，以陳述某事物是這樣（that something is so）的命題性知識（propositional knowledge）而言，它具有三個成分，即確證（justification）、眞（實）（truth）與信念（belief），這三者對知識個別來說是必要的成分，合起來說則是充分的成分（Moser,

---

匿名審查者認為「epistemic」（知態）的用法較爲特殊，建議加註說明。「epistemic」的意義主要是指「和知識、認知或知識的探究有關的」（https://dictionary.cambridge.org/dictionary/english/epistemic、https://www.merriam-webster.com/dictionary/epistemic）。在知識論（特別是德行知識論）的中文文獻之中，「epistemic」（知態）經常可見。

1999: 273-275）。譬如當我們說某人 S 知道（know）「心靈是大腦」時，這位認識者 S 必須具有經過確證的真信念（justified true belief, JTB），才能說 S 知道「心靈是大腦」這件事，或者說 S 具有「心靈是大腦」的知識。如果 S 並不相信「心靈是大腦」，事實上心靈不是大腦，或 S 在相信「心靈是大腦」上無法獲得確證，就不能說 S 知道「心靈是大腦」或具有這項知識。

　　上述西方知識論傳統中對知識的這個界定看似真實無誤，然而 1963 年 E. Gettier 發表的〈Is justified true belief knowledge?〉一文，卻對此界定提出重大挑戰。Gettier 在這篇三頁的文章中質疑「知識是獲得確證的真實信念」這種說法，在他所提出的兩個事例之中，不管是 Smith 說了「將要獲得這份工作的人在口袋有十個硬幣」（例一），或者是 Smith 所構造的命題——「不是 Jones 有一部福特車，就是 Brown 在 Barcelona」（例二），即使該命題是真的、Smith 的確相信該命題是真的，以及 Smith 在相信該命題是真的這上面是獲得確證的，但是 Smith 並不知道該命題或具有該命題的知識（Gettier, 1963: 1-3）。[2] 也就是說，Smith 的情況符合西方知識論傳統知識定義上的充要條件，但是他並不知道或具有知識。

　　隨著 Gettier 對於知識即是 JTB 這種說法的挑戰，當代西方知識論學者把心力主要擺在確定知識的充要條件是什麼，致力於針對知識進行形式的與抽象的分析（Watson, 2016: 147, 149），或者說以信念為探究的焦點，努力釐清信念要具有何種屬性才能說是確證的（justified）、保證的（warranted）、合理的或有根據的，以便成為知態上正確的（VOM, 7）。不過，知識論在這種發展之下，「過度地從事知識的分析，尤其是著力於規定信念能達到確證的條件」（Kotzee, 2016: 1），這方面的爭辯結果並沒有令人滿意，甚至落入 L. Zagzebski 所指出的概念上的混淆或僵局（VOM, 2, 7, 31）。在這樣的脈絡中，VE 出現於 1980 年代並形成知識論焦點的轉向，即探究的焦點由知識、信念及其確證轉向知態行動者、認知者及其智性品格或智德（Kotzee, 2011: 551-553; Waston, 2016

2　由於本文的焦點不在 Gettier 對傳統 JTB 的挑戰，所以這裡不加以贅述。

147）。臺灣學者米建國對於當代知識論之中這個「德性的轉向或回歸」（the virtue [re-]turn）之性質有類似的敘述：由「證成理論」（theories of justification）的討論轉向「德性理論」（theories of virtue）的討論；由以「知識本質」（nature-driven epistemology）為焦點的討論轉向以「知識價值」（value-driven epistemology）為焦點的討論；由「產品輸出」（亦即「true belief」）為導向的知態規範性討論轉向以「主體德性」（virtuous agent）為導向的知態規範性討論（米建國，2013，25-28）。[3]

D. Pritchard 有類似的觀察，也就是他認為 VE 可說是現代知識論中的優勢觀點，它把認知主體的智德與認知能力等認知能動性放在知識論計畫的核心位置，加上教育並不只是把訊息傳給被動的心靈，而應當是要引發並擴展學生的認知能動性（Pritchard, 2013: 236-237），這樣看來當代知識論中 VE 和教育之間就有了相當密切的關係。Lani Watson 甚至指出在 VE 的發展之下，知識論的關係和教育哲學的核心問題重新結盟[4]（Watson, 2016: 146-147）。也就是說，假使教育不只是在使學生學會種種確證的信念或知識，更要使學生具有主動的認知能力，而 VE 則以認知者的能動性作為探究或評價的焦點，而不只是關心知識、信念及其確證。如此一來，為何教育理論或實踐者會關心 VE 自然能夠理解。另一方面，由於 VE 重視一位好的認知者或思考者所要具備的智德或認知能力，自然會關心如何培養出這些卓越的認知能動性之教育議題。

貳　Sosa德行可靠論中的知識與智德

在 VE 的發展之中，主要有德行可靠論及德行責任論兩大陣營，以

3　作者這裡引用米建國的見解時，維持他原先的敘述，其中包括「德性」、「證成」等，這兩個概念就是本文之中的「德行」、「確證」，這些譯法都能言之成理。另外，匿名審查者指出「主體德性」當為「有德之人（主體）」，對此作者認為米建國的翻譯是意譯而非直譯，和這個段落之中「探究的焦點由知識、信念及其確證轉向知態行動者、認知者及其智性品格或智德」的說法吻合，感謝審查者的意見。

4　事實上Watson在這裡還提及社會知識論（social epistemology），這兩種具有互補性的思潮重大地影響當代的知識論（Watson, 2016）。

Sosa 的德行可靠論和 Zagzebski 德行責任論爲代表，本文第二部分要先介紹與闡述 Sosa 德行可靠論中的知識、智德與這兩者的關係。

Sosa 基本上認同 Gettier 的論點，那麼他要以什麼來取代 JTB 之中的「確證」（J）呢？細究 Sosa 對這個議題的處理，可以發現三種方式：允許確證作爲使信念成爲知識的方式之一、區分確證與適切（aptness）及結合確證與智德，這些可以從他對知識、智德及兩者關係的論述上看出來。

一、知識

如果要了解 Sosa 心目中「知識」的意義，從他所說的「知識」和「知道」可以找到線索。首先，他主張「知道是通過官能或智德而相信」（KIP, 10）。顯然地，知識是指認知者使用智德或官能之下獲致的眞信念。譬如說，當人們身處室外、仰望並伸出赤裸雙臂時，外知覺和內省讓他分別有了「下雨了」和「我（當下地）相信下雨了」這兩項事實性知識，並且因此而得到「我的信念──『下雨了』是眞的。」的確定（KIP, 273）。也就是說，假使人們的外知覺或內省是可靠獲致眞相的機制，根源於這些機制所得的信念不只是眞實的，同時也足以成爲知識。

其次，Sosa 也提及信念只有同時在內在確證（internally justified）與外在確證（externally justified）之下才相當於知識（KIP, 11），這又是什麼意思呢？首先，「內在確證」指的是什麼呢？它是指認知主體之任何內在組成成分不存在謬誤，這些內在組成成分包括假設、預設、前提、理由等。以 Sosa 所舉的例子來說，某駕駛正確地讀到車子的里程計讀數是每小時 60 英里，事實上車速眞的是每小時 60 英里，所以可以說他是有理由地相信車速是每小時 60 英里，問題是他不知道車子被撞到同時造成兩個結果──正常的里程計壞了，里程計被刺穿但讀數針功能正常（譬如，由穿孔流入的空氣對讀數針產生壓力），這位駕駛仍然以車速錶的數據作爲判斷車速的充分理由，其推理含有謬誤或建立在錯誤的假設（assumption）之上，對於判斷之充分理由和所相信命題之間的關係有錯誤的想法（KIP 36-39），虛假推理造成了假的知識（pseudo-knowledge），算是在內在確

證上出了問題。

「外在確證」又是指什麼呢？它則是指認知的主體必須「位於能夠知道的處境（in a position to know）」，這涉及到認知主體之官能及脈絡這些外在因素（KIP, 11）。同樣以 Sosa 所舉的例子來說，當 Magoo 先生走入纜車時，他判斷自己的纜車能夠安全抵達目的地，而他真的毫髮無傷地幸運安全抵達目的地，這樣能說 Magoo 先生知道他的纜車會安全到達目的地嗎？Sosa 指出 Magoo 先生這位卡通人物患有重度近視及聽力受損，當他走入纜車時無法察覺四周如雨般落下的炸彈，他無法得到其認知社群中一般探究者能夠獲得的訊息，因此對於「我的纜車會安全抵達目的地」的問題，這就影響到能否得出合理的結論（KIP, 26-28, 48-49 & 285）。因此，儘管 Magoo 的信念是真實的且建立在某種合理的確證之上，但是由於相較於其認知社群，他相當欠缺偵查相關領域之中真相的認知能力，儘管所相信的內容是真的，他的這種信念並不是知識。也就是說，在這裡 Magoo 先生算是外在確證出了問題，他無法處於能夠知道的處境。

最後，Sosa 曾經提出一種常常被引述到的知識分類方式，即動物型知識（animal knowledge）及反省型知識（reflective knowledge）[5]。動物型知識是指個人面對環境、過往或自身經驗的影響時，直接回應所產生的判斷與信念，譬如透過知覺或記憶而形成信念或判斷，或者是某些身體技能或能力所涉及的程序性知識，其中很少或幾乎沒有反省或理解的協助。反省型知識雖然同樣是個人的判斷或信念，但是它不只展現對已知事實的直接反應，而且把這種直接反應的判斷或信念放入一個更寬廣與整全的觀點中加以理解或反省[6]（KIP, 95, 240-242 & 290）。借用 Sosa 所提出的例子，看似眼前有一個圓形紅色物體，這個當事人「可能有理由認為對於大白天

---

[5] Sosa 也提及一種「伺服系統－機械的」（servo-mechanic）知識，譬如超市的門「知道」什麼時候有人靠近，暖氣系統「知道」房間內的溫度高過設定（KIP, 95），不過他似乎認為「伺服系統－機械的」知識含有不適當的、「溫度計」式的知識概念（KIP, 194）。

[6] Sosa 指出人類反省型知識需要一個寬廣與整全的觀點，事實上這就是他所說的知態觀點（epistemic perspective）（KIP, 277），參見拙作（林建福，2019）。

底下大約手臂長距離（C）的中型物體，如果是按照自己的知覺，只要條件上和以往知覺在大白天底下引導認識這類事物的情況仍然相似，自己關於這種物體之形狀與顏色的信念（F）可能會是對的」（KIP, 278）。在這個例子之中，「看似眼前有一個圓形紅色物體」顯然是外知覺直接回應之下所產生的判斷與信念，屬於動物型知識，這位當事人「有理由認為自己關於這種物體之形狀與顏色的認識可能會是對的」則是使用了知態觀點，對自己的外知覺官能及其可靠性、由外知覺所形成的信念等提出了看法，形成反省型知識。儘管 Sosa 區分動物型知識和反省型知識，這兩種類型的知識都必須要具有真信念，而這些信念係根源於智德而得到確證（KIP, 240-241）。

二、智德

綜觀 Sosa 對智德之意義的敘述，可以發現一方面他的論述之中往往智德、智性官能或智性能力同時並列出現（KIP, 138, 277 & 284, passim），另一方面他把智德理解為一種德行或官能，所以會先說明這兩者的意義。首先，Sosa 認為「官能或德行通常是主體相對於某一環境時一種相當穩定的傾向（disposition）」（KIP, 139）。更進一步來說，當某個傾向能使主體 S 在環境 E 及條件 C 之中，對領域 F 的命題 X 正確地相信或避免錯誤，或者說能夠使 S 獲致真實時，這就是智德。換句話說，基於人類種屬的內在本性（inner nature），智德是人類置身在 E 及 C 之中針對 F，能使其獲致真實的認知傾向。其次，德行或官能也可以理解為能夠產生某種功能的能力，譬如，光線良好之下視力官能的運作使人產生信念——所面對的雪球是白的或圓的。而當領悟事實是智性事務，能夠協助人們達到這項目的之這種能力就是智德或智性官能（KIP, 235 & 271）。在這樣的認識之中，智德可說是使認知者獲致真實的認知傾向，或者是使認知者產生真信念的能力，如此也可以明白前述之中為何 Sosa 會主張「知識是出自智德的真信念」（KIP, 277）。

那麼，人類有哪些可以使認知者獲致真實或產生真信念的智德呢？

Sosa 常提及的智德包括感官知覺、記憶、內省、直觀、演繹、歸納等。他把這些智德區分為傳遞的官能和生產的官能。傳遞的官能是指由已經形成的信念所引出信念的能力，譬如記憶的官能使人們記得「直角三角形的斜邊平方等於兩邊平方和」，現在的信念以某種方式衍生自先前相同意思的信念，此外推論理性（inferential reason）也是一種傳遞的官能。生產的官能則是指不是由信念引出信念的能力，譬如直觀理性使人們領悟較為純粹而必然的真實，感官的外知覺和內省的內知覺都是生產的官能，都能從不是信念的狀態引出信念（KIP, 225-226）。當然，從整體人類所獲致的不同真實，或者所產生的各式各樣真信念，或者說從人類求知的整個心靈運作來看，我們是可以質疑 Sosa 所提出的這些或這類智德是否足夠？[7]

三、知識與智德的關係

Sosa 德行可靠論對於知識與智德有上述的理解，這兩者之間又有何關係呢？Sosa 認為「知識是出自智德的真信念，此種信念是經由德行而成為正確的，不是偶然之下是正確的。」（KIP, 277）由於智德是人類置身在 E 及 C 當中，針對 F 使能獲致真實的認知傾向，或者是使能獲得真實或避免錯誤的能力，而這種認知傾向或能力具有可靠穩定的性質，如此人們使用知覺、記憶、推論、直觀等智德以獲致真信念或知識的意義就清楚可見。那麼要符合哪些要求才能說主體 S 的信念 P，是出自於關係到環境 E 之下足夠的德行呢？Sosa 指出在這種環境 E 之下，命題 P 必須屬於領域 F，而且就該命題而言 S 必須要處於條件 C，以至於 S 對於該命題要能夠最有可能正確地相信，才會說 S 在環境 E 中對於 F 領域的命題是處於 C 之中。而且，相較於知識團體 G，S 偵測領域 F 之中真實的能力不能非常不足，譬如 S 獲致真實的成功可能性只有相對非常低、只在非常侷限的領域中、僅於相當有限的環境中、或只有在相對罕見的條件下（KIP, 142）。Sosa 的這個說法吻合前述認知者必須「位於能知道的處境」之論

---

7 Sosa也提及基礎的（fundamental）德行和衍生的（derived）德行，參見拙作（林建福，2019）。

點，及考量到認知主體之官能、所屬知識社群的正常情況或觀點等。

此外，前述提及 Sosa 認爲外知覺、記憶、內省、直觀、推理等智德是人類獲致眞相的可靠機制，根源於這些機制所得的信念不只是眞實的，同時也足以成爲知識。如此說來，認知者要確證某個信念（斷稱、假設、主張、想法之類的事物）時，除了提出支持的考量、理由或論證，使其具有被確證的地位之外（KIP, 90 & 253），適當而直接使用這些智德也是提升眞信念之知態權威，以成爲知識的重要方式。Sosa 選擇使用「適切的」（apt）來表示這個眞信念要成爲知識同時要符合的必要條件（KIP, 254-255）。甚至，當信念具有支持的理由而被確證時，這可說是信念成爲適切的一種方式，不過有些單純的記憶信念（memory belief）雖然沒有推理（或確證）的支持，仍然會是適切的（KIP, 208 & 255）。換言之，在 Sosa 的這種理解之下，「適切的」要比「確證的」涵蓋更廣，後者只是前者的一種情況。順著 Sosa 的這個思想理路，他應該會同意以「適切的眞信念」（ATB）來表示知識。

在 Sosa 出版 KIP 之後的進一步論述中，他把人類的判斷或信念等知性展現（performance）視爲一般展現的特殊情況，而任何展現都可以從準確（accurate）、靈巧（adroit）及適切等三方面加以評估，其中「適切」指的是「該展現之中由展現者的相關能力或技能，而臻至目標的程度有多大」[8]。以認知者所產生的信念來說，該信念能臻至眞（實）是出自認知者多大程度的相關認知能力，只有在該信念的準確性是出自其靈巧的認知能力時，才能說該信念是適切的（AVE, 22-23 & 41; KFW, 1 & 4）。以視覺經驗及其所具有的命題內容來說，而只有在該經驗表現出認知主體好的視覺能力而臻至眞實時，才能說是適切的（KFW, 9 & 11）。假使認知者意外地獲得眞信念，但卻不是經由其智德或靈巧的認知能力才臻至眞（實），則不能說是適切的眞信念或知識。反過來說，假使認知者獲得適切的眞信念或知識，則表示是運作其智德才有這種知態成就。以前述動物

---

[8] 這就是Sosa所指「（performance）展現的AAA規範性結構」，其中「準確」是指「該展現多大程度達成目標」，「靈巧」則是指「該展現顯示出展現者多大的相關能力或技能」（AVE, 22-23 & 41; KFW, 1 & 4），參見拙作（林建福，2019）。

型知識和反省型知識而論，這種知識與智德的關係仍然存在：如果認知者運用靈巧的視覺能力，而得到「這表面是紅色的」這個適切的信念或動物型知識，靈巧視覺能力的運作和「這表面是紅色的」這個適切的信念或動物型知識是相互蘊含的；在產生反省型知識之中，儘管知識仍然是出自智德的或適切的真信念，只是形成反省型知識所需要的德行或能力和形成動物型知識者有所不同，這種知識所需要的是某種能夠反省覺知、審視與認可的能力，以便針對動物型知識或初階的適切信念、形成這種初階適切信念的德行或官能、認知者所需的條件等形成立場或觀點，Sosa 把這項任務交給人類的理性，譬如理性的官能或能力使人能夠監控背景訊息或反面的證據、選擇最融貫的假設、尋求更加廣博與融貫的解釋觀點、進行複雜而清醒的反思等（KIP, 97-98, 207 & 211; KFW, 93 註 17）。

Zagzebski德行責任論中的知識與智德

德行責任論是 VE 的另一個重大派別，Zagzebski 則是德行責任論的重要代表人物之一。Zagzebski 一方面提及 Sosa「把智德的這個觀念引入知識論的文獻」，但是另一方面她也指出 Sosa「只是提及和德行倫理學的關係」（VOM, XIII, 8-10），並沒有採取道德的德行理論之德行概念，對智德本身的探究也相當少（VOM, 8, 246），而一種德行為本的（virtue-based）知識論是非常適合於分析確證、知識等這些知識論的傳統概念（VOM, 11）。本文第三部分要說的是 Zagzebski 德行責任論中的知識、智德及這兩者的關係。

一、知識

Zagzebski 為何要探討知識這個議題呢？可以發現她試圖提出一個理論上有啟發性，而實務上有所助益的知識界定。譬如針對種種 Gettier 的例子，Zagzebski 認為過往 30 年沒有任何知識的界定可以忽視這些

例子 [9]，所以她要提出一個能夠避免 Gettier 問題的知識界定（VOM, 259, 266）。舉例來說，Zagzebski 指出如果把知識界定位非偶然的真實信念（nonaccidentally true belief），這個界定就非常模糊，可能是正確無誤，但它漏失了重要部分，並不具有理論上的啓發性（VOM, 264）。此外，Zagzebski 希望能建立一個規範知識論（normative epistemology）的單一（unitary）理論，避免在規範知識論中或關注知識的規範性議題時，知識處於不斷變動的不愉快地位或常常退居幕後，反而典型上所涉及的概念會是知態責任（responsibility）、知態義務（duty）、知態德行（virtue）、信念的確證性（justificability）或合理性（rationality）等（VOM, 259, 266）。

Zagzebski 心目中的知識是什麼呢？她認爲「知識是起源於智德行動（acts of intellectual virtue），而與實在有認知接觸的狀態」（VOM, 270-271）。Zagzebski 表示這個界定對於知識的對象、真理的性質、命題的存在之類的問題不表態，允許對知識有較寬廣的詮釋，譬如除了命題性知識之外，知識可能包括與實在體系的認知接觸（VOM, 271）。這樣看來，似乎可以說 Zagzebski 主張知識是認知主體在作出智德行動下，與實在有認知接觸的（知態）狀態。而且在她的理解之中，這項知識的界定有三項要求：第一、認知者在其傾向（disposition）中要有欲求真實的智性良善動機；第二、在導致獲得真實信念（或與實在的認知接觸）的過程中，這個傾向必須引發有意的與自主的行動；第三、認知者必須成功地經由此動機與這些行動而臻至真實（VOM, 273）。換言之，知識並不僅僅是認知者偶然發生的事物，而是要努力培養出能夠欲求真實的傾向及動機，同時具有成功實現該動機的行動與技能（skill）。也就是說，認知者在獲得知識時是付出努力並參與其中，所以有爲此承擔責任的空間，而和真實所建立的有價值之關係則是認知者的一項榮譽（credit）（VOM, 260-261）。

在 Zagzebski 的自我評估之中，她覺得她的這個界說比當代哲學之中平常的界說稍加嚴格，但也頗有彈性（VOM, 263）。這怎麼說呢？一方

9　這裡所指「過往30年」是指Zagzebski出版VOM的1996年來計算的。

面，從前述 Zagzebski 所提出的知識界定與該界定的要求來看，知識所指的不只是認知者所獲致的真實信念或與實在有認知的接觸，同時也蘊含著認知者和真實之間某種有價值的關係，或者說必須是出自智德行動而與實在有認知的接觸，並且認知者要有欲求真實的傾向及動機，加上具有成功實現該動機的行動與技能，如此知識是有價值且重要的，太毫不費力即獲得的狀態實際上不應得到「知識」的封號（VOM, 262-263）。另一方面，以「這是一張白紙」、「那是一座白牆」等知覺的或記憶的信念來說，儘管 Zagzebski 了解到這類信念只具有低度的認知價值，不過卻有高度的確定性（VOM, 69, 277-279），所以她認為只要這位相信者具有由欲求真實之傾向所構成的良善動機，而且必須以具有智德的人在該情況會形成信念的方式產生這種信念，譬如不抱有偏見或別有企圖、不受制於妄想、能夠帶著警覺與反思的態度等，她同意把這類的真實信念列為低階（low-grade）知識（VOM, 276, 279, 280-281）。換言之，Zagzebski 相信她關於知識的界定頗有彈性，能夠承認以上述方式展現智德行動所獲致的真實信念也算是知識。

依據上述 Zagzebski 的說法，這個界定可以包括哪些知識呢？Zagzebski 提及高階（high-level, high-grade）知識或知態狀態，以有別於前述低階知識。一方面，高階知識是人類運作其理性能力（rationality）這項特殊屬性所得到的真實信念或知識，譬如透過理解以知曉整個實在的結構或真實的網絡，因而明白其中的 P 或某單一命題（VOM, 49-50, 69, 184），或者說能夠認知到自己是知道的、意識到自己的信念結構是融貫的等（VOM, 274-275），甚至能夠獲致比知識更高級的知態狀態（VOM, 276）。另一方面，由知覺的信念或單純短期的記憶式信念所形成的知識，不需要理性能力的參與及協助，其中形成信念、知識的方式或所形成的知態成就是近似人類的（subman）或近似人的（subpersonal）（VOM, 69），也就是所獲致的是低階知識。

二、智德

　　Zagzebski 以「知識是起源於智德行動（acts of intellectual virtue）而與實在有認知接觸的狀態」（VOM, 270-271），主張對於知識及確證之信念的說明係衍生自針對智德的說明（VOM, 299），她所說的智德又是什麼呢？Zagzebski 在這裡先論述一般德行（virtue）的意義再述及智德，她指出「（一項）德行」是「一種人所獲致的深層且持久的卓越，其中包括了能夠產生某種所欲求之目的的獨特動機（motivation），以及可靠且成功地實現該目的。」這個界定之中突顯兩大要素，即動機的成分及可靠且成功地實現此動機成分之目的的成分（VOM, 137），智德同樣具有這兩大成分。此外，Zagzebski 也指出並討論了德行所具有的五項特性，這些都可以協助讀者理解她所說的智德。

　　首先，智德則是習慣養成中牢固確立而有助於獲致真理的素質，譬如開放的胸襟、細心、毅力等素質。由於智德具有這種根深蒂固的性質，當行動者遭遇到逆境時，能夠加以抵抗而達成獲致真理的目的，譬如面對他人提出同意令人厭惡之結論的論證，假使個人無法激發公平評估其論證的動機，也就是說無法抗拒相反動機之影響力，這表示當事人尚未具有智性公平（intellectual fairness）的德行（VOM, 178-179）。換言之，智德是認知者品格之中穩固的一種素質，是由後天習慣養成所形成的。

　　其次，智德作為人類形成信念或一般而言進行探究活動中的實踐能力（VOM, 219），都是起源於追求知識的動機（VOM, 252, 269），或者說智德具有各種追求和實在產生認知性接觸的動機，包括追求理解、提升認知狀態的品質、促進人類種屬所知之知識的這些動機（VOM, 167）。因此，可以說智德的成分之一是追求知識或與實在產生認知性接觸的動機。此外，智德所包含的另一項成分是以認知上相信能夠獲致知識的方式運作，這種運作方式會隨著各個智德而有所不同（VOM, 269），但是都是使認知者能夠完成其動機所欲求之目的，也就是智德的另一個成分是可靠且成功地實現該目的。以智識的勇氣（intellectual courage）這項智德來說，它是指當個人有好理由確信自己的信念或探究的進路是對的時候，

能夠加以辯護並且無所畏懼地回應他人的反對（VOM, 269）。換言之，一方面所有的智德都起於追求知識的動機與目的，另一方面不同智德各有其不同之運作方式，以便可靠且成功地實現其動機所欲求之目的（VOM, 166-168）。

最後，智德需要相關的技能才能有效地實現其目的。譬如對細節敏銳的德行和智性關懷與嚴謹的德行都和知覺敏銳的技能有關，作為偵探或記者所需要之發現事實的能力就和這種智性技能有關。又譬如語言技能、邏輯技能、空間推理技能、數理技能及機械技能等，都是扮演好重要社會角色及具有相關德行所要必備的[10]（VOM, 114-115）。事實上，Zagzebski主張（理智）德行在內涵上包括了（智性）技能，但這兩者是有所不同的。譬如，技能協助具有德行者使其良善的行動有效，智性技能比較像是有效追求知識上的技術（technique），但是一項典型的（理智）德行具有兩個相反的（理智）惡德（vice），一項技能則並不具有兩個相反的事物，這是他們的差異之一（VOM, 113, 115-116）。

三、知識與智德的關係

依據 Zagzebski 的見解，知識必須是「起源於智德行動」（VOM, 270-271），因此可以說，即使認知者與實在有認知接觸或產生真實的信念，必須是在做出智德行動的情況下，才能說具有知識或前述比知識高階的知態狀態。可是，認知者一定要具有智德才能展現智德行動嗎？Zagzebski 認為行動者不必實際擁有德行之下才能作出德行之行動，但是作出德行之行動必須符合三個條件：第一、行動者必須是由良善的動機所促動的；第二、必須以具有德行者典型上在相同情況行動的方式作出行動；第三、必須是因為其行動的這些特點而成功達到目的。以人類認知的一般情況來說，假使這位認知者展現了德行之行動，也就是具有由欲求真實之傾向所構成的良善動機，以擁有智德的人在該情況會形成信念的方式產生該信念，如此未經反思的知覺、記憶或內省所形成之真實信念可以列

---

[10] 在這個脈絡之中，Zagzebski列舉了十種智德與七種智性技能（VOM, 114）。

爲低階知識（VOM, 276, 279, 280-281）。當然，依據並推演 Zagzebski 的理解來說，認知者展現智德行動的情況在此可以細分爲兩種情況，即認知者分別是在擁有或未擁有智德之下展現智德行動，加上智德是習慣中所養成牢固確立而有助於獲致眞理的素質，所以同樣是展現智德行動，可以說擁有智德者要比未擁有智德者更加穩固。以開放胸襟（open-mindedness）這項智德而言，它指的是即使當新的理念或論證和自己的有牴觸時，能夠從善如流（VOM, 269）。在一個需要展現開放胸襟的認知情境，當新的理念或論證和自己的有牴觸時，胸襟開放或還不夠開放的認知者都有可能從善如流，以至於與實在有認知接觸或產生眞實的信念，但是胸襟開放者在這種表現上是比較穩固的。這樣看來，即使 Zagzebski 擴大了能夠展現智德行動之認知者的範圍，智德仍然是人類獲致知識的重要根源或基礎。

要了解 Zagzebski 德行責任論中知識與智德的關係，從這兩者的意義與性質著手會是一個可行的方式。如前所述，開放的胸襟、細心、毅力等素質是人類智性的卓越，是習慣中所養成的、穩固的而有助於獲致眞理的素質，這些智德具有兩大成分，即追求知識或與實在產生認知性接觸的動機（動機的成分）與認知上有效地運作以臻至所追求的目的（可靠成功的成分），而且要可靠與成功求得知識或與實在產生認知性接觸，智德蘊含著要具有可靠成功所需要的相關知識、理解與技能。另一方面，認知者獲致的眞實信念要成爲知識的話，認知者傾向要有欲求眞實的智性良善動機，要由此動機引發有意與自主的智德行動，同時認知者獲致的眞實信念是出自這種動機與智德行動。以前述的高階知識來說，認知者必須擁有與運用理性能力或者是理解、智慧、認知統整與融貫的高階德行，更重要的是這位認知者傾向必須具有追求知識或與實在產生認知性接觸的動機，同時是在這種動機的促動之下，運作相關知識、理解與技能以展現這些理性能力或智德行動，最終成功地獲致高階知識。此外，在這樣的理解之下，明顯可見獲致這種高階知識必須認知者具有欲求眞實的動機、所引動的智德行動與受惠於該智德行動而得到的眞實信念。換句話說，認知者必須具有智德及智德行動才可能獲得知識，或者說其眞實信念必須出自智德及智

德行動才能成爲知識[11]。

肆 智德與智育

前述針對 Sosa 德行可靠論與 Zagzebski 德行責任論相關論點的探究，在智育上有何重要蘊意可言呢？基於篇幅的限制，這裡提出三點看法。

首先，針對知識、智德及這兩者的關係，Sosa 和 Zagzebski 都提出了獨到的見解，就智育的理論研究而言，他們的見解值得進一步加以批判性探究。譬如，智育上要培育的理想認知者應當具有哪種或哪些智德呢？相信這是智育和 VE 理論探究共同關心的議題。是 Sosa 所強調的認知者獲致真實的認知傾向，或者是產生真信念的能力，諸如外知覺、記憶、內省、直觀、推理等，或是 Zagzebski 所論習慣養成中牢固確立而有助於獲致真理的素質，諸如開放胸襟、細心、毅力等呢？或許可以這樣說，一方面這兩位 VE 思想家的主張可以提供有價值的參考，另一方面有必要考察種種人類求知達識的實際例證，其中當然要涵蓋 Sosa 的動物型知識和反省型知識，或 Zagzebski 的低階知識和高階知識 / 比知識更高級的知態狀態，以掌握人類獲致各類知識所需要的能力、傾向或素質。另外，可以詢問是否他們的見解毫無疑義而足以作爲智育的理論基礎？譬如：假使考量人類覺知他人心靈狀態的同理心、激發科學靈感的感受性等時，令人好奇 Sosa 是否忽略了這類認知的傾向或能力，也因此人類需要培育的智德就不能僅侷限於 Sosa 所論的智德[12]；當 Zagzebski 主張認知者要可靠地實現其德行（含智德）之動機成分所致力的目的才能說具有該德行（含智德）（VOM, 125, 178），然而可不可能個人之所以未能獲得知識或與實在者有認知性接觸，問題並不在當事人不具有相關智德，而是與個人無關的因素所致，

---

[11] 當然，如上所述，Zagzebski允許無須智德只要做出智德行動以獲致低階知識的情況。另外，Zagzebski討論了動機混合的情況，也就是在求名利之類非知態動機和知態動機混合的情況下，當事人有可能獲致知識，但是這種情況存在著當事人知態動機不穩定或變質的危險。這些討論需要更多篇幅，只能留待後續處理。

[12] 有關這方面的批判討論，參見拙作（林建福，2019）。

譬如在相關訊息極端缺乏或高度干擾等認知不友善的環境，在這種情況下能說當事人不具有相關智德嗎[13]？換言之，在智育的理論性探究上，必須進一步批判地探究 Sosa 或 Zagzebski 的識見，以作為智育的參照架構或理論基礎。

其次，如果前述 VE 的見解站得住腳的話，智德的探討或培育應當是智育的理論研究或實務活動的核心焦點。撇開 Sosa 和 Zagzebski 之間論點上的差異不說，他們都認為智德在人類的認知上的確具有不可或缺的重要性。Sosa 以「知識是出自智德的真信念，此種信念是經由德行而成為正確的，不是偶然之下是正確的。」（KIP, 277）；Zagzebski 主張「知識是起源於智德行動，而與實在有認知接觸的狀態」（VOM, 270-271）。這樣說來，智育的活動不能只是著重學習者的信念，譬如特別著重使學習者吸收獲得確證的種種信念或擴展已有的信念體系、檢視其信念體系的融貫性等，這些事務當然有其智育上的重要性，不過，更重要的是培育能夠產生真信念或避免錯誤信念的種種智德，或者是使其具有求知的動機及實踐該求知動機的相關知識與技能。

以一般教育目的論及培育「有教養的人」（educated person）這種見解來說，H. Siegel 指出「有教養的人」的核心部分包含了知識、理解、認知通觀，以及具有濃厚知識論性質的德行／品格素質／心靈習慣（Siegel, 2008: 458-459），而且依 VE 的見解，求知者之所以能獲得知識、真理或理解等，最重要是求知者有智性能力、智德或形成智性品格，並且在認知的情境中得以適當的運作。基於這樣的想法，Duncan Pritchard 區分了一般認知的成功（success）和不同層級的認知成就，如同下列圖 1 所示，有助於說明為何智育上培養智德比只是傳遞真信念重要：

---

[13] Watson在討論好問（inquisitiveness）這項智德時，區分每項智德所致力追求的終極動機與目標，以及各項智德獨特的當下動機與目的，而能夠發問（questioning）相關的好問題就是好問，這項智德達成獨特當下目的的活動或技能，如此，求知者在認知不友善的環境下，雖然出自上述終極的動機並真誠地提問了良好的問題，但是卻沒有達到上述的終極目標，Watson認為在這種情況下仍然可以說當事人具有好問這項重要的智德（Watson, 2016）。這種見解或可解釋Zagzebski這裡遭遇的問題。

圖1 認知成就連續體（依Pritchard想法繪製而成）

以學習$\sqrt{9}=3$的情況來說：A只是從網際網路看$\sqrt{9}=3$的訊息，而且他一概相信從網際網路上所讀到的，因此即使A獲得真實信念，但不能說他是知道或獲得知識。B有能力批判地評估網際網路所得的訊息，或許加上確認到這是一位數學老師推薦過而值得相信的網站，更或許B自己會的算術足以讓他意識到$\sqrt{9}=3$不會是錯的，也因此B可以說使用了有限的認知能動性而得到知識，因此是低的認知成就。C是在一般的認知情況下運作了認知主體性，因而在一般不同的情況下都能知道$\sqrt{9}=3$，所以是具有一般的認知成就。D則是指在極端不友善的情況下，或者是必須運作高階的認知能動性，因此具有高認知成就（Pritchard, 2013）。明顯可見，雖然同樣是認知成功，D比A更能展現智德之類的高階認知能動性，而非相當被動地接受真信念，也因此Pritchard這個例子當中的D要比其他三者更臻至智育的目標。

最後，基於智德的重要性，智育上需要更細緻地深究種種智德的意義與性質，以及這些智德的學習與教導方式等。從教育哲學家的角度來看，一般希望在學生身上培育的傾向包括：尋求真理、找尋、尊重與珍視理由、依理由的強度進行判斷、勝任且公正地評估這類強度、想像（及勝任地評估）新的可能性；具有同理心與對話者互動；正視個人可能犯錯的可能性等，因而被強調的品格素質則有公正心、開放的心靈、深思熟慮／反省性、知性上的謙遜等（Siegel, 2008: 462）。從VE學者的角度來看，有一些重要而值得人類培育的知態德行，位於核心的則是能確保自己的信念是建立在好理由之上的這種傾向，相關的德行則包括開放的心靈、接受他人觀點的意願、願回應他人的批評、明辨道理及自我反省（Robertson, 2009: 21）。稍加比較這兩邊所倡導的德行或品格素質，可以發現有蠻高的相似度。事實上，VE學者除了提出理智德行之外，也觸及了理智惡德

（intellectual vice）（Turri, Alfano & Greco, 2017）。前者如對知識的愛好、知性的堅穩（intellectual firmness）、知性的勇氣與慎重、知性謙遜、知性獨立、知性的慷慨與實踐智慧等。就知性的堅穩來說，具有這項理智德行的人傾向於適當地緊握當下所擁有的知性善，所以在知性上是不至於太僵化或太軟弱。另一方面，理智惡德諸如知態的自我縱情放蕩、麻木遲鈍、反智、對證言的不公（testimonial injustice）等。這些相關的見解可協助智育上理解種種智德或理智惡德的意義與性質，為培育前者與避免養成後者的智育活動提供指引。

如何教導學習者的智德呢？J. Baehr 針對教育情境中促進學習者智性品格成長的議題，提出下列七種值得參考的方式或策略（Baehr, 2014: 116-119）：

一、建立支持的制度性文化

學校要投入智德教育，並且使這項努力成為學校的重要特性。也就是說，無論是學校在思考自己的意義或定位，或者對外界呈現自己時，都會有重視智德教育這項特性。也因此在學校公布的使命、教職員的聘用與鼓勵、課程的發展與審查、公關與募款的活動、高階行政人員的競選演說、許可標準、徵聘工作、各類講者安排等，都可以看到支持智德教育的這種制度性文化。

二、直接教導

教師在剛開學時可以進行簡報系列式的直接教導課程，內容是關於智德的意義、構成、實際上的樣貌、智德的價值、智德和本能式認知能力或智性技能之類的其他認知優勢有何不同、與其他道德或公民德行的差異等 14。對於智德的性質與價值有豐富與廣博的理解，這對於師生想要具體

---

14 Baehr所指出人類的心靈除了能展現出種種知態方面的品質或能力，除了能形成一般的道德或公民品格或德行之外，在這兩者之間還存在著一種智性品格，這種智性品格一方面像智性能力一般聚焦於追求知態的善，另一方面則相當具有意志、欲望與情意的內涵（Baehr, 2014: 114, 115, 117）。

表現或傳授相關素質來說會是有幫助的。

三、自我反思與自我評量

　　使用這種策略可以挑戰學生，看看他們能否使用所知的智德知識以了解自己的智性品格。過程中可以運用一些品格自我評量工具或其他習題，讓學生誠實並具體地反思其自身智性品格之優劣。這裡首要的目標是獲得健全的自我知識，此種知識能鼓勵學生開始依據智德的概念與類別來反思自己。

四、清楚連結課程材料和智德或智性惡德

　　這些連結又可分為兩大類別：第一類別出自材料內容本身，譬如，歷史或科學課研讀到科學或其他領域裡某些事件或人物，對於脈絡中顯現或未能顯現相關智德的方式，可以引導學生加以注意與反思，或者文學課教導學生處理敘事時，可以讓他們著眼於智性品格素質的出現與重要意義，或者是從預定的智德或智性惡德之子集的角度切入。第二類別則和精熟材料內容的要求有關，譬如在一個具有特別挑戰性的單元當中，教師可能停下來提醒學生該課程首要之個人的或品格相關的目標，以及當下這個挑戰如何關聯到這項目標，或者說，教師可能停下來詳述如果要深入理解該材料的話，哪些諸如毅力、開放胸襟、求知的細心或其他的德行是特別有關係的。

五、提供學生頻繁實踐智德所特有之行動的機會

　　班級互動的活動或模式中，有些需要學生採取他人的觀點、使用想像以擴展或應用自己的知識、提供理由來支持自己的主張、詢問考慮周到與合適的問題，這些都提供了實踐開放胸襟、創造力、反思力、求知的嚴謹與好奇心的機會。在其他考試、論文或書寫的作業中，教師也可以鼓勵學生追求智德所特有的目的（標），或者要求以展現智德的方式提出論點。

六、把德行的概念和標準統整入正式與非正式的評量

在非正式的層面，一旦出現求知上好的行動，要能夠加以注意並給予讚賞。特別是在學生理解智德是什麼，並且能夠意識到其價值的情況下，這種回饋可以產生強大的動機效果。在比較正式的層面，假使已經有規劃考試、論文或其他作業讓學生練習某些智德，這應該反映在評量的規準或指標當中。

七、教師及其他學校領導者自然與真實地示範智德

能接受智德示範者所進行的教導，此種體驗對心靈生命會是極為強大的邀約。學生能夠親眼目睹示範者如何針對題材進行反思、溝通與加以感受，這對於他們在學習上及思考上的根本信念與態度，會有產生強烈的衝擊。

因此，教師成功示範智德的程度重大地影響其促進學生智德成長的成敗，智德教育中教學者必須在教學或與學生互動上作為德行的榜樣。

Baehr 指出雖然上述七項並未窮盡智德教育的可能方式或策略，但是他們顯示出某種多面向、良好整合的取徑（Baehr, 2014: 119）。細思Baehr 所提出的這七項方式或策略，的確顧及教育活動中的重要層面，諸如學校的願景與目的、課程統整、並重制度性文化與施教者的言教及身教、學習者的反思與實踐、緊密連結智德教育與評量等。當然，如果不把智德教育限定於學校教育，那麼或許可以考量親師生共同參與、社區環境的營造、大眾媒體影響力等議題。不過，Baehr 的這七項方式或策略是可以作為學校推動智德教育的參考。

本文從 VE 的論點出發，闡述知識不只是信念、真信念或確證的真信念，而是認知主體運作智德所獲致的真信念。在 VE 的思潮之中，儘管在智德的意義及智德如何協助人類追求知態的善上，Sosa 德行可靠論和 Zagzebski 德行責任論有不同的見解，不過他們分別指出智德是人類獲得知識的關鍵能力或素質。加上發展人類的智性潛能是重要的教育目的，

智育上有必要致力於探究並培育學習者智德，即這些求知上的關鍵能力或素質，而不只是著眼於使學習者熟稔既有的真信念。此外，本文也介紹 Baehr 所提出七項智德教育的方式或策略，或可作為智育實踐活動的參考，學校推動智德教育時可視實務狀況靈活應用。[15]

中文部分

米建國（2013）。為什麼我們一定要成聖？聖境、理與德性。中國文哲研究通訊，**23**(3)，17-28。

林建福（2019）。Ernest Sosa德行可靠論（Virtue Reliabilism）與教育知識論的哲學探究。教育研究集刊，**65**(2)，1-38。

英文部分

Baehr, J. (2014). Educating for intellectual virtues: From theory to practice. In B. Kotzee (Ed.), *Education and the growth of knowledge: Perspectives from social and virtue epistemology* (pp. 106-123). Malden, Massachusetts: John Wiley & Sons Inc.

Baehr, J. (2016). Introduction: Applying Virtue Epistemology to Education. In J. Baehr (Ed.), *Intellectual Virtues and Education: Essays in Applied Virtue Epistemology* (pp. 1-15). New York, NY: Routledge.

Gettier, E. (1963). Is Justified True Belief Knowledge? *Analysis, 23,* 121-123.

Kotzee, B. (2011). Education and "thick" epistemology. *Education Theory, 61*(5), 549-564.

---

[15] 感謝兩位匿名審查者提供的寶貴意見，也感謝研究生黎瑋和吳婉菁文書處理上的協助。

9 信念、真信念或確證的真信念是知識嗎？——德行知識論、智德與智育

Kotzee, B. (2016). *The Intellectual goals of character education*. Paper presented at the annual conference of the Philosophy of Education Society of Great Britain, Oxford.

Moser, P. K. (1999). Epistemology. In Robert Audi (Ed.), *The Cambridge Dictionary of Philosophy* (pp. 273-278).(file:///C:/Users/user/Desktop/Cambridge+Dictionary+of+Philosophy.pdf)

Plato (1961). Theaetetus (F. M. Conford, Trans.). In H. Hamilton & H. Cairns (Eds.), *The Collected Dialogues of Plato*. New York, NY: Pantheon Books.

Pritchaed, D. (2013). Epistemic virtue and the epistemology of education. *Journal of Philosophy of Education, 47*(2), 236-247.

Robertson, E. (2009). The Epistemic Aims of Education. In H. Siegel (Ed.), *The Oxford handbook of philosophy of education* (pp. 11-33). New York, NY: Oxford University Press.

Sosa, E. (1991). *Knowledge in perspective: Selected essays in epistemology*. New York, NY: Cambridge University Press. (KIP)

Sosa, E. (2007). *A Virtue Epistemology: Apt Belief and Reflective Knowledge (AVE)*【IE 7.0】. Retrieved from http://0www.oxfordscholarship.com.opac.lib.ntnu.edu.tw/view/10.1093/acpr

Sosa, E. (2011). Knowing Full Well (KFW)【IE 7.0】. Retrieved from http://0-www.jstor.org.opac.lib.ntnu.edu.tw/stable/j.ctt7sgncVOM.

Siegel, H. (2008). Is 'Education' a Thick Epistemic Concept? *Philosophical Paper, 37*(3), 455-469.

Turri, J., Alfano, M., Greco, J. (2017). Virtue Epistemology. *The Stanford Encyclopedia of Philosophy*. Retrieved from https://plato.stanford.edu/entries/epistemology-virtue/

Watson, L. (2016). The epistemology of education. *Philosophy Compass, 11*(3), 146-159.

Zagzebski, L. (1996). *Virtues of the mind: An inquiry into the nature of virtue and the ethical foundations of knowledge*. Cambridge, U.K.: Cambridge University Press. (VOM)

epistemic- https://dictionary.cambridge.org/dictionary/english/epistemic

epistemic-https://www.merriam-webster.com/dictionary/epistemic

師培學系學生就業力何在？──從「轉型師資培育學系提升學生就業力策略」談起

陳玉娟

國立臺灣師範大學教育學系教授

10

壹 前言

　　1994 年我國《師資培育法》的實施，取代了既有《師範教育法》，各大學依規定符合標準者，皆能設置教育學程培育師資。各校師資培育中心如雨後春筍般設立，修習教育學程成為熱門的活動，一時之間各師資培育機構培育出大量師資生。93 學年度達培育高峰期，當學年度所培育之中學、小學、幼兒園與特殊教育所有師資生合計 21,805 人，至 105 學年度各師資類科核定師資生招生人數僅剩 9,443 人，然實際招生人數（8,358人）未達核定人數（教育部，2016）。雖然培育的師資生人數逐年下降，但是臺灣基層學校卻也因少子女化影響，職缺日漸減少，讓許多取得教師證的教師無法順利就業，成為大家口中的「流浪教師」。教育行政主管機關為減輕待業教師總數激增所產生的壓力，逐年減少師資生名額，並早在1998 年版《中華民國教育年報》（國家教育研究院，1998）中，提出「加強輔導師範校院轉型」的對策。至今，隨著高等教育生態的改變，師資培育學系轉型議題一直被討論著。

　　由於以學生為本位的學習概念受到重視，除了國中小外，高等教育機構也被賦予在學生本位的基礎上，提升學生就業力，讓畢業學生可以順利與市場接軌。在轉型的師資培育學系中，學生就業力提升成為師資培育學系重要的使命。隨著大學畢業生失業率統計數據無法有效降低的壓力下，讓高等教育機構被賦予更高的就業力培育期待。持續而穩定的就業力，是高等教育機構畢業生所需具備之能力；誠如 Brouwers、Engels、Heerkens與 Van der Beek（2015）所言，大學畢業生必須具備並保有良好的健康與心智能力，成為重要的職場能力。經查相關資料庫後（例如：高等教育知識庫、華藝線上圖書館），發現目前國內缺乏針對師資培育學系學生多元就業力的質性研究成果，突顯本研究具開創性與必要性；對於需轉型的師資培育學系而言，如何培養其學生就業力，成為系所發展的重要使命；此類學系若能提升學生就業力，對於國內師資培育工作而言，將能發揮正面效益。

　　目前此類型研究主要還是以量化資料為主，例如：秦夢群、莊清寶

（2010）善用資料庫數據進行統計分析，研究結果雖能看到全面性數據，但受限於統計數字，而難以進行更深入探究。再者，大學科系種類甚多，各種類型科系所面臨的問題不同，對於師資培育學系而言，其經歷政策性保障的培育階段、師資培育制度大改革階段，亦經歷教職爲一志業的培育階段，到目前更因少子女化現象造成教師職缺大減，讓此類型學系經營管理面臨更大的挑戰。然而秉持著教育爲百年大計，師資培育學系所培育的學生中有近一半成爲教育人員，突顯出此類學系存在的價值與必要性。因此，跳脫原有量化數據資料所提供的資料，更深入了解此類型學系在學生就業力之展現，具有與先前研究區隔，並具有重要的問題意識存在。

　　綜上所述，研究者以師資培育學系爲研究對象，利用訪談方法蒐集研究所需資料進行分析，以達成本研究之研究目的：探究師資培育學系學生的就業狀況、分析師資培育學系轉型實踐狀況、與師資培育學系提升學生就業力策略等；最後，進行研究結果討論並提供相關學系領導者參考。

貳　文獻探討

　　在此，首先學生就業力的內涵探究，之後則探究目前國內提升學生就業力表現方案策略的狀況。

一、大學生就業力內涵

　　就業力（employability）已成爲許多國家重視的青年政策議題，如歐盟在「波隆那宣言」（Bologna declaration）中即強調，就業力爲全球青年未來需面臨的共同挑戰（林信宏，2012；蕭佳純、方斌、陳雯蕙，2012；Cranmer, 2006）。澳洲要求大學生畢業時必須具備一些「普遍接受」的特質、紐西蘭提出衡量大學生能力準則的「國家文憑架構」、加拿大和美國則引進「關鍵技能」等相關學習指標、丹麥則要求大學生達到「能力檔案」之要求（王如哲，2008）。

　　Brouwers、Engels、Heerkens 與 Van der Beek（2015）從大學生永續

就業力（sustainable employability）角度切入，主張其應具有並持續保持良好的健康和心智狀況，以參與現在和未來職場上的能力稱之。Brouwers（2015）等人則從健康、參與、激勵、能力等四面向來界定就業力，憂慮、睡眠、時間安排、工作榮譽感、工作投入度、工作決策力、與上司爭論頻率等，皆列為就業力展現的範疇。好的就業技能（employability skills），應具備各種技巧、理解與好的態度，並有助於其在選擇的職場上成功（York, 2006）。國內亦有相關研究與報告的提出，2009 年青輔會「大專青年就業力現況調查」報告中，提出 10 項就業力之共通職能指標：表達溝通能力、問題解決能力、團隊合作能力、領導統御能力、自我管理能力、創新思考能力、資訊應用能力、職涯規劃能力、職場認知能力、國際宏觀能力等。秦夢群與莊清寶（2010）使用 2008 年臺灣高等教育整合資料庫釋出的「2005 學年度大學畢業後一年問卷調查資料」進行分析後，提出四大面向核心就業力：一般能力、專業知能、專業態度、職涯規劃，共計 18 項核心就業能力，其內涵已涵蓋前述青輔會所提出的 10 項指標。

就業力不等同於就業率，是一種對未來職場適應與就業發展的綜合展現。研究者將「就業力」界定為：學校畢業生完成學習歷程後，初次獲得就業機會的能力，並且能保有工作與做好工作的能力之通稱。其內涵應包括哪些能力，眾說紛紜，小至個人健康，大至社會人際互動，皆曾被列為就業力的內涵。參酌各家說法與目前大學狀況，研究者認為就業力的內涵包括：專業態度的養成、專業知能的獲取、工作動機的具備與一般能力的涵養等。對於師資培育學系學生而言，不管其未來是從事教職，或是其他領域的工作，皆應具備：專業態度、專業知能、工作動機與一般能力的涵養等就業力展現。

二、提升學生就業力表現方案策略

高等教育無法立即性的回應社會需求，是造成學用落差的原因之一（Bardhan, Hicks, & Jaffee, 2013）。在提升學生就業力表現方案策略方面，或因經費、人力考量，主要還是以學校推動策略、學系協助的方式進

行，少部分則由學系自己發動策略，然若要再細分成師資培育學系所獨有之策略，實有難度，亦難以區分。基於此，研究者將各校與師資培育學系較常使用的類型作法，分項說明如下：

(一) 提供產學合作課程，讓產業與學生提早媒合

社會資本與學生職涯發展之間的關係，已有研究證明兩者間具有正向關係（康小明，2006）。美國麻省理工學院學者 Obukhova 與 Lan（2013）研究指出：大學畢業生受益於社會資本效果最大；在師資培育學系運用過程中，或聘請業界教師至課堂中授課，或是進行組織參訪、實習，皆是提升學生就業力的重要策略。對於一般科系而言，此類型活動較為常見，對於師資培育學系而言，早期的就業保障模式，並不需要提早媒合機制的存在；臺中教育大學首創的碩士公費班，學生在二年級上學期即提早至未來發分縣市進行行動研究，此一作法有助於提升學生未來就業適應性。

(二) 校內設置專門單位，推動學生就業輔導活動

國內此一單位的設置，係以學校層級辦理為主，學系協助為輔；而在師資培育學系內，學生就業輔導工作多是由學系辦公室行政人員負責，或是配合學系師生合作方式，推動各種就業輔導活動。

(三) 增加學生軟實力課程，涵養學生職場適應力

在工作職場上，相較於專業硬實力的培養，軟實力所能發揮效果更大。Pandey 與 Pandey（2015）研究指出：硬實力（hard skill）對於個人技能（skills）的成功，其貢獻度只有 15%，其餘 85% 則是軟實力所致。軟實力係指個人人格特徵、社交魅力、語言能力、個人習慣、友情和樂觀等能力，可以讓人改變自己的身分地位（Pandey & Pandey, 2015）。目前，師資培育學系除教導學生專業硬實力外，也積極在培養學生的職場軟實力，將軟實力之訓練納入課程學習與各項教學活動中，對於學生與就業之接軌將可產生助益（張佳雯，2012）。

(四) 系所設置學程，提升學生就業市場表現

Alpaydin（2015）在研究就業市場中對於接受高等教育學生技術需求研究中指出：教育機構調整的速度，趕不上經濟變化快速，因而造成學用落差狀況，有些學生雖順利找到工作，卻非其大學所學的專長，成為常見的學用落差現象（Bardhan et al., 2013）。目前，有些師資培育學系會開設各類型學程，提供學生修習，藉由提供學生就業導向學程證書，作為該生就業能力的證明。

(五) 善用電子化產品，建立學習與就業職能平臺

學校端除定期進行畢業校友流向調查，以作為未來課程與就輔活動修正的重要意見外，並配合教育部推出「大專校院就業職能平臺」（UCAN），提高學生職場競爭力（教育部，2015）。學校端除推動UCAN外，亦設有電子學習歷程檔案（electronic portfolios），強化電子系統管理功能；師資培育學系可以透過此一電子化歷程，管理學生求學生涯中的學習活動與表現。

三、師資培育學系畢業生就業狀況

畢業生就業狀況，一直以來是高等教育機構評鑑的重要指標之一。以105年度大學校院通識教育暨第二週期系所評鑑實施計畫為例，其將「畢業生表現與互動」視為指標之一（財團法人高等教育評鑑中心基金會，2016）。本研究所指涉之師資培育學系七成以上皆設於師範／教育大學，因此研究者在此主要以師範／教育大學數據為分析主軸。以國立臺灣師範大學為例，師資培育學系占學校總學系數大宗，從「105年度畢業生（101學年度102級）畢業後三年就業狀況調查報告」（就業輔導中心，2016a）顯示：該校畢業生就業率高於全國平均數（詳如表1）。

表 1　105年度畢業生（101學年度102級）畢業後三年就業狀況

調查年度	本校調查對象	填答人數	本校待業率（%）	全國20至24歲大學及以上失業率	全國25至29歲大學及以上失業率
100	98學年度畢業生	1,026	8.47	12.49%~14.63%	7.56%~7.79%
101	99學年度畢業生	1,287	7.89	11.45%~15.31%	7.7%~8.48%
102	100學年度畢業生	1,055	3.98	15.53%~18.98%	7.64%~8.46%
103	101學年度畢業生	1,766	3.45	14.82%~16.25%	7.15%~7.22%
104	102學年度畢業生	1,800	2.93	11.85%~14.34%	6.78%~8.05%
104	100學年度畢業生	1,587	1.38	11.85%~14.34%	6.78%~8.05%
105	103學年度畢業生	2,061	3.65	15.40%~18.58%	7.06%~7.73%
105	101學年度畢業生	1,715	1.60	15.40%~18.58%	7.06%~7.73%

資料來源：就業輔導中心（2016a）。105年度畢業生（101學年度102級）畢業後三年就業狀況調查報告。臺北市：國立臺灣師範大學。

　　在教育類大學部分，國立臺北教育大學「103學年度畢業滿一年學生流向調查結果分析報告」（師資培育暨就業輔導中心，2017）指出：該校103學年度畢業生中，有就業意願者共787人，包括已有全職工作（731人）、部分工時（38人）及尋找工作中（18人），就業率達97.7%，待業率為2.3%；若僅計學士班之就業率，雖比研究所來的低，但也有95.5%的水準，工作「滿意」度達七成以上，「不滿意」及「非常不滿意」比例僅為2.4%。而在工作收入部分，該校103學年度大學部畢業生投入全職工作者，平均收入在29,375至39,283元間，高於全國大學畢業生起薪平均值（27,655元）。而在國立彰化師範大學部分，其針對「101學年度大專校院畢業生就業相關情形」進行分析，在學士畢業生部分，其平均薪資達31,434（公共事務與職涯發展中心，2017），高於目前學士畢業生平均薪資。

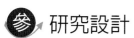# 研究設計

一、研究對象

　　本研究場域設定在國內師資培育學系（不含師資培育中心），有關師資培育學系的定義，係以教育部所公布的官方資料為依據。依教育部公告：「『師資培育學系』係指經教育部核定具有師資培育實質功能，核有師資生名額，並確由該單位培育師資之學系稱之。」本研究聚焦於同屬十二年國民基本教育階段的中等教育與國民小學師資培育學系，對於幼兒園與特殊教育學校師資的培育，幼教系與特教系等仍維持以全師培模式運作，且培育之師資與前述有所差異，故不列為研究對象。研究者即以具國民小學與中等教育師資培育名額及培育事實之「學系」為研究對象，計有師範／教育大學 5 所 70 學系，設有師資培育相關學系大學 9 所 27 學系，共計 97 學系，但不包含各大學所設立之師資培育中心，或是各師培大學中非教育部認定之師資培育學系，如東亞學系等。

二、研究方法與訪談對象

　　本研究採用訪談法，以蒐集研究所需資料。在訪談對象的選擇上，以目前教育部表列之國民小學與中等教育師資培育學系之 97 位現任學系主任為對象，選擇擔任學系主任之原因在於，對內其對於學系運作較有全面性了解，對外對於學校政策亦較有機會接觸。

　　在受訪學系選擇上，需符合幾項條件：首先，該學系成立需早於《師資培育法》公布之前，意即該學系歷經 1994 年《師資培育法》公布實施時間點，參與師資培育重要變革；經初步篩選後，計有 78 個學系符合此一條件。其次，該學系 2006 年以後保障修習教育學程學生數額，以不超過該年度招收學生 50% 為原則；因為對全師培學系而言，學系學生全都必修習教育學程，成為一名準教師的前提下，此類型學系所面臨的轉型衝擊相對較少，學系課程與運作需要進行調修的幅度亦相對較小；以前述學

系成立時間為篩選標準，計有 69 個學系符合。第三個條件：該學系主任應在目前學系服務 10 年以上者，比較能夠了解學系發展狀況，對於本研究訪談大綱比較有辦法回應者；因此，以上述 69 個學系作為母群，從中找尋服務於該學系 10 年以上之系主任進行訪談。

利用上述條件進行訪談對象名單的篩選後，提出十多人名單，確認名單後以電話或信件方式與受訪者聯絡，取得其同意後，即寄上訪談大綱，以利受訪者了解訪談重點，對於問題內容亦能多做準備，最後完成師資培育學系主任等 7 人的訪談活動（詳如表 2）。

表 2　受訪者背景介紹

受訪者編號	性別	職稱	所屬學院類別
訪1	女	系主任	教育學院
訪2	男	系主任	理學院
訪3	男	系主任	藝術學院
訪4	男	系主任	教育學院
訪5	女	系主任	理學院
訪6	男	系主任	理學院
訪7	男	系主任	文學院

茲將本研究訪談大綱條例如下：

1. 目前學系可以修習教育學程人數約占班級人數幾成？想要修習者皆能修到嗎？對於無法修習者，有何就業輔導配套措施？

2. 目前學生畢業後的出路主要有哪些？就業狀況如何？

3. 從師資培育開放（民國 83 年）至今，學系已不再是全師培運作模式，為滿足不同類型學生學習需求，學系進行哪些改變（例如：課程設計、招生策略、師資結構、環境規劃、活動安排、其他……）？是否有較具成效的實際案例可供分享？

4. 目前學系學生畢業後的就業過程中，較常面臨的問題（或困難）有哪些？學系針對這些問題有何解決策略？

5. 與一般非師資培育學系畢業生相比，學系學生在就業過程中，是否占有優勢？爲什麼？

6. 目前學系學生在四項就業力指標：(1) 專業態度的養成；(2) 專業知能的獲取；(3) 工作動機的具備；(4) 一般能力等面向上，哪一方面較需要加強？爲什麼？

7. 目前學系針對學生就業力：專業態度的養成、專業知能的獲取、工作動機的具備與一般能力的涵養方面，推動了哪些策略或努力？較有成效的具體作法爲何？

8. 對於未來師資培育學系學生就業力的提升，您有何看法或建議（包括對政府、學生、家長、學校……）？

三、資料處理與信效度

研究者於訪談進行之初，即徵得受訪者同意進行錄音，並利用隨手札記的記錄工作，以利日後進行資料分析之用。完成訪談活動後，隨即進行訪談錄音逐字稿繕打作業，以避免因時間間隔過長，遺漏重要訪談訊息。針對7位受訪者之訪談資料，依訪談活動日期之先後，給予1至7的編號；最早接受訪談之受訪主任編號爲訪1，依序類推，由訪1到訪7，各代表7位不同受訪者（基本資料詳如表2）。

質性研究過程中，爲確保所得資料與分析正確，研究者採用三角檢證作爲資料編碼與分析之考驗；本研究除第一手資料來自於現任系所主管的訪談逐字稿外，並輔以文獻（件）探討之結果，與研究者本身現爲中等師資培育學系服務者，曾在師資培育學系接受教育，長達10年以上的經驗爲輔，進行訪談結果正確性之檢證。

肆 研究分析與討論

配合本研究目的，在此分成：學生就業狀況、轉型與策略實踐、提升就業力策略等面向，分項論述如下：

一、師資培育學系學生就業狀況

分析訪談資料，發現：師資培育學系不再以擔任教職為唯一的出路；以體育類學系為例，其畢業生就業，已展現多元的態勢（訪1）。再者，文獻探討「師資培育學系畢業生就業狀況」顯示：該類型學校的畢業學生，其失業率低於同期全國的平均數，從此量化數據顯示，該類型學系的就業狀況尚佳。

分析 7 位受訪者訪談內容，針對師資培育學系學生的就業狀況，歸納出幾項特點：

(一) 學生就業仍以教職為大宗

師資培育學系以「師資培育」為名，突顯系所的重要工作，即是在培育師資，培育小學、中學、幼兒園及特殊教育所需之師資。早期由 12 所師範校院負責臺灣小學與中學教師培育重責大任，利用計畫性公費培育模式，就學免費並保障學生就業，成功吸引優秀學子就讀。之後，雖開放師資培育的管道，讓一般大學亦能培育師資的同時，衝擊到原有全師培公費體制的學系運作，不得不思考學系畢業生的就業市場。分析訪談資料發現：時至今日，教職仍是師資培育學系畢業生重要的就業類別；此一結果亦可在量化數據中得到驗證，如國立臺灣師範大學 104 級畢業生中，全校平均三成以上進入教育現場服務，而公民教育與活動領導學系畢業生就業流向調查中，更有高達六成進入教職工作（就業輔導中心，2016b）。

> 其實像我們學校傳統以來，就是從師範體系這樣轉型嘛！還是會有一些家庭會期望自己的孩子，未來是有穩定的工作，然後從事教職這方面的工作，會期望孩子填選這樣的學校，就是有些想要爭取師資生的孩子，確實大部分都是要朝向這個目標去努力的，因為這裡有師資生，他才選這個學校。（訪5）

> 除了老師以外，一般就是做服務業吧！老師第一優先，第二是考公職。（訪7）

(二) 學生的就業職別趨於多元

就業職別的多元化，已是師資培育學系畢業生就業的現況。從各師資培育學系官網上所提供的學生畢業進路中，除了原有教職之外，亦依學系不同，增加不同的就業類別。目前師資培育學系中，擔任教職意願仍高，但隨著修習教育學程名額保障比例的下降，讓學系學生不得不思考尋找教職之外的出路，造成此類學系畢業生就業職別的多元狀況。此次訪談過程中，受訪主任亦提到此一多元就業的現況，從中亦可看出畢業生就業種類與學系屬性有關，如體育類學系學生除了從事教職外，亦有許多畢業生從事體育相關類職業（訪1）。

> 我們調查了畢業一年、二年、三年、四年，這四個年度，……從事教職或者是指導員，其實是最多的；再來是休閒觀光，大概是5%到9%；然後行銷這個部分大概是10%，就是比例不太一定啦！再來是跟保健有關的，再來就是考公職的。（訪1）

> 那數學教育的學生除了很認真的去準備師培相關的考試之外，有些會走補教業，還有出版業，一般的學生會繼續考研究所，考研究所的比例蠻高的。（訪5）

(三) 畢業學生就業情況穩定

接受訪談的7位學系主任，對於目前師資培育學系畢業生就業狀況，多抱持正面態度，肯定目前學生就業狀況，例如：受訪者1與2即表示，目前經濟狀況雖然不如預期的好，但在學系畢業生就業狀況上算是良好。依前述文獻探討結果呈現，目前師範校院的畢業學生，不管是在畢業後初次就業率或是薪資部分，高於所有學士畢業生的表現狀況。

> 我們的學生就業率基本都有九成五以上呀！（訪1）

> 目前看起來是沒有太大的困境，雖然說好像不知道主要的

就業市場會在哪裡，可是好像我們學生出去是還可以。（訪
2）

二、師資培育學系積極於轉型實踐，然新舊間仍待磨合

自 1994 年師資培育制度開放，大學皆能設置教育學程，培育國民中
小學師資後；當時，師資培育中心如雨後春筍般成立，師資生人數大增，
一時之間學校現場無法消化大量的新任教師，因而造成流浪教師問題，衝
擊師資培育學系的經營管理。師資培育不再保障畢業生就業之際，該類型
學系無不努力於學系轉型改造，以因應政策變革與社會潮流的改變。

為因應此一變革，師資培育學系紛紛提出轉型策略與具體實踐行動，
主要可以從課程設計、招生策略、師資結構、環境與活動安排等面向，看
到學系的努力；在轉型過程中，亦可以看到學系在原有師資培育目標下，
所面臨的新舊人員結構之間的調和問題。分析本次訪談資料後，研究者提
出下列幾項轉型實踐方式：

(一) 課程趨於彈性，符應就業市場需求

為配合師資培育制度的開放，傳統以師資培育為主的課程架構已不符
合學系發展所需，多元而彈性課程成為學系課程發展的趨勢。在前述文獻
探討中，提出學校（系）端較常運用的五項提升學生就業力表現方案策略
中，課程結構與內容的改變為重要策略之一。此類型學系在課程安排上，
分組課程的執行，成為較常採行的策略之一；目前分組課程的執行，是入
學後才執行的課程分組設計，受訪者（訪 3、6）表示，他們皆是大學二年
級後才開始分組教學。

我們系是從大二起的課程做分組，就是讓他們自由選擇。
（訪3）

我們是二年級以後進行課程分組，讓學生選擇。（訪6）

在分組過程中，依學系情況而有不同的執行方式，受訪者（訪 1）表

示，其服務的學系即是在一個共同必修的架構下，增設兩個組別，讓學生以自由選擇的方式運作著；藉由分組教學模式，讓學生可以依興趣選擇不同專長與課程修習，擴展未來就業機會。以課程分組的方式進行，一來兼顧師培生的需求，二來符合未來不從事教職學生的修課所需，跳脫傳統公費時代，學系一套課程、學生共同修習的模式。

(二) 招生策略多元，從被動轉而為主動

早期進行計畫性師資培育時期，師資培育學系是無需進行招生活動，以吸引有志教職的學子就讀；然而少子女化與教育政策的改變，讓師資培育學系感受到沉重的招生壓力。傳統不需要招生的時期已過，目前轉而是化被動為主動的招生模式，招生策略亦是多元，務求績效。受訪者1即表示，配合目前大學入學管道的多元，招生管道亦朝向多元化發展；學系積極開拓外籍學生為招生對象，或是到高中端進行活動宣傳，亦是常見的策略（訪3、7）。從訪談過程中，亦感受到系主任已認同招生的重要性，並具體實踐之，而學系教師亦從公費時代不需招生的思維，轉而配合協助學系招生活動的進行。

> 招生策略的部分，我們系現在招生大概至少有9~13種招生方式。（訪1）

> 所以我們的招生比較是開放多元，儘量能夠再多一些中國大陸的交流生進來、技職生進來，還有不同學校的轉學生進來。（訪3）

> 就我們系來說，招生的話，比如說就辦高中生的散文競賽，打開知名度。（訪7）

(三) 師資結構改變，新舊結構仍需調和

一個學系的轉變過程中，人事是最難處理的問題；對於轉型學系而言，在轉型過程中，如何平衡舊有師資與新聘師資專長，困擾著學系主

管。對於具有悠久歷史的師資培育學系而言，其現有教師專長是否能夠符應未來學系發展方向，而新聘教師專長是否能符應學校聘人標準，皆被視為一大挑戰。受訪者 1 即表示，為了符應學校整體方向的改變，在聘人方面需符應學校設立標準與學系發展需求，引入更為多元的師資，無形中提高系所聘人難度；亦有受訪者（訪 4）反映，因應大學發展方向與重視研究的現實，以致新聘的教師無法承擔教育學程課程的教授。

> 目前看起來因為學校人力精簡，聘任老師的邏輯在改變，像我們這種術科的聘任會變得困難。（訪 1）

除了學校發展方向造成師資結構改變，舊有的學系評鑑制度亦是造成系所聘人朝向多元化的動力，因為系所評鑑委員的建議，造成學系不得不朝向多元化師資專長的聘任，卻也讓此類型學系開始嚐到苦果。

> 第一週期被講說同質性太高，因為這些委員他們不了解全臺灣就只有我們XX系，沒有其他的系了；……當時也有一些非XX系畢業的老師進來了，那進來的比例他認為不夠，他希望更多元。所以從第一週期到第二週期這五年，我們有退休老師，全部都聘異質性的老師進來。……而這樣就把XX的核心慢慢被沖淡，所以我們現在也在苦惱我們自己教育專業的部分人越來越少，我們現在都是其他專長的，那我們教育這塊就出了很大的問題了。（訪 4）

(四) 產學活動日增，提供學生多元選擇

近年來，在社會大眾對於高等教育機構應承擔學生就業表現的期待下，讓高等教育機構各學系開始思考如何加強學生對產業的連結，提升畢業生的就業力。經由訪談者意見的提供，發現目前師資培育學系在產學活動的重視度有所提升，亦開始正視異業合作的可能性，而非僅偏限在既有的正規教育領域，如有些學系開始思索如何善用既有的教育優勢與專長，打入其他營利性的教育產業之中，達到學系畢業生就業力轉型與擴展的目

標，誠如前述文獻探討所提之學程設置、參訪活動的舉辦即為實例。此一策略的運用，符應了「大學畢業生受益於社會資本的效果最大」的研究成果（Obukhova & Lan, 2013）；

> 那非師培的部分，我們大概會有一些其他跟產業界去結合的活動，譬如說以我個人常常在做的就是：我們會有類似機器人的研習，學習機器人、樂高機器人的教學，……我們會做一點結合，讓他們有機會跟外面接觸。（訪1）

> 其實到企業界參訪，學校一直有在辦，我們系的學生也會參加，讓他去了解職場的發展。（訪6）

三、師資培育學系積極推動提升學生就業力策略

針對此類型學系在推動學生就業力方面，實屬積極，且利用不同多元方式，以提升其成效，文獻探討所論及的策略方式，亦落實在學系運作過程中。茲分項說明如下：

(一) 配合學校步調行事

此一作法，符合文獻探討所提：校內設置專門單位，推動學生就業輔導活動。目前有關師資培育學系提升學生就業力的作法中，在師資生部分，多歸於學校層級、課程與實習活動等的安排，由師培處（各校組織名稱略有差異）統一處理。此一策略的推展，符應文獻探討處所提：「校內設置專門單位，推動學生就業輔導活動，是目前各大學的現況之一；……而在學系層級方面，此一工作多是由學系辦公室行政人員負責，或是配合學系師生合作方式，推動各種就業輔導活動。」

> 教師證那是師培處負責的。（訪7）

> 我們現在的這些藝術教育，跟師培有關的我們大體上來講都有。其實大概我們開的課也是支援師培處，也是支援全校的美術教育方面的課程。……現在不是在我們這邊開，這個課程

是由學校來開，我們老師來支援。（訪3）

(二) 系所積極辦理活動

整體而言，目前師資培育學系所處的學校中，設有提供產學合作課程，讓產業與學生提早媒合；校內設置專門單位，推動學生就業輔導活動；增加學生軟實力課程，涵養學生職場適應力；系所整併或設學程，提升學生就業市場表現；善用電子化產品，建立學習與就業職能平臺，符應前述文獻探討之結果，配合學校步調行事。若回歸到學系層級，學系常使用的策略，不外乎請系所校友回娘家，與學弟妹進行經驗分享與交流，讓學弟妹知道在教職之外，他們可以走的就業道路，或是利用一些座談會與考前加強班等相關活動，提升學生的就業競爭力。有些學系亦比照一般學系，加強產業連結的服務，提高實習與就業之間的媒合度。

> 最近這幾年都是找比他們大五屆以下的，我跟他們年紀其實非常接近，為什麼他們可以做到這樣，他可以努力成這樣，確實有些地方是有點成效的。我們也有同學出國唸書，或者是去就業，他們其實會去Follow那些年紀跟他們差不多的、認識的學長姐。（訪1）

> 就是我們有跟師培處配合啦！然後請一些，大概每一次他們返校的時候，座談的時候都有給他們做一些加強，甚至模擬考試，……每一次返校座談都要加強他們心理建設，要老師多加鼓勵。（訪3）

(三) 課程架構改變以培養多元才能

再者，課程架構的改變，亦是提升學生就業力的重要策略之一。對於師資培育學系而言，分組課程教學已成為常態。為使學生能順利修習完課程，課程結構的調整成為必要；而學生也可以善用「教育」的優勢，培養跨領域才能。

當然師培就是一部分會往老師方面走，如果修師培或不走老師的就往補教界或文化產業那方面去走，……可能會橫跨兩種，那就是他比較自由就對了，那他去找工作的時候，也許找跟科學相關的，但是也可能會跟文化產業有點關係，因為這個在我們系上剛好是兩個都有學習到。（訪2）

此外，除了上述課程架構與邀請經驗分享外，許多師資培育學系亦會讓學生從活動舉辦中培育就業能力。受訪者1即表示，系上每年會舉辦大小型活動，除了展現學系特色外，亦讓學生參與活動的舉辦，培養舉辦活動的能力，對於未來就業力的提升具有正面效益。

對，還有很多活動，像是啦啦隊那些都是我們在handle啊！你只要看到跟服務有關的，就發現幾乎都是我們系，都是我們系的學生。（訪1）

伍 結論與建議

經由前述文獻探討與訪談資料分析結果，提出本研究之結論與建議如下：

一、結論

本研究之目的係在：探究師資培育學系學生的就業狀況、分析師資培育學系轉型策略與實踐、分析師資培育學系提升學生就業力策略，最後則是進行研究結果討論，以提供相關學系領導者參考。經文獻探討，就業力的內涵包括：專業態度的養成、專業知能的獲取、工作動機的具備與一般能力的涵養等；目前國內常見的作法包括五大類型作法：提供產學合作課程，讓產業與學生提早媒合；校內設置專門單位，推動學生就業輔導活動；增加學生軟實力課程，涵養學生職場適應力；系所整併或設學程，提升學生就業市場表現；善用電子化產品，建立學習與就業職能平臺。然而

上述作法，多為學校層級在處理。

本研究利用訪談法蒐集資料，經分析後，在師資培育學系學生就業狀況上，學生就業仍以教職為大宗、學生的就業職別趨於多元、畢業學生就業情況穩定。為了因應師資培育制度的開放，師資培育學系積極於轉型實踐，包括：課程趨於彈性，符應就業市場需求；招生策略多元，從被動轉而為主動；師資結構改變，新舊結構仍需調和；產學活動日增，提供學生多元選擇。整體而言，師資培育學系積極推動提升學生就業力策略。在策略的運用上，經訪談 7 位受訪者後發現：在推動策略上，主要聚焦在課程的調整、座談經驗分享、活動的舉辦等方式上。

二、建議

針對前述文獻探討與研究結論，研究者提出建議如下：

(一) 對政府而言：政策宜保持一致連貫性，確認師資培育學系存在的意義

文獻探討指出，早些年由於流浪教師人數激增，最後成為政治性議題。在教育現實、社會輿論與政治壓力下，2006 年以後教育部不得不大幅緊縮師資培育人數，更加衝擊師資培育學系存在的意義與價值。在訪談過程中，有受訪者反映政府政策對於學系的發展產生重大影響，雖然「教育部一方面管控師資生培育數量，另一方面亦協助師資培育單位轉型」。目前師資培育學系不得不朝向多元的方向發展，除了保有原先師資培育的發展方向外，亦擴展畢業生未來就業的市場類別，致使該類型學系發展多元，不得不善用各種提升學生就業的策略，一來有助於學生就業力的提升，二來有助於學系品牌形象的建立。

經由文獻探討與訪談結果顯示，師資培育學系對於政府政策走向一致性的需求度極高，朝令夕改的師資培育政策會讓這些學系發展受到侷限，而且對於國內教育發展亦有不良的影響。因此，政府師資培育政策的一貫性，確認師資培育學系存在的意義性，是未來需要處理的議題。

(二) 對學系而言：學系於提升學生就業力策略上，可以思考更多元的策略運用

分析此次訪談結果，發現其在提升學生就業力策略上，所運用的方式一致性頗高。目前，受訪學系所使用的策略，主要還是以課程架構的調整、座談經驗分享、各類就業活動的舉辦等方式為主。整體而言，與其他一般學系類似程度頗高，歧異程度不高。

雖然受訪學系主任大都肯定自己學系學生就業狀況，然而隨著少子女化潮流的發酵，學校教師職缺越來越少，各校超額教師越來越多，加上目前退休年金的改革，讓許多教師不得不思考改變生涯規劃，延後退休年限，更讓基層教師職缺銳減，直接衝擊師資培育學系學生的就業情況，與該類學系招生成效。面對未來更為嚴峻的就業市場，該類型學系在提升學生就業力策略上，可以思考更為多元策略的運用，加強非師資培育就業市場的開拓。

(三) 未來研究可以從多元對象，探求師資培育學系學生就業力表現狀況

本研究係利用訪談師資培育學系主任的方式，獲取學生就業狀況與提升就業力策略的方式。目前師資培育學系學生就業力的研究成果，仍十分缺乏，因此未來研究者可以思考從多元角度來看待此類型學系學生的表現狀況，例如：可以從雇主角度、從社會大眾的角度、從家長的立場或是畢業生角度，來探究師資培育學系學生就業力表現，進而可以進行比較，以了解此類學系學生的表現狀況。

其次，在研究方法的使用上，除了本次研究所使用的訪談法外，亦可以使用問卷或是能力量表等方式，蒐集研究所需資料，超越傳統數據蒐集階段，進行統計分析以深入探究師資培育學系學生就業力表現情況。最後，可以從比較研究角度切入，了解其他國家有關此類型學系學生就業力狀況，與學系和政府所進行的努力，以作為我國政府或學校端參考之用。

中文部分

公共事務與職涯發展中心（2017）。**99-101**年大專校院畢業生就業流向分析。彰化市：國立彰化師範大學。

王如哲（2008）。評鑑大學績效的新指標——就業力。評鑑雙月刊，**15**，20-23。

林信宏（2012）。從歐盟高等教育品質保證制度談畢業生就業力。評鑑雙月刊，**37**，35-35。

林麗娟（2014）。大學學生對電子學習歷程平臺之使用反應。圖書資訊學刊，**12(1)**，21-53。

師資培育暨就業輔導中心（2017）。**103**學年度畢業滿一年學生流向調查結果分析報告。臺北市：國立臺北教育大學。

秦夢群、莊寶清（2010）。大專生求學經歷與就業力關係。教育資料與研究雙月刊，**94**，85-112。

財團法人高等教育評鑑中心基金會（2016）。**105**年度大學校院通識教育暨第二週期系所評鑑實施計畫。取自http://www.heeact.edu.tw/ct.asp?xItem=15802&CtNode=1966&mp=2

國家教育研究院（1998）。中華民國教育年報**1998**年版。取自https://www.naer.edu.tw/files/15-1000-7853,c1310-1.php?Lang=zh-tw

康小明（2006）。社會資本對高等教育畢業生職業發展成就的影響與作用——基於北京大學經濟管理類畢業生的實證研究。清華大學教育研究，**27(6)**，49-57。

張佳雯（2012）。打造與就業接軌的高教校園。高教技職簡訊，**66**，22-25。

教育部（2015）。大專校院就業職能平臺。臺北市：教育部統計處。

教育部（2016）。中華民國師資培育統計年報。臺北市：教育部。2015

就業輔導中心（2016a）。**105**年度畢業生（**101**學年度**102**級）畢業後三年就業

狀況調查報告。臺北市：國立臺灣師範大學。

就業輔導中心（2016b）。**105年度畢業生（103學年度104級）畢業後一年就業**
狀況調查報告。臺北市：國立臺灣師範大學。

彭煥勝（2011）。我國小學師資培育政策的百年回顧與前瞻。市北教育學刊，
39，79-101。

葉期財（2015）。無所不在的大專生人才推薦系統——以實踐大學資管系為
例。電子商務研究，**13**(3)，335-354。

鄭語謙、王彩鸝（2015）。博士班註冊率掛零，名校擬減招。聯合新聞網（文
教），取自http://udn.com/news

蕭佳純、方斌、陳雯蕙（2012）。大三生心理社會發展、人際滿意度與課外經
歷對其畢業後就業力之預測。教育實踐與研究，**25**(1)，97-129。

謝卓君（2016）。師資培育制度變革與師範校院轉型：社會制度論的分析與反
思。教育科學研究期刊，**61**(2)，29-56。

英文部分

ACC/BCA (2002). *Employability skills for the future.* Canberra, Australia: Department of Education, Science and Training.

Alpaydin, Y. (2015). Identifying higher-education level skill needs in labor markets: The main tools usable for Turkey. *Educational Sciences: Theory & Practice, 15*(4), 945-967.

Bardhan, A., Hicks, D. L., & Jaffee, D. (2013). How responsive is higher education? The linkages between higher education and the labour market. *Applied Economics, 45*(10), 1239-1256.

Brouwers, L. A. M., Engels, J. A., Heerkens, Y. F., & Van der Beek, A. J. (2015). Development of a vitality scan related to workers' sustainable employability: A study assessing its internal consistency and construct validity. *BMC Public Health, 15*(1), 1-8.

Cranmer, S. (2006). Enhancing graduate employability: Best intentions and mixed outcomes. *Studies in Higher Education, 31*(2), 169-184.

Obukhova, E., & Lan, G. (2013). Do job seekers benefit from contacts? A direct test with contemporaneous searches. *Management Science, 59*(10), 2204-2216.

Pandey, M., & Pandey, P. (2015). Global employability of unemployed youth through soft skills. *International Journal of Multidisciplinary Approach & Studies, 2*(2), 73-77.

York, M. (2006). *Employability in higher education: What it is – what it is not.* London: Higher Education Academy.

臺灣需要教師專業職級制度嗎？

周淑卿

國立臺北教育大學課程與教學傳播科技研究所教授

前言

經常與中小學教育人員來往的研究者大概曾聽說一些狀況：每年校內教師職務的選擇主要依據年資排定優先順序；無論任何教育革新或教師專業成長方案，校內經常是少數固定的教師參與。還有部分教師教學動機低，以致於教學或班級經營不理想，但是教師之間基於同事之誼不便干涉，而具有考核權責者又很難將任何一位教師評為「四條一款」以下（賴光祺，2008）。教師績效考核未能落實，以致專業成長、教學成效與薪資晉級或年終獎金之間幾乎沒有相關性；得過且過、不願成長的教師依然可以一成不變的過日子，許多教育革新計畫或專業成長方案也就乏人問津（許育瑋，2014）。

近年，筆者協助教育部推動國中小十二年國教課程實施，在每一次的調查、座談中，學校課程領導人反映的問題經常出現：「教師缺乏參與新課程的意願」或「教師動能不足」。校長和主任被問及如何面對此困境時，有兩種典型反應：第一種是義憤填膺的主張儘快實施教師評鑑或分級制度，以明確的獎懲機制促使教師成長及參與學校發展工作。第二種是寬容無奈的指出大多數教師都能盡到基本責任，領導者需要透過適當的鼓勵，並等待教師的改變。第一種反應是很多校長和主任常有的聲音，但是，領導者若假設「教師除非被鞭策，否則不會追求專業成長」，想必心中一直與教師處於對立狀態，無助於校務工作。第二種反應雖然有利於校園和諧，卻也難以改善既有困境。此類問題存在已久，即使校內存在勞役不均的狀況，那些具有高度專業身分認同的教師其實也無視於工作負擔與外在酬賞，惟求盡其在我（周淑卿，2004）。只是，教師專業工作若只訴求於教師個人覺知與教育熱忱，終究並非永續發展之道；而教職對個人而言若無生涯發展的前景，也難以提高教師專業成長的企圖心。

早在1970年代，Lortie（1975）即指出，和其他中產階級從事的工作相較，教職是一項無生涯發展的工作，教師向上升遷的機會相當受限；無論教師的資歷和表現如何，個人的聲望並無明顯差異。及至今日，國內中小學教師在教學領域並無升遷發展的管道，許多能力較強、具有企圖心的

教師只能循行政管道成為主任、校長；然而，一旦轉換至主任、校長的行政職位，通常使其教學工作中斷，因而難以在教學領域繼續專業化。倘若不轉換至行政職位，許多教師從任教的第一天起至退休，其工作內容幾乎一成不變。這導致幾個不良後果：其一，那些教學成效良好且付出努力的教師未能獲得較佳待遇，造成不公平；其二，對於不求進步的教師缺乏督促機制；其三，教師只看眼前權益，導致教職工作保守性太強、前瞻性不足（張德銳，2005）。

　　基於前述問題，國內自民國 80 年代就曾經出現教師分級的提議。教師分級制的構想源自美國教師生涯階梯（teacher career ladder）的觀念，試圖讓教師因職級晉升，在薪資、津貼、工作性質方面都更上一層（蔡培村，1996）。其目的不外希望藉此激勵教師工作士氣、增進教師專業成長。此項提議業經研究規劃、提出草案、召開公聽會、進入立法議程，歷經將近 30 年，仍在爭議中[1]。究竟臺灣是否適合實施中小學教師職級制度？從分級的目的到評鑑的內容與方式，正反觀點不一。本文旨在梳理教師職級制的爭論，討論應否設計教師職級制的衡量因素，並嘗試提出未來制度設計的原則與建議。

教師職級制的目的與爭議

一、職級制的目的

　　美國師範教育人員協會（The Association of Teacher Educators）（1985）基於以下幾項假設，而認為可建立教師分級制：（引自蔡培村，

---

[1] 1994年第七次全國教育會議「改進師資培育」分組提出：配合教師資格檢定，規劃建立中小學教師分級或進階制度，以提高教師生涯規劃的能力。1996年，蔡培村教授接受教育部委託研究，提出中小學教師職級制度規劃構想。2000年3月，教育部提出「高級中等以下學校及幼稚園教師分級及審定辦法（草案）」；2004年，國家教育研究院籌備處接手此案，研擬「高級中等以下學校及幼稚園教師分級實施辦法（草案）」，並進行公聽會。但此案未能通過立法院審議，至今仍是草案。

1999）

　　1. 教師分級制有助於改進教與學。

　　2. 有助於教師協助改進學校，提升士氣。

　　3. 可檢核教師能力，提升教師工作效能。

　　4. 可激發教師的潛能。

　　5. 提供教師生涯發展的機會。

　　6. 提供教師專業發展的時間與程序。

　　7. 強化學校組織的結構性。

　　8. 爲教師區分責任的層級與薪資標準。

　　其後，學者提出支持教師分級的理由，大抵與前述假設相近，如：
（引自顏士程，2006）

　　1. 鼓勵教師在職進修，促進教師專業化的發展。

　　2. 重建教師教學的專業性，提升教師專業形象與地位。

　　3. 有助於教師之間的良性競爭，激勵教師成長。

　　4. 協助教師自我實現，增進教師的教學效能。

　　5. 加速學校組織的革新，增進學校效能。

　　重整上述各項理由，可歸納出如下關係圖（見圖1）。其中，「區分教師的任務並給予不同薪資」是職級制的手段，藉以提升士氣、檢核教師

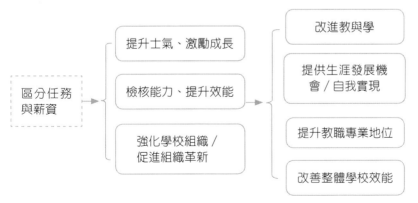

圖1　教師職級制設計的手段與目的
資料來源：作者繪製

11
臺灣需要教師專業職級制度嗎？

效能、促成學校組織革新，而最終目的則包含四個面向：其一，改進教與學以提升學生學習；其二，改善學校效能，促進學校整體發展；其三，就教師個人面向而言，提供生涯發展與自我實現機會；其四，就整體教職專業性而言，提升教職的專業地位。

(一) 改進教與學以提升學生學習

學校的主要目標在促進學生學習，而最直接的影響因素即是教師的教學知能。當教師能持續更新專業知識、改進教學技能，才可能提供有品質的學習歷程。職級制期望藉由薪資與職位的酬賞，提升教師士氣，激勵教師持續改進教與學的品質。

(二) 改善學校效能，促進學校整體發展

除了教室教學，學校發展工作還有諸多面向，但許多教師認為與學生直接相關的教學、輔導才屬於教師工作的範圍，以致關於學校課程研發、課程與教學領導、專業社群發展、教學實驗與研究等工作則較少有教師願意參與。分級制度中，不同職級的教師負責不同範疇的工作，有利於強化學校各組織與任務所需的專業人力，促進學校整體發展。

(三) 提供教師生涯發展與自我實現機會

一如其他行業，教師在不同的生涯階段裡，會有不同的需求、感受和態度，也會有不同的能力與特質。因此，讓教師循序漸進的提高位階，從事不同性質的工作，參與不同層次的決策，而具有企圖心的教師也得以在職業生涯中有持續追求的目標。此種生涯階梯制提供個人自我實現的機會，也可以避免教師提早進入生涯的衰退期（顏士程，2006）。

(四) 提升教職的專業地位

由從業者感受到其職業知能更新的緊迫性，可作為判斷此行業是否為「專門職業」（profession）的依據之一（沈姍姍，2009）。知識技能更新的需求所形成的職場環境壓力，一般學校教師並不容易感受到，因為學生

的學習表現不易直接歸因於教師的教學專業能力。只有那些敏於時代環境變化，察覺自己對於學生學習負有績效責任的教師，才能將學生未來競爭力的需求轉化爲專業成長的自發動力。然而，當具有自發成長動力的教師居少數時，教師專業知能的更新也相對遲滯，更難以讓大眾認可教職的專業地位。在此狀況下，教師職級制度即是對教師構成外在壓力的來源。藉由不同級別的工作內容與薪資待遇設計，施予誘因及壓力，可促使所有教師追求專業成長，進而建立教職的專業地位。

二、教師職級制的爭議

　　儘管主張教師職級制者宣稱此制度有利於達成前述目的，但其假設與宣稱未必皆能獲得認可，其間的主要爭論如下：

(一) 職級制可提升學生學習成就？

　　職級制假設：以某些誘因激勵教師提高專業知能，可提升學生學習成就。質疑者則認爲，學生學習成就的影響因素眾多，即使透過職級評鑑要求教師達到特定的專業表現標準，也未必能提升學習成效。關於此爭議，有兩項對美國 Missouri 州的生涯階梯方案（Career Ladder Program）的實徵研究結果可供參考。

　　Missouri 的職級制度始於 1985 年，已是相當成熟的教師生涯階梯方案，也是美國存在最久的教師論績付酬方案（performance pay program）。爲了解此教師職級制度對學生成就的影響，Booker 與 Glazerman（2009）分析 9 年的全州學生數學與閱讀測驗成績，發現此方案對學生成就表現的影響有限。另一項由 Silman 與 Glazerman（2009）進行的研究，訪談參與該方案的教師，受訪教師卻表示，職級制度主要的好處就是改善了學生學習表現。因爲該方案中規劃，高職級教師的任務之一即是對有需求學生進行課外教學或輔導，此項措施嘉惠許多處於高風險狀況的學生。另外，研究者也指出，因爲職級任務的要求，教師習慣了某些協助學生學習的工作，因而形成職級制所期望的心理狀態（career ladder mentality），也對學生學習產生了積極性的作用。

這兩項研究結果看似相反，但其實並不矛盾。如果著眼於學生的成就測驗成績，其影響來源本就相當複雜，即使最優秀的教師也很難以保證學生成就；如果著眼於對學習歷程的協助，在職級制度中賦予教師改善學生學習的特定任務，卻能有助於協助特殊需求的學生。可見，教師的分級工作如何設計，才是關鍵。

(二) 職級制可促進真正的教師專業成長？

反對職級制者認為，職級評鑑常依據教學檔案、研習進修時數、研究發表和某些記功嘉獎事項。若依據這些表現來評鑑，教師可以製作文件、累積成果，非但無法有效評鑑一位教師的專業知能與敬業態度，還可能引導教師著重這些看得到具體成果的事項，卻不願著力於那些看不見立即成果的教學與學生輔導工作。其結果是，投機者符應評鑑指標而得以順利升級，卻未必真正提升專業知能。

中國大陸實施職級制多年，固然促使教師積極成長，但卻也發現教師為符應評鑑標準而依循政策規範，反而不利於教師開展其專業。土耳其在 2005 年實施生涯階梯制之後，實徵研究發現此制度未能促進教師的專業發展和學校教育品質。因為評鑑教師知能的工具竟是多重選擇題型的測驗，未能真正檢核專業能力；此外，該國教職不僅低薪且工作負擔重，教師分級後，高職級的教師因為薪資提高，反而工作量比低職級者更重，令教師視為畏途（Cil, Cepni, & Besken-Ergisi, 2014）。可見，職級制能否促成專業發展，評鑑內容與方式的設計，影響甚大。

(三) 職級制適合中小學教師工作性質？

為了改善教師素質和教學品質，許多決策者傾向採用「利誘—威脅」（carrot-stick）的策略，欲藉由論績付酬（merit-pay）的制度促使教師專業成長。教育人員都了解，依賴外在獎懲的制約方法只能收一時之效，若希望學生主動學習，則須激發其內在動機；教師亦然。再者，專業的重要特徵之一即是自律，倘若以薪資來誘導教師升級，有違專業的原則。

「論績付酬」對教師是否為有效酬賞方式？一般看法似乎不樂觀，但既有的實徵研究卻顯示，薪資／津貼的確可以激勵教師的工作表現；職級系統至少成功的獎勵了能有效提高學生學習表現的教師（Dee & Keys, 2004）。OECD（2018）對在職教師的調查結果顯示，從事教師工作者大多是因為喜歡和孩子在一起，樂於幫助孩子成長發展，希望對社會有貢獻，基於這樣的內在動機而擔任教師。然而，從大學畢業生的調查卻發現，年輕人是基於薪資和社會地位而考慮是否未來要從事教職。教師是否在意薪酬，這是另一回事，然而，在一般職業體系中，專業地位與收入的高相關性確實不可忽視。此外，一個行業的薪資結構若是以年資為基礎，對於專業表現優秀者又缺乏獎勵，也很難吸引優秀的年輕人入行（Johnson, 2001）。

教職工作長期以來被賦予神聖光環，以薪資、津貼作為教師的獎勵，常被視為庸俗之議。但，我們可以換個角度來看薪資／津貼的酬賞作用。無論任何行業，不同品質的工作與成果本就具有不同的價值，而我們可以用社會地位、金錢或其他具體、抽象的事物徵表此價值。假如一個行業對不同的工作品質與價值無所區別，很容易導致職業的平庸化。

薪資／津貼是否為表徵教師工作品質的最佳方式？須視各國教職的社會地位、薪資水準與工作條件而異。臺灣中小學教師的薪資相較於一般大學畢業程度的職業，其待遇不低，假如職級薪資差異不大，津貼也不具酬賞作用；但薪級差距太大，也會招致反對。對臺灣教師而言，職級制若以薪資為主要誘因，未必是最佳設計。筆者曾就誘因一事詢問一些教師，許多教師提出他們所期望的酬賞是：如大學教授一般，每隔幾年即有休假或出國研究進修機會；在學校的諸多工作中，可享有更多選擇權與自主權。究竟對教師而言，具有實質意義的酬賞為何？仍須經由實徵調查才能得知。

(四) 分級造成標籤化，導致教師關係緊張對立？

教師常被描繪成「謹慎小心的專業人員」（cautious professionals），由於講求和諧同事情誼的教師文化，多數教師不願意擔任領導角色

（Johnson, 2001）。國內在討論教師分級制時，即有人認為一旦將教師分為不同職級，將造成階級化現象；家長也可能為孩子爭取高職級老師，造成教師之間的競爭，甚至敵對。

有職級即有競爭，此事似難避免。至於是否導致敵對？或可參考大學教師升等制度的狀況。在大學的教師職級制中，當各職級的位子有限時，亦曾出現競爭同職級的教師相互敵對的情形；若未限制職級名額，升等就是憑藉各人努力，不至於造成同事敵對。至於家長傾向選擇高職級教師一事，確有可能發生；然而，目前雖無職級制，家長也會試著透過各種管道為孩子選擇學校裡的「名師」，但學校早已建立一套機制因應此問題。

前述四項爭論，支持與反對職級制者都各有言之成理的理由，從其他國家實施職級制的經驗來看，反對者所提出的問題都有發生的可能。要讓教職成為一個有生涯前景和社會地位、能吸引優秀人才投入的專業，讓教學專業能回應社會大眾對於學校改進與學生競爭力的期望，職級制度或許並非最佳策略。欲確保教師素質與專業職志（commitment），嚴謹的職前師資教育與在職專業成長系統才是充分條件。就此而言，芬蘭提供了最佳示範。

芬蘭教授 Pollari、Salo 與 Koski（2018）為文闡述該國提升教師專業的途徑，值得參考。他們指出，芬蘭學生學習表現在國際評量系統中令人刮目相看，這成就常被歸因於芬蘭的教師具有高度專業能力、工作倫理與專業自主性。在這背後，師資培育及教職專業普遍受歡迎是其重要原因。自 1970 年代以來，其師資教育系統重視教師的研究能力，所有基礎教育的教師都必須具備碩士學位。所謂「以研究為本的師資教育」（research-based teacher education），即是在職教師和師資生都要有機會進行實驗教學和科學研究，目的就是讓教師在做教育決定時，除了自己的直覺洞見，也能基於理性論證。學術研究增進了教師的思考，強化他們的邏輯與教學推理，使教師在面對學校中變化多端的複雜情境時得以保有彈性。

由於扎實的專業知能，芬蘭的教師享有高度的自主性。自 1980 年代以來，他們廢除學校視察（inspections），也沒有學校排名之類的競爭機

制，甚至在基礎教育階段也沒有外部測驗，顯示整個教育體系對教師專業的高度信任。或許，對芬蘭教師而言，最大的誘因或酬賞即是專業自主權。因為教職在芬蘭享有相當高的社會地位，自 2011 年以來，每年申請進入師資教育科系的學生，錄取率不到 10%，可見教職的吸引力。

　　該文總結而言，如果要解釋過去 20 年芬蘭的教育成就，可以說：高度適任、動機強、專業自主的教師是最重要的因素。之所以能培養這樣的專業教師，有幾個重要的原因：其一，教職是受歡迎的生涯選擇，這就讓師資教育可以吸收到有才能且動機強的學生。其二，研究為本的師資教育使得教職成為具有學術性的專業。其三，訓練有素的教師成為受到信任與尊敬的專業人員，因而得以享有高度專業自主。1980 年代起，芬蘭廢止了對學校的視察，基礎教育階段也沒有外部測驗。免除了這些外部干擾因素，教師得以專注於協助所有學生盡其所能的學習。

　　芬蘭的職前師資培育和專業成長系統令許多國家稱羨，如果可以建立這樣嚴謹的師資教育體系，培養自律自主的專業教師，根本無須考慮職級制度。反躬自省，檢視臺灣的師資教育政策，我們是否有「有為者亦若是」的決心？

參　採行教師職級制的衡量

　　臺灣目前以「師資培育學程」大量培養中小學師資，經由檢定考試合格後，再透過市場競爭機制篩選正式教師。雖然中小學教師的薪資與工作穩定性仍是教職的誘因，但是，有限的教育專業學分卻未能培養具有扎實專業知能的教師。再看教師在職階段的專業發展，國內對於中小學教師專業成長的規範極為寬鬆，《教師法》中並未要求教師基本的進修研習時數；「十二年國民基本教育課程綱要總綱」之實施要點也僅止於要求每位教師每年至少公開授課一次，並進行專業回饋。一方面我們缺乏法規層級對於教師專業成長的規範，另一方面，政府部門也未能建立系統性的教師專業成長制度，於是，教師是否持續專業發展，全憑個人意願。我們有許多優秀敬業的教師，在生涯中持續自我更新與成長，卻也有不少年復一

11

臺灣需要教師專業職級制度嗎？

215

年、行禮如儀，只知完成例行公事的教師。倘若我們未能改變現有職前與在職師資教育制度，就必須思考：在消極面上，如何要求所有在職教師達到基本專業標準？在積極面上，如何讓具有成長動力的教師獲得發展機會？就前者而言，應以所有教師為對象進行週期性的教師評鑑；就後者而言，應提供榮譽職級讓具有企圖心者追求工作成就，並給予不同的待遇。

反對職級制與教師評鑑者常認為，以外在壓力促使教師專業成長並非正途；即使贊同者也有人視之為「必要之惡」。然而，手段若是「惡」，則根本不應考慮。就如 Silman 與 Glazerman（2009）對 Missouri 職級制的研究，當制度要求教師必須從事某些協助學生學習的工作，久而久之也能形塑專業行為的習慣與心態；所以此外在壓力不一定是「惡」。一般人的成長動力可能來自內在驅力或外在壓力；前者是為滿足自我成就的欲求，後者則是在環境要求下勉力為之。但無論是內在或外在的驅力所形成的「成長」，其結果都是正面的，因而，對於為促進成長而出現的外在壓力，其實不必引以為惡（沈姍姍，2009）。若制度設計的內容恰當，職級制與評鑑的手段未必為「惡」。

基於前述考量，筆者認為臺灣應建立教師專業職級制度。但有關評鑑標準、程序等複雜內容，不應未經嚴謹研究而提出空泛意見，故本文僅提出職級制設計的原則與構想以供討論。

一、與基本薪資脫勾，以免職級評等成為高風險評鑑

職級制的目的若是合乎教育性的，其後所設計的評鑑準則和方法才會具有說服力。借用 R. S. Peters 的三大教育規準來思考，若要引導教師在生涯中持續專業成長，此生涯階梯的目的本身應具有價值性與認知性——著眼於對學生學習有益的專業知能更新，而非對績效表現進行獎懲。若試圖以外塑方式要求教師合乎某些標準，職級制將成為科層體制下控制教師的利器，使得教師難以享有專業自主的空間，且將應驗「投機者當道」的預言，反而讓教職更遠離專業。再者，從自願性的角度來看，應當為專業人員保留對自己生涯發展的選擇空間，教師可以依個人在不同階段的興趣、能力、家庭狀況等因素，選擇其角色、工作負擔，規劃自己的成長時間與

步調（Natale, Gaddis, Bassett, & Mcknight, 2016）。為此，職級制宜避免與基本薪資結構掛勾，而成為具有壓迫性的高風險評鑑。高風險的教師評鑑可能讓教師因升級挫折而自我貶抑其專業價值，對教師的士氣反而有負面影響（Paufler, 2018）。考慮以上因素，職級制最好與基本薪資結構脫勾。

二、教師評鑑與榮譽職級並行

與基本薪資結構脫勾的職級制，可定位在「榮譽職級」，由有意願的教師自主申請。例如：中國大陸除了結合薪資架構將教師分級，另有榮譽級制，教師可申請審核而成為「骨幹教師」、「名師」、「特級教師」。不同榮譽職級享有不同等級的津貼，在學校中的任務性質亦有所區別。然而，職級制若是自願申請，無法確實要求所有教師專業成長，所以必須配合教師評鑑制度。此評鑑可結合教師換證制度，教師證書每隔幾年必須換發，而換證須通過評鑑。此評鑑只要求所有教師達到合格的基本標準，合格者才能申請榮譽職級（見圖2）。至於未合格者應如何輔導改進，或進入不適任教師的淘汰管道，又是另一項需要細緻設計的制度。教育部於2016年提出之「中華民國教師專業標準指引」，其中提列十項教師專業標準，亦訂定相應之指標，未來可作為教師評鑑之參考標準。

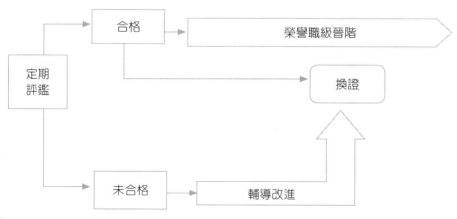

圖2 評鑑與職級並行制
資料來源：作者繪製

肆 結語

　　教職若是一項專業，且期望獲得較高的社會地位，理所當然，我們對教師的能力與表現應當有高標準的期待。在制度設計上，以嚴謹的職前與在職教師教育系統最為理想，但，如果我們未能有計畫的對職前與在職階段的教師專業培訓進行嚴格要求，亦無有效方案促使教師參與學校發展及改進工作，退而求其次，建立教師評鑑與專業職級制度則是可行途徑。對教師個人而言，從義務面來看，作為教職專業的從業者，理應尋求專業知能的與時俱進；從權利面來看，教師有可追求的生涯前景，可以因自己的工作品質而獲得榮譽。對學校整體發展而言，各方面的工作因不同能力教師的投入，而得以開展。當然，有關職級工作以及評鑑內容與方法的設計，向來是爭議之所在，但是，假如一直迴避此爭議問題的討論，下一個30年，我們將依舊在重複談論既有的難題，卻依然無解。

 參考文獻

中文部分

沈姍姍（2000）。教師專業成長的誘因與動力——自制度面分析。學校行政，**(9)**，28-31。

周淑卿（2004）。國小教師在課程領域的專業身分認同研究。臺北：師大書苑。

張德銳（2005）。中小學教師分級制度的實施問題與策略。師友月刊，**455**，0-5。

許育瑋（2014）。英格蘭教師評鑑的反思。師友月刊，**570**，47-51。

蔡培村（1996）。教師生涯與職級制度。高雄：麗文。

蔡培村（1999）。我國實施教師職級制度可行性研究。教育資料與研究，**31**，1-14。

賴光祺（2008）。教師評鑑對話錄。師友月刊，**498**，32-37。

顏士程（2006）。從教師生涯發展觀談教師分級之必要性。學校行政，**41**，55-68。

英文部分

Booker, K. & Glazerman, S. (2009). Does the Missouri Teacher Career Ladder Program Raise Student Achievement? Draft Report. Working Paper 2008-15. *National Center on Performance Incentives*. Retrieved from http://www.performanceincentives.org/ncpipass: publications/ workingpapers.asp

Cil, E., Cepni, S., & Besken-Ergisi, M. (2014). Teaching Profession Career Ladder Programme in Turkey: Implementation, Outcomes and Challenges. *European Journal of Teacher Education*, *37*(2), 237-258. Retrieved from http://dx.doi.org.metalib.lib.ntue.edu.tw/10.1080/02619768.2014.882307

Dee, T. S. & Keys, B. J. (2004). Does Merit Pay Reward Good Teachers? Evidence from a Randomized Experiment. *Journal of Policy Analysis and Management*, *23*(3), 471-488. Retrieved from http://dx.doi.org.metalib.lib.ntue.edu.tw/10.1002/pam.20022

Johnson, S. M. (2001). Can Professional Certification for Teachers Reshape Teaching as a Career? *Phi Delta Kappan*, *82*(5), 393-399.

Lortie, D. (1975). *Schoolteacher: A sociological study*. Chicago: University of Chicago Press.

Natale, C. F., Gaddis, L., Bassett, K., & Mcknight, K. (2016). *Teacher career advancement initiatives: Lessons learned from eight case studies*. A joint publication of Pearson and the National Network of State Teachers of the Year. Retrieved from https://www.nnstoy.org/wp-content/uploads/2016/03/RINVN829_Teacher-Career-Adv-Initiatives_Rpt_WEB_f.pdf

Organisation for Economic Cooperation and Development (OECD). (2018). *Who Wants to Become a Teacher and Why? Teaching in Focus. No. 22. OECD Publishing*. OECD Publishing. Retrieved from https://doi.org/10.1787/

d6a81156-en

Paufler, N. A. (2018). Declining Morale, Diminishing Autonomy, and Decreasing Value: Principal Reflections on a High-Stakes Teacher Evaluation System. *International Journal of Education Policy and Leadership*, *13*(8). Retrieved from http://journals.sfu.ca/ijepl/index.php/ijepl/article/view/813

Pollari, P., Salo, O.-P., & Koski, K. (2018). In Teachers We Trust-The Finnish Way to Teach and Learn. I.e.: Inquiry in Education, 10(1).

Silman, T. & Glazerman, S. (2009). *Teacher Bonuses for Extra Work: A Profile of Missouri's Career Ladder Program. Mathematica Policy Research, Inc.* Mathematica Policy Research, Inc.

位置決定腦袋？論研究者的各種位置

李郁緻

國立臺南大學教育學系助理教授

前言

　　「我覺得如果換了位子卻沒換腦袋，其實蠻危險的。」（周偉航，2018）這句話其實並不陌生，類似的說法在報章雜誌、各式各樣描寫工作職場的書籍中屢見不鮮，儼然成為每個職場新鮮人必修的人際學分。例如：〈換位思考、有效溝通〉一文奉勸年輕人（詹俊裕，2018）：

> 　　事實上，在任何人、事溝通上，你想要做得完美無缺，一定要換位思考，並站在對方立場替他找出最佳解決方案，你替他著想，他感受到之後，自然也會替你著想。所以，凡事不要抱怨，不要生氣，只要知己知彼，互相幫助，事自然就成了。

再如〈換了位子，一定要換腦袋〉一文對讀者的諄諄囑咐（盧希鵬，2016）：

> 　　通常基層員工之所以優秀，是因為他注意瑣碎事務的邏輯關係；但高階主管之所以成功，是因為他強調直覺的人際關係。如果升遷後自己的特質沒有改變，可能就會成為下一個彼得原理的產物。或許，對一個升遷的經理人而言，「換了位置，一定要換腦袋」是很重要的。

　　這裡的「彼得原理」（the Peter Principle）出自 Laurence J. Peter 及其同事在 1969 年出版的著作中所提出的現象。指的是在組織中，人們往往因為其所擁有的特殊技能或表現而獲得升遷機會，若其能在新的職位中也成功勝任，則又將再次獲得拔擢。如此一來，人們終將擢升至其所無法順利勝任的工作，進而造成組織中的各個職位被無法勝任的人所占據（Peter & Hull, 1969）。基於此，盧希鵬在其文章中再三強調：「換了位子，一定要換腦袋」。

　　除了各種描寫職場人際關係、心靈成長以及職涯規劃的書籍、報刊喜歡談論之外，近年來也有從心理學角度出發的相關探究。Hogeveen、Inzlicht 與 Obhi（2013）指出，權力不只影響人類的社交生活，也深深影

響著人類腦部的運作；在實驗過程中，事先想像自己擁有較高權力的人，在腦部中鏡像神經元活化的程度較低。言下之意是，當握有權力時（即便是暫時的、想像出來的），其同理心將減弱（葉人豪，2017）。Scholl 與同事（2016）的研究則是發現，當人被告知其決定將深刻影響最後決策時（也就是擁有較高的權力），相較於低權力者，其社會責任感會更重。心理學取向的研究，間接支持了這個較為通俗的看法：「換了位子，就會換了腦袋」。

眼尖的讀者至此大概已經發現前段敘述中偷換了一個元素，那就是把「位子」的改變等同於「權力」的更迭。事實上，難道「換位子」就只代表著所握有之權力多寡的改變嗎？我們真的能夠輕易地做到更換思考方式與角度、增加同理心的「換位思考」嗎？又或者，在某些時候「換了位子就換了腦袋」是我們用來安慰自己／埋怨他人，藉以逃避現實的避風港？答案恐怕沒有那麼簡單。

本文試圖從「位置」[1] 角度出發，利用來自不同學科的研究成果與反思，探討當代研究者從事研究工作時，所可能占據、觸及，並受其影響的自身定位。首先援引漢學與人類學的研究為例，說明「位置」如何影響該領域知識的建構。接著第二部分則是從方法論／質性研究的角度，反思研究者的「位置」以及為何對於「位置」的關懷就社會科學研究來說是重要的。最後，則是加入關於「語言」以及「轉譯」的討論，用以補充目前對於「位置」的闡述與思考。

教育的理則：教育學核心議題（二）

---

[1] 在一般大眾的日常語境中，尤其是俚語「位子決定腦袋」，似乎較常使用「位子」，而非「位置」一詞。本文匿名審查者指出，「位子」在中文的用法往往指涉擔任某個「職位」；而「位置」似乎較為關乎「立場」問題。不過，對於此一差異，本文在字詞的使用上並未加以突顯。主要原因在於，無論是「位子」或是「位置」，皆可視為是對於「positionality」（Lingard & Rizvi, 2010）的中文譯詞，positionality在某些層面確實牽涉到「職位」的不同，而在其他層面也與所持「立場」相關。因此，本文中並無意區分「位子」與「位置」的不同。然而，為求行文上一致，除了某些中文文本原本就以「位子」表述者外，其他文本以及分析結果將全數使用「位置」一詞。在此一併感謝本文兩位匿名審查者的建議與斧正。

「位置」與知識的探究

　　具體而微地說，「位置」無外乎人我之間的距離、他我之間的界線。在某些層面上，也是一種「我者」與「他者」分野的體現。知識往往是在特定情境、位置與處境下形成的（situated, positioned, and located）（Haraway, 1991）。對於研究工作的推展，如若能注意到研究者的不同位置，將使我們能夠認識到人類知識的有限、片段與不足，在知識的構築過程中更加謙遜和敏察。在若干領域的探究中，皆或多或少關照到知識建構過程中的這個面向，不過，隨著學科的不同，「位置」問題所受到的關注程度也並不一致。本節將以漢學及人類學探究作為例子，說明「位置」如何與知識探究緊密相關。

　　François Jullien 對於「他者性」（otherness）的建構，即是源於不同文化之間的「位置」的觀察。身兼漢學家與法國哲學家身分的 Jullien 認為，中國文化對於西方文化來說，之所以有加以研究、深入認識的必要，正是由於中西雙方在地理、文化傳統上的「互不相干、彼此漠然」（卓立譯，2014）。也因此，跨文化的比較是一種研究者在自身文化與其他文化之間來回往返的過程，而不是透過文化差異的預設，討論中西文化的「異」與「同」。因為在尋找「差異」（difference）的同時，就暗示著「認同」（identity）的存在，但是，即便是在同一文化中，也很難找到固定不變的「同」。「……這個追尋（卻）否認了文化必須變化。必須變化，因為正是變化使文化生動活潑，因此總在變易之中。」（p. 29）因此他主張使用「間距」的概念代替「差異」。他的中、西文化比較就是建立在中國文化與西方文化之間的「間距」（gap）。兩個文化之間的「距離」（Jullien 在其著作中以空間距離為例）使雙方能從不同的角度審視對方，且無需預設一個「客觀」、「中立」的立場／立足點。透過這個方式，一方面使研究者能從自身文化的角度看待其他文化，另一方面也從對於其他文化的探索，重新認識自己所屬的文化。人們往往因為對自身所處之文化過度熟悉，而不容易發現隱藏在文化背後的某些成見或預設。透過這樣來回往返的對話過程，將使研究者能夠重新察覺，那些原本視為理所當然的

假設（卓立、林志明譯，2013）。如此一來，透過對於他者的認識，將進一步回到對於自身多元性的認識，在某些著作中，Jullien 將這個來回往返的對話過程稱作「迂迴」或「繞道」（detour）。換言之，對於「位置」的反思，進一步深化了我們對於自身，以及對於「他者」文化的認識。

極為重視田野工作的人類學研究，也時常面臨這種「位置」難題。人類學家在從事田野工作時，往往需要面對在地人觀點與研究者觀點的轉換。在〈什麼是「人類學的田野工作」？〉一文中，林開世（2016）談到，人類學家在從事田野工作時，一方面需要認識他人主體性以及其在實際生活中的位置，另一方面也需要反省自己與對方在交往過程中所占的位置。於是形成一種「在地人觀點與研究者觀點之間的來回移位」（p. 90）。郭姵宜（2019）曾提到，為了了解國家如何運作，她所進行的田野工作（包含觀察立法院、法院，以及文資單位修法會議等），也面臨到多重角色、認同與責任的衝突（p. 56）：

> 在實驗過程中，我只能確立優先順位——先是人、是臺灣的公民，然後才是人類學家——作為基本原則，然而不免有許多界線模糊重疊的時候，得快速思索何時要以哪種身分登入、登出。

研究者在其研究過程中所採取的不同的「位置」，一方面使其得以穿梭其間，形成對話效果的助力；但另一方面，也可能因為各種「位置」的折衝，需要研究者進一步的反思。

研究者的探究「位置」

Pierre Bourdieu（1999）提醒，社會科學研究者必須留意到訪談者與訪談對象在訪談過程中所建立的研究關係，以避免「知識論上的無知」（epistemological innocence），亦即未深入反思探究過程中的知識論，因而影響研究的適切性。在另一篇訪談中，Bourdieu 將這個對於研究過程中，建立研究關係的反思活動稱為「參與性對象化」（participan objectivation），並主張透過反思受訪對象的「參與」的位置，才能夠不將研究者自己固有的觀點強加在研究對象之中（王德威譯，2008）。

> 在我看來，社會科學中出現錯誤的一個主要根源就在於，它與研究對象之間有著不加控制的關係，而社會科學還往往將這種關係投射到對象身上。……但不管把哪個文化生產者作為研究對象，所要求的都不僅僅是指出——並且惋惜——他所具有的階級背景和階級地位，他的「種族」，或他的性別。我們必須牢記，還要將他在文化生產的世界——具體而言，在《人：學術者》一書中是指科學或學術場域——中的位置，作為研究對象。（王德威譯，2008: 117）

當研究者為了進一步理解受訪對象，通常必須試圖進入受訪對象的「社會空間」，包括所處的社會環境（如社會地位、職業等），以及其心理狀況等，而且同時也正透過有意識／無意識、口語／非口語的方式與訪談對象進行溝通。而這個過程和一般意見調查的不同，在於研究者能夠針對這個研究關係的構築進行反思——反思資料蒐集與撰寫研究的過程中，研究者所處的位置（Rawolle & Lingard, 2013）。

Lingard 與 Rizvi（2010）認為，在全球化影響下的政策研究，我們至少需要考量四種「位置」（positionality）的意義：社會地位（social position）、理論與政治立場（theoretical and political stances）、空間位置（spatial position），以及時間位置（temporal position）。

第一種位置指的是研究者的社會地位，例如：學者、學生或是政策規劃者等不同的位置。不同的社會地位在研究過程中，會與研究對象建立不同的關係。舉例來說，假設從事的是學校組織的研究，以碩士班學生身分或者以在大專院校任教的學者身分，在與學校中相關人員建立研究關係的過程、方式將相當不同。以前者而言，此碩士班學生是否為學校裡的成員，不只影響其從事該研究所採取的視角，也會影響研究者和學校裡其他研究參與者互動的方式。以後者而言，假若從事該學校組織研究的是在大專院校服務的研究者，則考量到其可能具備的「專家學者」的社會地位，

學校裡的研究參與者也將採取不同的應對方式。不過，必須特別注意的是，具備所謂「專家學者」的位置，不見得對於研究的進行有所助益。在某些情況下，也有可能因爲這層「位置」，造成研究參與者在與研究者互動的過程中容易存在某些隔閡或顧忌，反而阻礙研究者的探究。

第二種位置是指研究者在研究中所採取的理論架構與政治立場，不同的立場將產生不同的焦點與研究問題。理論架構的選取牽涉到研究者對於本體論（什麼是眞實）與知識論（知識如何證成）的預設，也因此研究者在理論上的「位置」攸關整個研究的規劃與設計。至於研究者的政治立場，Lingard 與 Rizvi（2010）提到，以「委託政策研究」爲例，其研究旨趣與其他研究並不相同，而以更類似「工程」的角度進行教育研究。換言之，這類的研究並不以社會事實的實證、詮釋、或批判爲核心關懷。此類研究可能涉及諸多面向，包括政策目標的敘明、檢視具可行性與效率的實施策略、可供使用的政策資源、實際政策執行的評估等。隨著各國政府與國際政府間組織對於證據／數據的重視，這類政策研究也逐漸盛行。

第三種位置指的是研究者與研究對象在地理上與地緣政治上的位置。例如：是不是需要考量跨國政府／非政府組織在該國所發揮的影響力？或者研究者所在國家的相對地位，是更偏向北方國家（Global North）或南方國家（Global South）[2] ？相較於南方國家可能在教育事務上，受限於國際組織教育援助的約束與規範，北方國家往往較自由、有彈性。此外，Connell（2007）也提出發展「南方理論」的觀點。Connell（2007）指出，以往社會科學理論的視角、所提出的待答問題與論點，其實是建立在對於

---

[2] 全球社會中的「北方國家」（Global North）與「南方國家」（Global South）的區分並非來自嚴謹的科學研究結果，而是人們對於世界各國經濟發展程度的評估與印象。「北方國家」多指經濟發展程度較高、較早邁入工業化的西方國家，諸如美國、加拿大、日本、與西歐各國；「南方國家」則指的是位在地理位置南方，多為發展中國家，例如：部分非洲國家、部分亞洲國家、部分南美洲國家及部分中東國家等。然而，以地理位置「南／北方」並不完全能夠反映出經濟發展程度上的差異，例如：位處「南方」的澳洲與紐西蘭，按照其經濟發展程度，通常並不被視為「南方國家」，臺灣的狀況亦然。在某些文獻中，使用含有地理區位意涵的「北方國家」與「南方國家」，為的是突顯不同國家在全球社會中地緣政治、權力位置的差異。

西歐社會的觀察，然而卻常常將該視角、問題與論點普遍化，當作能全球適用的理論。當來自西方社會的各種理論架構被當作是普世適用，且較為優越的知識系統，其他非西方社會的研究往往只被當成用以驗證／闡釋理論的資料庫（data mines），而沒有能力生產自己的「南方理論」（southern theory）（Connell, 2007）。對此，Appadurai（2001）呼籲研究者應該設法讓研究「非地方化」（deparochialize）[3]，鼓勵各種跨越疆界的合作。近年來，也有學者開始嘗試、提倡在地化的理論／方法論生產，例如：陳光興（2014）的《去帝國：亞洲作為方法》、朱耀偉（2016）主編的《香港研究作為方法》，以及史書美等人（2016）主編的《知識臺灣》等。

　　第四種位置則是指研究者所處的時間序列上的位置。以政策研究為例，考慮該政策的發展脈絡（例如：是哪個政策的延續或者變體等）與演變，也是決定研究者設計研究方案時的重要參考。周愚文（2014）在〈教育史家角色的反省〉一文提到，教育史研究者在一連串當代的校史事件中，「參與者」與「旁觀者／研究者」角色的衝突與抉擇，亦為一例。作為當代實際政策、方案的規劃與參與人，又同時具備史學研究者角色時，如何維持兩個角色認同的要求、責任，乃至界線，便成為研究者不得不加以反思的「位置」課題。

　　從社會地位、理論架構與政治立場、地理與地緣政治相關位置，一直到時間序列上所處的位置，這四種向度就像是標定研究者在全球化研究社群互動中的座標，一方面影響著研究者的研究設計與規劃，另一方面也左

---

[3] 此處將deparochialize很權宜地中譯為「非地方化」，原因有二：一為parochial通常用來形容事物為「地方性」（而非全國／全球性），甚或是狹隘、偏狹的；若加上否定字義的字首de-，則形成「非地方性」之意。再者，「非地方化」也與臺灣的中文語境中「本土化」或「在地化」意義有別。本土化與在地化主要是對應於「全球化」而生，強調某一地域不同於其他地域獨有的特色與文化、歷史、社會脈絡，「非地方化」與該主張稍有差別。雖然同樣也是立基於各地不同的文化、歷史、社會脈絡，但非地方化更強調不應僅只將之視為某一地的「地方特色」，而是應該透過不同國家、地區之間的合作，使研究的觀點／理論／視角不只產生於某些特定區域。例如：Koh（2008）主張教育的非地方化，意即透過東南亞國家協會（ASEAN）所促成的國際平臺，發展適用於該區域、跨國的教育改革方案。

右了讀者的理解與觀看角度。

肆、四種「位置」之外的語言「位置」問題

　　但是，只有這四種「位置」問題嗎？在全球化的學術生產體系中，至少還有另一個「語言」的位置問題。在人口移動頻繁的全球化時代中，有一部分的移動是南方國家（Global South）往北方國家（Global North）的國際學生移動。這些國際學生在其學習過程中，很多時候必須要面對、解決的就是英語文作爲學術上近乎全球語言（global language），而且需要語言間轉譯的事實。而這個轉譯的問題對質性研究的影響甚鉅，往往「撰寫研究計畫的語言是英文，但所取得的資料是來自其他（非英語系）國家，例如：印尼或越南等，使用的是當地語言。」（p. 1337）最後時常還需要再經過一次轉譯，完成以正式英文寫作的研究報告或學位論文（Sutrisno, Nguyen & Tangen, 2014）。而這個層層轉譯的過程，不僅費盡研究者許多心思（相較於採用英語文資料爲主的研究題目），語言翻譯的過程中也產生可信賴度（trustworthiness）的問題。對於如何增進這一類質性研究的可信賴度，Sutrisno、Nguyen 與 Tangen（2014）主張這些「雙語研究者」可以考慮三個方式，以降低翻譯對於可信賴度的威脅，那就是：儘量減少翻譯錯誤、針對翻譯過程提供詳盡的描述，以及找一位以上的譯者協助翻譯工作。

　　然而，實際上這個問題的解決，並沒有表面上看起來的那麼容易，因爲其實語言間的翻譯，牽扯到研究者「位置」的難題[4]。首先，在質性研究中，研究者／訪談者與受訪者間的關係，並不同於一般性的意見徵詢，

---

[4] 這個語言轉譯與研究者「位置」的訪談資料與相關分析，得益於之前兩個場合的討論與就教。一個是2016年在昆士蘭大學所辦的小型論壇，我的博士論文指導教授們想了一個滿傳神的論壇主題〈「在翻譯中迷失」：使用第二語言做研究的知識論、倫理學與實作問題〉（'Lost in Translation': Epistemological, Ethical and Practical Issues in doing Research in a Second Language），並邀請我們幾位「雙語研究者」共同參與討論；另一個則是2017年辦在西澳大學的澳洲社會學年會（TASA），該場次主要討論的主題是知識的移動性（Li, 2017）。

在某些情況中，受訪者可能會要求原始訪談資料的保密。如此一來，如果引進一位以上的譯者協助翻譯工作，固然可以某個程度上確保翻譯的可信度，但卻可能因此違反研究倫理、破壞與受訪者間的信賴關係。此外，這樣的做法也隱含了一個可能有問題的預設，那就是：一個純粹、客觀的局外人是不是一個好譯者？無論答案是否為肯定，都對研究者在分析資料過程中的角色造成一定的影響。「如果好的翻譯是必須兼顧真實、流暢、優美，⋯⋯那我不是一個好的譯者，因為在我翻譯（資料）的過程中，我就一邊在從事分析的工作了」（私人訪談，2017 年 6 月 15 日），一位面臨翻譯難題的國際學生這麼告訴我。

「儘量減少翻譯錯誤」是另一個看起來較實際執行簡單的任務。一方面，由於雙語能力的限制，翻譯對於這些「雙語研究者」來說產生相當的限制。在翻譯後分析、分析後翻譯、又或者翻譯與分析同時進行的過程中，對某些研究者來說，兩者反映在寫作的成果上往往變得相當模糊。「我重新改寫了無數遍，最後發現所有的寫作看起來都差不多⋯⋯當我進一步要詮釋這些資料時，我對於翻譯與分析的界線感到困惑，你知道嗎？哪些才算是分析？哪些算是翻譯？最後，我覺得詮釋的過程似乎是種重複⋯⋯」（私人訪談，2017 年 6 月 5 日）。

在另一方面，「正確的翻譯」對於研究品質又意味著什麼呢？這裡所講究的「正確的翻譯」，大概不會只止步於採用正確的拼字、文法、語氣等，而是更進一步、真確的語意的傳達。而最好的狀況當然是：訪談資料能夠在翻譯之後能夠兼顧兩者：既採用正確的拼字、文法、語氣，又能真實的傳達受訪者的語意。然而，這些「雙語研究者」比較常見的狀況是，如果翻譯的太少（較為接近當地語言），雖然接近受訪者真實的口語表達，但會冒著被視為「不正確翻譯」的風險；相反地，如果翻譯得太多（較接近英語文），雖然在文法、詞彙上看起來正確，卻往往又會被質疑過度翻譯，降低了可信賴度。這個看似過猶不及的兩難情境，其實反映出的正是英語作為學術上的全球語言中，與其他語言「位置」的不同。確實，我們還是需要一套可以書寫、理解，並溝通的共同語言。不過，也必須在這個書寫、理解與溝通的過程中，注意到不同語言使用者在研究的過程中，

所占的不同「位置」，以及其所帶來的影響 [5]。

 結語

　　「換位子」不只是一個人權力多寡的更迭，或者透過「換位思考」增進對於弱者的同理心。對於人文與社會科學研究者來說，思考「位置問題」實為建立研究知識論、方法論上的必要過程。另一方面，研究者的各種「位置」，對於所研究的現象往往會帶來各種不同的影響，在某些研究取向中，「位置」更進一步構成所研究現象的基礎。除了社會地位、理論與政治立場，以及時空位置之外，研究中所使用的語言，也構成某種研究者的「位置」，因而有進一步加以反思的必要。

參考文獻

中文部分

王德威（譯）（2008）。布爾迪厄社會學面面觀（原作者：P. Bourdieu、L. J. D. Wacquant）。臺北：麥田。

史書美、梅家玲、廖昭陽、陳東升（主編）（2016）。知識臺灣：臺灣理論的可能性。臺北：麥田。

朱耀偉（主編）（2016）。香港研究作為方法。香港：中華書局。

卓立、林志明（譯）（2013）。間距與之間：論中國與歐洲思想之間的哲學策略（原作者：F. Jullien）。臺北：五南。

卓立（譯）（2014）。間距與之間：如何在當代全球化之下思考中歐之間的文化他者性（原作者：F. Jullien）。載於方維規（主編）思想與方法：全球

---

[5] Mignolo與Schiwy（2003: 22）的文章中有這麼一段話談到「雙重翻譯」（double translation），很適切地形容了理想中英語文的地位：「如果英語是個跨國的霸權語言，那麼英語也可以是個位居底層者藉以重新表述的跨國語言。」

化時代中西對話的可能。北京：北京大學出版社。

林開世（2016）。什麼是「人類學的田野工作」？知識情境與倫理立場的反省。考古人類學刊，**84**，頁77-110。DOI: 10.6152/jaa.2016.6.0003

周偉航（2018）。人渣干政。臺北：商務。

周愚文（2014）。教育史學研究。臺北：師大出版中心。

陳光興（2014）。去帝國：亞洲作為方法。臺北：行人。

郭姵宜（2019）。「反做」田野：一個人類學家研究「國家」的難題。載於蔡晏霖、趙恩潔（主編）之反田野：人類學異托邦故事集，頁27-60。新北：左岸。

葉人豪（2017）。屁股決定腦袋？科學家有話說。2019年2月20日，取自http://abchaos1.blogspot.com/2017/06/blog-post_30.html。

詹俊裕（2018）。換位思考、有效溝通。2019年2月20日，取自https://money.udn.com/money/story/8944/3462967。

盧希鵬（2016）。換了位置，一定要換腦袋！升遷到不同職級，你必須學會的事。2019年2月20日，取自https://www.managertoday.com.tw/columns/view/51889。

英文部分

Appadurai, A. (2001). Grassroots globalization and the research imagination. In A. Appadurai (Ed.), Globalization (pp. 1-21). Durham, NC: Duke University Press.

Bourdieu, P. (1999). *The weight of the world: Social suffering in contemporary society*. Oxford: Polity.

Connell, R. (2007). *Southern theory: The global dynamics of knowledge in social science.* Crows Nest, N.S.W.: Allen & Unwin.

Haraway, D. (1991). *Simians, cyborgs, and women.* New York: Routledge.

Hogeveen, J., Inzlicht, M., & Obhi, S. S. (2014). Power changes how the brain responds to others. *Journal of Experimental Psychology: General, 143*(2), 755.

Koh, A. (2008). Deparochalization Education: Re-envisioning education for ASE-

AN. In Lingard, B., Nixon, J., & Ranson, S. (Eds.), *Transforming Learning in Schools and Communities: The Re-making of Education for a Cosmopolitan Society.* London: Continuum, pp. 37-49.

Li, Y-C. (2017, November). Hierarchical knowledge translation: Positionalities of research in a second language. Paper presented at Annual Conference of the Australian Sociological Association 2017, Perth, Australia.

Lingard, B. (2009). Researching education policy in a globalized world: Theoretical and methodological considerations. In T. S. Popkewitz & F. Rizvi (Eds.), *Globalization and the Study of Education* (pp. 226-246). New York: Blackwells.

Lingard, B., & Rizvi, F. (2010). *Globalizing education policy.* London and New York: Routledge.

Mignolo, W. D., & Schiwy, F. (2003). Transculturation and the colonial difference: Double translation. *Translation and Ethnography: The Anthropological Challenge of Intercultural Understanding.* Tuscon, 3-29.

Peter, L. J. & Hull, R. (1969). *The Peter Principle: Why Things Always Go Wrong.* New York: Morrow.

Rawolle, S., & Lingard, B. (2013). Bourdieu and educational research: Thinking tools, relational thinking, beyond epistemological innocence. In M. Murphy (ed), *Social theory and education research: Understanding Foucault, Habermas, Bourdieu and Derrida* (pp. 117-137). New York: Routledge.

Scholl, A., Sassenberg, K., Scheepers, D., Ellemers, N., & de Wit, F. (2017). A matter of focus: Power holders feel more responsible after adopting a cognitive other focus, rather than a self focus. *British Journal of Social Psychology, 56*(1), 89-102.

Sutrisno, A., Nguyen, N. T., & Tangen D. (2014). Incorporating translation in qualitative studies: Two case studies in education. *International Journal of Qualitative Studies in Education, 27*(10), 1337-1353, DOI: 10.1080/09518398.2013.837211

History or Herstory?
——西方教育史上眞的沒有女性教育思想家嗎?

方永泉

國立臺灣師範大學教育學系教授

壹、前言

　　由於在大學裡開設「西洋教育史」相關的課程，近年來也接觸了一些與西洋教育思想史相關的書籍。不過在閱讀的過程中，一直有個疑惑在心頭縈繞，那就是在西洋教育史或教育思想史的專書中，經常洋洋灑灑列出了一長串「重要」，甚至「偉大的」教育家名單。他們的身分各有不同，大部分是哲學家，有些是文學家，某些人是教育實務工作者，少部分是社會運動家，但是這些人物都有一個共通點——那就是他們都是「男性」，只要身為「關鍵性」的教育思想家，其中就沒有一位是「女性」。

　　舉例而言，在英語世界頗為知名的一本教育思想史著作，由 R. Ulich 所著的《教育思想史》（*History of Educational Thought*）（Ulich, 1968）中，其中列出了多名教育思想家，但是從古希臘時代的 Plato、Aristotle 到 20 世紀的 J. Maritain 及 N. Whitehead 等約 30 位思想家，其中竟然沒有一位女性！而在另一本以教育思想史為名的著作《教育人——教育思想史研究》（*The Educated Man: Studies in the History of Educational Thought*）一書中（Nash, etc., 1965）亦列出 15 名教育史上重要思想家，甚至還包括了文學家 T. Eliot 與心理學家 B. Skinner，但其中也沒有任何女性。

　　女性在西方教育思想史上受到忽略的情形，即使在一本名為「異端」強調非主流的教育思想專書《教育異端選輯——當代教育本質與目的之非正統觀點》（*Selected Educational Heresies: Some Unorthodox Views Concerning the Nature and Purposes of Contemporary Education*）都可看出，該書作者 W. F. O'Neill 選取了當代 31 位非主流教育思想家的論述，其中也僅有 M. Montessori 與 S. Sontag 兩名女性學者（O'Neill, 1981）。另在國內的西方教育思想史專書中，也有類似的情形，無論是林玉体（2002）或是徐宗林（1985）所著專書中，女性教育家都僅有 Montessori 一人。

　　當然，在思想史人物的選擇上，一般學者都有其標準，而不太可能刻意忽略女性思想家。例如：林玉体在言及挑選教育思想家的考慮上，即提出有兩個標準：一是他們著作中必須含有較深奧的學術成分，如果只是常識之見，未能發人深省，缺乏「智慧之言」，則割捨不取。二是僅重複古

聖先賢的言論，了無新意，無甚價值，其有見人之所未見或批判他人學說而拓展教育眼界者，亦會雀屏中選。簡言之，「學術性」及「創新性」或「批判性」就是評估一個教育思想是否夠格列入史冊的標準。

我們無法否認，歷來女性學者之教育思想受到忽略，其原因或有可能其無法滿足前述的「高」標準，然而仔細一想，若我們以這兩個（或三個）標準來嚴格檢視一般教育思想史所常見的男性人物時，卻也未必全無疑義。舉例而言，著名經驗主義哲學家 J. Locke 以其哲學理論之精深，對於後世影響之深遠，被視為第一流之哲學家殆無疑問，然而其教育代表作《教育漫話》（*Some Thoughts Concerning Education*）固然涉及體育、德育及智育等面向，其中並不乏充滿智慧的雋永之語，但似乎還稱不上是一本嚴謹而又具有深奧意旨的學術之作。當然，我們可以說，Locke 以大哲學家身分來撰寫其教育見解，必有其可觀之處，就像是另位大哲學家 I. Kant 一樣，亦有《論教育》（*On Education*）一書傳世，惟此種「以其人舉其言」的看法，並不符合前述的「客觀」標準。

再從「創新性」與「批判性」的角度來看，J.-J. Rousseau 的教育思想常被教育史家認為是教育史上的驚天之作，代表教育思想發展的重要轉折。然而 Rousseau 自然教育主張並非其所首創，在之前的 J. A. Comenius 已有「遵循自然」之見，Rousseau 只是將其發展到極致，再以其動人文筆書之成文，因而馳名當世進而能夠影響後人。加上 Rousseau 較引人訾議的女子教育學說，實則與當時社會流行之「性別分工說」或「性別互補說」相符，稱不上有任何創新之處，更引發了後續一些女性學者如 M. Wollstonecraft 與 C. Macaulay 等人的批判；而其激進的自然教育學說則受到同時代法國女性作家 S. de Genlis 的非議，Genlis 深受 Rousseau 教育主張的啟發，然其棄絕書本的個人主義式的教育主張，並不為其採用，Genlis 在編輯 Rousseau 名著《愛彌兒》（*Emile*）出版時，甚至將不合己意之處予以刪節。簡言之，以創新性或批判性的角度來看時，某些女性學者的主張至少在某些部分要較 Rousseau 的教育主張更具前瞻性，其批判力道固不如 Rousseau 那樣石破天驚，然而應也不致淪於完全默默無聲的地步。

或謂「影響力」亦可作為評估教育人物及其思想是否可列於教育史書之標準，也就是認為某些著名教育思想家其學說，對於後來的教育發展及其他的教育思想產生了重要的「影響」。但從歷史的角度來看，我們並不處於與思想家同時或稍後的時代，所以無法「直接」親歷這些思想的實際影響。對於身為「後人」的我們，只能透過一些材料「間接」地去判斷某些著名的教育家思想，是否對於後來的教育理論乃至教育實踐有無發揮關鍵的影響。固然某些教育思想家常被「判斷」為對於後世產生深遠的影響，然而這些判斷是否真正毫無爭議？似乎少有學者對此提出質疑。舉例而言，Rousseau 在教育思想史上的影響力向來眾所公認，然而迄今為止，似乎尚沒有專門的研究對他及與其同時代其他教育家的教育思想進行比較，進而充分證明 Rousseau 思想足以反映其所處時代教育認識達到的先進水準；另一方面，至少就現有研究所提供的結論而言，並非所有著名教育家對教育歷史演變的影響都是確信無疑的，有些眾所周知的判斷實際上並沒有足夠的歷史事實作為支撐（張斌賢，2015）。

當然，我們亦可從 Rousseau 教育著作《愛彌兒》在當時受歡迎的情形，乃至後來的一些重要教育家如 J. Basedow 及 J. Pestalozzi、F. Froebel 等人身上看到 Rousseau 的啟發及影響。然而這種影響畢竟仍屬於學理上的，在實際的教育制度及一般人們的教育活動上究竟有何實質影響，則仍有待進一步探究。

筆者在此並無意完全否定以往「正統」教育思想史的主題及撰寫方式，而是試圖舉出以往教育思想史研究的侷限。假若我們仍固守於某些選擇教育思想的標準，可能會使我們失去更多接觸以往偉大教育心靈的機會——不只是女性思想家，也包括其他弱勢或少數族群等非主流人士在內。而且若我們能將歷史上曾經出現並產生過，甚至實際發生過影響的一些教育主張、見解和認識作為教育思想史的研究對象，也許它們並不一定那麼完整、系統，甚至也未必具備特別高妙的學理內涵，將這些教育思想（包括教育認識）的歷史變化作為教育思想史的研究範圍或邊界，那麼教育思想史的相關文獻與來源或可得到更大的擴充。

貳 女性觀點教育思想研究的發展

在當今愈發重視多元及正義的社會中，要拓展教育思想史研究的內容及邊界，或許可以先從「性別」的觀點出發，探討以往常被忽視的女性學者的教育思想開始作起。易言之，就是「教育史」（Educational History）應該重視「教育女史」（Educational Herstory）。

女性在歷史乃至教育史中「缺席」或「靜默」，從性別的角度來看，可以追溯至西方文學傳統的開端，這應是西方第一個留下此類記載的例子，是一名男性叫一名女性「閉嘴」的故事。3000 年前，Homer 的史詩《奧德賽》（Odssey）第一卷提到主角人物 Odysseus 因遠征多年，他在家鄉的妻子 Penelope 撫養其子 Telemachus 成長。而 Penelope 因條件出眾，所以追求者眾多。有一天，Penelope 從其閨房下樓，走到宮殿大廳，發現一名吟遊詩人正在為她的一群追求者表演，她不喜歡詩人所唱之歌曲，於是當著所有人面前要求他另選一首比較開心的歌曲。這時年輕的 Telemachus 卻出面干預，他說：「母親，請回您的房間，從事您自己的工作，操作織布和捲線桿吧……言說是男人之事，所有的男人，尤其是我；因為我才是這個家的掌權者。」Penelope 只好轉頭上樓。在此處，所用的「言說」（muthos），在 Homer 時代的希臘文指的是權威性的公共言論，而不是一般的閒聊或說長道短（Beard 原著，2019: 24-26）。一個乳臭未乾的小子竟敢教訓一位處事精明的中年婦女，而且是自己的母親「閉嘴」，整件事顯得有些荒謬。但似乎也預示自古以來，西方女性就被禁止發表公共言論，女性被排除在公共言論的命運外。如果連發表言論都被禁止，更遑論著書立說？

其實從 History——他的故事（his story）到 Herstory——她的故事（her story），原來只是一種文字的遊戲，因為歷史的外文 history 就其原始字源[1]來看，並沒有 his story 的意涵。不過一些女性學者，如 R. Morgan（1994）於 1970 年在其〈對所有告別〉（Goodbye to All That）中使用

---

[1] History 來自古希臘文中的ἱστορία或historia，原意是「透過探究獲得知識」。

herstory 時，便希望藉以釐清性別歧視主義（sexism）。她描述自己是「女巫」（W.I.T.C.H）的一員，而女巫的幾個英文字正是由 Women Inspired to Commit Herstory 一語各字字首所組成。之後 C. Miller 與 K. Swift（1976）又指出，當女性在其運動中使用 herstory 一詞時，目的是在強調女性的生命、行為與對於人類事物的參與，向來在標準的歷史中是被忽略及低估的。而到了 1970 年代及 1980 年代第二波女權主義（feminism）興起後，女權主義者認為歷史研究向來是被男性主導（male-dominated）的智識活動，她們因而把 herstory 當成是一種歷史研究的補償（compensation）。Herstory 原為遊戲文字，但是因為女權運動的興起，後來卻逐漸具備了較為嚴肅甚至批判的意涵。

對於 Herstory 的重視，也帶動了婦女史研究的重視及風潮。過去數十年來，歷史研究中逐漸重視以往女性被忽略的問題，特別是女性所具有的影響力的部分。「過去的幾十年裡，婦女是其『能動性』（agency）得到顯著恢復的一群，婦女的歷史在新社會史較晚受到關注……婦女的存在必須要受到關注：若是要盡責研究農戶、手工作坊、糧食騷亂或工廠，就必須要注意女性的存在與活動，但是女人似乎從來沒有對這些故事有任何改變，她們仍然處於陰影中，聚光燈瞄準的是別處。」（Maza 原著，2018: 62-63）

而在一篇影響日後婦女史研究極為深遠的論文中，Kelly-Gadol 則提到了婦女史（women's history）的兩個目標：「把女人還給歷史、把歷史還給女人」（to restore women to history, and to restore our history to women）。她說：「我們出於對女性關注所進行的科際研究，近來已經豐富了主要的歷史作品。但在另一方面，婦女史還有一個重要層面必須予以考量：那就是它在理論上的重要性，以及其對一般歷史研究的蘊義。」（Kelly-Gadol, 1976: 16）揆 Kelly- Gadol 之意，前者應指將歷史中向來所遺忘的女性重新尋回，以及還給女性應有之歷史定位；後者則是提示歷史研究的觀點或許可以改採女性或女權主義的觀點，重新思考歷史作品的書寫及論述方式。

Kelly-Gadol 在另篇論文〈女性有文藝復興嗎？〉（Did Women have a

Renaissance?）（Kelly-Gadol, 1977）檢視了 14 至 16 世紀中西歐的文藝復興對女性的意義。Kelly-Gadol 將「女性解放」作為一個起點，發現到，那些促成男性歷史發展，將男性從自然、社會或意識型態束縛中解放出來的事件，卻在女性身上造成了不同的影響，其中「文藝復興」就是一個值得探討的案例。她以為，文藝復興時代諸多被認定為對男性而言的正面發展，對於當時女性而言卻是負面的，因而對女性來說，似乎並沒有所謂的「文藝復興」存在，至少，在文藝復興時代，女性並沒有真的「再生」。也就是說，Kelly-Gadol 運用了「性別」這個範疇或分析角度，重新檢視了西洋歷史上的文藝復興時代，因此得出了不同於一般歷史研究者的視角。Kelly-Gadol 的論點日後引發了許多的回響，伴隨著女權主義的覺醒，其「將女人還給歷史、將歷史還給女人」的觀點，更開啟了許多相關歷史研究對自我的重新檢視。

在教育思想研究方面，著名女性教育哲學家 J. R. Martin 在其 80 年代的著作裡也顯現了女權主義思想的影響。其在 1981 年時發表的〈教育人的理想〉（The Ideal of the Educated Person），可視為當代教育哲學開啟有關性別與制度化「性別歧視」之討論的開端（Kohli, 2000: 347）。而 Martin 在 1985 年出版的《重啟對話：有教養女性的理想》（*Reclaiming a Conversation: The Ideal of Educated Women*）則一開始便揭櫫了下列的話：「當代的教育哲學家們忽視了婦女的主題。」Martin 認為當代教育理論家（應特指 R. S. Peters 這些教育分析哲學學者）分析了教育的概念、討論了博雅教育的本質與結構、建構了教學與學習的理論、設定了「卓越」（excellence）的規準，並且也爭辯了有關教育目標及方法的討論，但是他們卻忽視了性別的差異在教育理論上的影響。Martin 相信，其實有關性別差異的討論，在教育理論中其實是有其傳統的。例如：Plato 在其《理想國》（*Republic*）中就寫到了有關女子教育的部分，而 Rousseau 亦有論及女子教育的著作。

Martin 檢視了西方思想史的發展，認為女權主義理論其實向來並不是與教育思想完全脫離關係的，包括 Mary Wollstonecraft 在 1792 年所發表的《女權辯正》（*A Vindication of the Rights of Woman*），就是一篇論述

婦女地位與婦女教育的作品。而 Charlotte Perkins Gilman 的烏托邦式小說《她鄉》（Herland, 1915），也發表了一套教育理論並且加入了女權主義的社會觀點。而女權主義者 Adrienne Rich 在 1970 年代則於其有關婦女教育的論述中，指出婦女不應該再將自己視為被動的「接受」（receiving）教育者，而應該成為主動的主張（claiming）教育者。Rich 認為如果女性不大聲說出自己的教育主張，而接受那些將女性經驗與思考排除在外的教育，那其實婦女本身的生命將會大受傷害（Martin, 1985: 2-3）。

雖然在思想史上，仍有不少女性學者提出有關女子教育的看法，但是由於傳統學術研究中對於女性的看法向來就存有一些偏見：這些偏見或是將女性排除在研究題材之外，或是以男性對女性形象的看法來扭曲女性，或是否定社會上公認女性所具有特徵之價值，影響所及，使得這些與婦女教育有關的看法也遭受到忽視。除了 Plato 與 Rousseau 關於女子教育的歷史文獻被嚴重低估外，Wollstonecraft 與 Gilman 等女性思想家的呼聲，也常在眾多的文獻中被淹沒。因而大部分的學生在學習教育思想時，會與過去一些偉大的女性學者之心靈失之交臂，甚至產生「過去的女性從未有系統地對於教育進行思索，也沒有對於教育課題進行嚴肅的哲學思考」的錯誤想法。Martin 強調，當這些問題發生於教育思想的歷史時，情形可能會更複雜，因為在教育史中許多提出關於女子教育的學說之作者其實正是女性（Martin, 1985: 3）。

Martin 在另篇文章中指出了女性教育學者，在教育理論中被忽略的情形（Martin, 1994: 37）。以往在教育主流理論中，真正被接受的女性學者只有 Montessori，而她是因為其在兒童教育方面的教育哲學著作而廣被人知，但 Montessori 並不是歷史上唯一發展出系統性教育理論的學者。Martin 舉了一些女性學者及其作品，包括 M. Wollstonecraft 的《女權辯正》（*An Vindication of the Rights of Woman*）、C. Macaulay 的《教育書簡》（*Letters on Education*），這兩部作品其實都特別關注到女子教育的議題。另外如 C. Beecher 倡導之女孩及婦女的教育哲學，則與 Wollstonecraft 形成有趣的對比。至於 C. P. Gilman 所寫的烏托邦小說《她鄉》（*Herland*），更是立基於一個相當完整的關於女性的教育哲學。

Martin 以為，比較起 Montessori，Macaulay 等這些女性學者已乏人知曉，更遑論她們作為一個教育思想家的身分。

　　從性別的角度來解讀教育史時，可能亦會得到一些不同於以往的看法。舉例而言，在過去一般西洋教育思想史的解讀中，Rousseau 常被視為教育史上的熠熠巨星，甚至其所倡導的「兒童中心」自然教育學說，也使他成為扭轉教育思想發展趨勢的 Copernicus。然而有些弔詭的是，Rousseau 廣為人所稱道的教育思想及進步的教育主張，其實都侷限於其對於虛構男子 Emile 的教育構想上，但在他對於女子 Sophie 的教育主張卻一直飽受批評，不斷地引來反動及相互矛盾之譏。持平而論，Rousseau 作為一個 18 世紀的浪漫主義者，重視個人的自由與尊嚴，強調兒童獨特的價值，在開創新教育的貢獻上，的確有其不容抹滅的功勞。然而，若從前述 Kelly-Gadol 婦女史研究的觀點來看，Rousseau 將婦女的角色自公共生活中排除，認為婦女受教的目的是在取悅男性，女子教育的目標是在培養婦女成為溫婉順從的女性，這些與婦女有關的教育主張，實在都不能視之為「進步的」教育主張，其對後世的影響也不能夠與 Rousseau 有關男子的教育論述相提並論。當然，我們並不能因為 Rousseau 在女子教育上的保守程度，抹煞其在教育思想發展史上的重要性，不過我們也必須承認，在 Rousseau 的教育學說中，「女性」並沒有獲得真正的「再生」。而從婦女史研究的角度來看，教育思想史中原有的「歷史分期」——例如：認為 Rousseau 的學說帶來教育思想與實踐上的革命——似乎也應該受到來自「性別」角度的挑戰或質疑。

　　綜合上述，我們可以這樣說，Herstory 是從女權主義的觀點來書寫歷史，其特別強調女性的角色，或是從女性的觀點來敘說歷史；而從教育史的角度來說，或許可以改寫成：「教育女史」的重點便是在重新發掘女性觀點的教育史（以往較為忽視的女性學者之教育思想），以及教育家關於女子教育的論述和主張。當然這樣的說法略嫌簡略，然而就拓展教育思想史的研究範圍與視野而言，應可提供相當助益。

西方教育史中被消音6位女性思想家的教育觀點

如前所述，Martin 的著作開啓了女性觀點的教育哲學研究的先河。觀諸 Martin 的兩本重要與女性教育哲學有關的著作《重啓對話》與《教育全景的改變》（*Changing the Educational Landscape*）的主要內容，除了闡述過往教育研究領域對於女性的排斥，批評教育分析哲學中以男性爲主、忽視女性經驗與價值觀的思維模式外，主要都在重新發掘教育思想發展過程中過去所爲人忽略之處，這些被忽略之處大體上包括兩類：一是著名教育思想家論及女性教育部分；另一則是女性教育學者的教育思想剖析。Martin 一方面認爲過往的教育理論及教育哲學在理論形成的過程中，忽視了女性主體的經驗與價值觀；一方面則認爲在教育理論的呈現時，要不就對於著名思想家的女性教育論述視而不見，要不就忽略了女性思想家在教育論述上也有精深卓見。爲了掃除這種偏見，Martin 在此兩方面著力甚深。筆者認爲 Martin 所作的，可說是女性觀點教育思想的「準備」和「奠基」工作。

而除 Martin 曾引用多位歷史上女性學者著作外，Titone 和 Maloney（1999）也引介了多位女性教育思想家的學說，以下就選擇其中幾位在西方歷史中著名的女性教育思想家的生平及思想要點進行簡介，以協助讀讀聆聽這些教育思想史「不同的聲音」，並作爲女性觀點教育哲學的奠基工作。這些在西方教育史中具有影響但卻常被忽略的女性教育思想家有：Christine de Pizan（1365-1430）、Catharine Macaulay（1731-1791）、Mary Wollstonecraft（1759-1797）、Catharine Beecher（1800-1878）、Anna Julia Cooper（1858-1964）、Charlotte Perkins Gilman（1860-1935）[2] 等人，以下即簡要敘述她們生平及教育思想：

---

2 為了較符合教育史意旨，本文略去了Titone等人所提到的當代思想家如Jane Roland Martin（1929-）、bell hooks（1952-）等人。

一、Christine de Pizan（1365-1430）：歷史上首位女權主義者

(一) 生平及影響

　　身爲歷史上第一位著名的女權主義者及從事專業寫作的女性作家，生於 14 世紀 60 年代的 Christine de Pizan，在文藝復興時代男性文學巨匠備出環境中，其實具有相當特殊地位。在那樣的一個時代中，一般大衆都認爲，女性除非成爲修女等神職人員，否則不需讀書識字。但是 Pizan 的出現，卻對這種說法提供反證。她證明女性也可以成爲一位優秀的專業作家並且以寫作維生，世俗女性亦可以是一位博學的女性，甚至可以和其他男性一樣參加公衆社會的文學論戰。由此角度來看 Pizan 時，其在歷史上的地位可說相當特殊及重要，有時她甚至還被視爲歷史上第一位女權主義者。

　　Pizan 於 1365 年生於威尼斯，自小便接受良好教育。15 歲時結婚，幸運地，她的先生積極地支持她研習學問。在先生鼓勵下，Pizan 的閱讀與寫作興趣乃得以維繫下去。但 20 幾歲時，Christine 失去了最支持她的兩個男人──父親及丈夫。Pizan 失去了雙重依靠，而她又不願再婚，所以必須獨立開創自己的事業，以哺育其 3 名年幼的孩子。Pizan 開始以專業的「寫作」來維持自己的家計，而不再依靠另一位男性來過活（其後來一直保持單身）。Pizan 應該稱得上是西洋歷史上第一位專業的文學女性，爲了負擔全家生計，Pizan 充分發揮了她的創作能力，幾十年下來完成了十部詩體作品和十一部散文體的作品。這些作品皆與其對婦女問題思索的成果有關。Pizan 約於 1430 年左右辭世。

　　在 Pizan 衆多著作中，包括《婦女城》（*The Book of the City of Ladies*）、《三德之書》（*The Book of the Three Virtues*）以及其在 1406-1407 年所出版的《身體政治》（*The Book of Body Politic*）在內，則可視爲其在教育方面的代表作。大體言之，Pizan 的作品均以法文寫作，文字通俗流暢，在當時社會頗受歡迎，惟後來一度沉寂，直到 19 世紀後期才又被當時的女權主義者重新發現。在今天美國大學的西方文明課中，《婦女城》可說是基本必讀書目之一。

(二) 主要教育思想

在女子教育方面，Pizan 提供了許多有價值的見解。首先，她認為女性接受教育是有益的。「……對我而言，一位善良的女性——特別是如前面所提到的那些有智慧、能夠識字，以及受過自然科學教育的女子——可以勝過邪惡。因此，我很訝異，某些男性之所主張不想讓其女兒、妻子或女眷接受教育，是因其認為他們的道德習俗會遭到破壞之故。」她認為，上帝既然賦予女子學習的能力與才華，就表示沒有人可以阻礙女性對於知識追求的熱情。男性與女性的真正差異並不在於性別，而在於是否擁有德性。

其次，Pizan 也主張女子教育的主要目標就是在獲得「道德智慧」（moral wisdom）。她還認為，女子教育的真正目的在於讓女孩們能夠去面對生命中的喜悅及悲傷，能夠準備好去面對、抗拒誘惑，並且讓她們能夠安然度過各式各樣的詭詐。惟在女子教育的內容上面，Pizan 似乎並不想讓男、女接受相同類型的教育，她以為女孩所受的教育要比其兄弟所受的教育種類少一些。她一方面同意羅馬時代教育學者 Quintilian 的主張，認為一位受過教育的男性應該是位雄辯家，能夠敏捷的反應、具備演說的才華以及高尚的品德，在她的觀念中，理性是一個有教養男性的門面之一。但另方面在女子教育部分，Pizan 則認為女性應該研習具有實用性的學科。其中在人文學科（moral science）的學習上，目的在讓婦女成為其丈夫有用的幫手。考量當時的環境，Pizan 之所以有此主張，並非認為男、女有本性上的不同，因而主張男、女的教育內容有異，主要仍是為了因應當時的實際條件。

在男、女本性的基本看法方面，她呼應了早期基督教教父的主張，認為每個人具有相同的本性及德性，並不是女人具備一種本性，男人則有另一種；不管是呼吸、注視、聆聽、知識、希望、服從、愛心，在男人和女人身上都是相同的，因此她也邏輯地導出了「如果女人擁有和男人一樣的特質、才能與喜好，那她也應有權利接受相同的教育」的結論。

根據前述 Pizan 有關女子教育的論點，就現今的眼光而言，Pizan 可說

屬於較溫和的女權主義者。在她的著作中，從未徹底否認男性，也未刻意強調女性受到男性的迫害與壓迫，在當時，她的主張仍未「先進」到要求獲得與男性同等的權利。但她提出以「德性」來衡量一個人的標準，認為一個人（不管是男性，還是女性）偉大、渺小與否，不在「性別」，而在於「其行為與德性是否完美」。而為了強化她的主張，有時她甚至還舉例說明了女人有比男人更優秀勝出之處，例如：她認為如果自然沒有賜予女人強壯的四肢，這是因為她已經用一些更具美德的傾向來補足了。她堅信女人擁有男人所沒有的許多優點，如自由敏銳的心靈、溫柔平和的性情，而且若有必要時，女人亦可獨立過活，並不比男性遜色。這些放在中世紀晚期的社會來看，其實都是十分進步的主張。

二、Catharine Macaulay（1731-1791）：主張男、女應接受同樣教育的歷史學家

(一) 生平及影響

　　Macaulay 是 18 世紀知名的英國政治史學者，1731 年生於 Kent。她的母親在其 2 歲時即已過世，所以她的父親很早就將她和她姐姐交給家庭中的女教師照顧。Macaulay 自幼便接受著和其他上層階級女孩相同的教育。女教師教導她們讀神話故事、傳奇小說與聖經，但顯然這樣的教育並無法滿足 Macaulay 的需求。因為她認同自己是一個愛好自由的理性存有者，所以很自然地就喜歡上閱讀歷史故事以激發自己的獨立意識。而這種自覺，也預示了她在其最著名教育著作《教育書簡》的觀點，在該書中，她認為許多個人的特質，如理性、智性、溫柔等對男、女而言都一樣重要。1760 年時，Macaulay 與 George Macaulay 結婚，3 年後出版了她的歷史方面代表作《英國史》（*History of England*）首冊。後來經過 20 年的時間，Macaulay 將《英國史》拓展到八冊共 3550 頁，其中每一冊在英國、法國與美國殖民地都廣為流傳。在美國殖民地，包括 J. Adams、B. Franklin、M. O. Warren、G. Washington 等知名人物都曾讀過她的著作。

(二) 主要教育思想

在《教育書簡》中，Macaulay 假想了一個名爲 Hortensia 的女性作爲通信對象。而有關 Hortensia 的解釋方面，她可能是以一位在羅馬時代發表過「沒有女性代議權就沒有納稅義務」的演說女性爲藍本，由於 Macaulay 對於羅馬歷史的熟稔，所以她可能有意地選擇了這樣的人物作爲假想的通信對象。Macaulay 的《教育書簡》可說是對於 Rousseau 的一些關於人性及女子教育的看法所進行的回應。

Macaulay 主張「根本的人」（the essential man）——包括男性與女性在內——都是以同一個「神」的形象所造的，而不是一個「男神」和一個「女神」。她否認在智識獲得與品格培養的差異上，有所謂「非教育的」因素存在，例如：神比較偏袒哪一方面的人，或是有所謂生來即較低劣的人，甚至是地理位置的差異等。特別是在「男性」（masculine）與「女性」（feminine）的分別上，主要仍是一種「習俗」而非「必然」（necessity）。她強調教導男孩「女孩知識」（girls' knowledge，指溫柔、同理心）的重要性，也主張應該要教導女孩能去運用「理性」。

在道德教育方面，Macaulay 倡導透過直接的教導活動及道德範例，來培養鼓勵良好習慣的建立，道德教育者則應包括政府、父母與家庭教師。在 Macaulay 的看法中，「養成習慣」（habituation）（特別是關於正確原理的習慣）爲獲得正確判斷所必需；而「養成習慣」的目的就在灌輸學生「美德」，在所有的美德中，「博愛」（benevolence）可謂最高美德。

Macaulay 還認爲，無論男、女，都應該成爲終身的學習者，他們對於知識應有著熱愛，而且希望不斷地學習，這樣的人才能具有主動的智慧，並且在一起合作來改造社會。這些主張代表 Macaulay 所倡導的教育，其實是有很強烈的智識傾向的。

三、Mary Wollstonecraft（1759-1797）：勇於為女權辯護的理論先驅

（一）生平及影響

Wollstonecraft 是 18 世紀末英國著名的文學家及思想家，在女權運動史上是一位十分著名的人物。她在 1792 年所出版的《女權辯正》，詳細深入地討論了關於女權的問題，可說是早期婦女運動的經典著作，影響力至今猶存。

Wollstonecraft 於 1759 年生於倫敦的 Spitalfields，為一位手帕編織工之女。這位聰穎勇敢的女性一生並不順利，早年即隨著家庭到處遷移。Wollstonecraft 在艱困的環境中接受教育，1784 年並在 Newington Green 與其朋友開辦了一所學校，後來又從事寫作，並在愛爾蘭貴族家中擔任家庭教師一年。1784-1786 年間，Wollstonecraft 結識了一些宗教異議分子，並在其中一位亦是出版商的 Joseph Johnson 的鼓勵下，於 1786 年出版了《女子教育思考》（*Thoughts on the Education of Girls*），在該書中她批評了傳統的教學方法，並且也提出了一些可供女子研讀的新課題。1790 年則出版了《人權辯正》（*A Vindication of the Rights of Men*）。她的主要著作《女權辯正》出版於 1792 年，在當時的激進陣營中廣為流傳。1793 年她與美國作家 G. Imlay 結婚並搬至法國，後來育有一女。不久她結束與先生的關係，然後又回到倫敦。1797 年又與英國政治哲學家 W. Godwin 結婚，產下一女，但由於引發血毒症，不幸過世，結束短暫的一生。Wollstonecraft 對於女性的角色與地位有相當深刻的認識與探討，堪稱女權主義理論的先驅。

（二）主要教育思想

在《女權辯正》中，Wollstonecraft 抨擊了種種教育的限制，因為這些限制將女性限制在一種「無知與奴隸式依賴」的狀態中。她特別批評了那種企圖將女性訓練為順從的，只注意外表的社會。她認為，要改變社會上這種男尊女卑的傳統看法，應該要從教育著手。

在《女權辯正》中，Wollstonecraft 自批評 Rousseau 在《愛彌兒》中對於 Sophie 的教育開始，Rousseau 認為男、女接受的應該是不同的教育，男人培養的是理性、道德與勇氣，而女子則要培養軟弱、討好男人，只知外表但腦袋空空的特質。她認為，兩性不只是在道德上，在智識上其本質都應該是相同的。女人不僅應被視為有道德的人，也應被視為有理性的人，她們應該接受和男人一樣的方法，來努力獲得人類的各項美德。

因此，Wollstonecraft 主張男、女除了要接受相同的教育外，還要在一起接受教育，而學校應該是由國家政府來辦理的。Wollstonecraft 認為最理想的學校體系，應該是像鄉間一樣的走讀學校，除了男、女可以一起接受教育外，5-9 歲的兒童則可以免費就讀，學校有足夠的教師、有接受各項申訴的委員會，校內有足夠的空間可供學生運動，這樣才能教導出身心健全的兒童。

依照 Martin 的分析，在 Wollstonecraft 的心中，最完美的教育是「一種理解的運作，經過最佳計算後，可以加強身體與心靈的形成」；也就是說，最理想的教育可以幫助個體獲得美德的習性，並且使個體能夠獨立（Martin, 1985: 81）。換言之，Wollstonecraft 想要讓女性在這個社會中所擁有的特質，其實正是 Rousseau 想要讓愛彌兒在社會中所擁有的特質。

四、Catharine Beecher（1800-1878）：倡議女子高等教育的先驅

(一) 生平及影響

Beecher 是一位著名的美國教育家。1800 年生於紐約的 East Hampton。她所生長的家庭可能是 19 世紀最不平凡的家族之一，家庭成員中有許多都相當出名。雖生長在一個充滿學習氣氛的環境中，但由於她身為女性，所以其實並未接受過許多的正式教育。1810 年起，她搬至 Connecticut 的 Litchfield 居住，在一個專供女生就讀的學校中學習拉丁文、哲學與數學。Beecher 的母親於 1816 年時過世，身為長女的她因而必須擔負起更多照顧家庭的責任。1821 年時，她成為學校教師，並於 1823 年時她和其姐妹

在 Hartford 建立了一所女子學校，這所學校 4 年後成為 Hartford 女子高等學校（Hartford Female Seminary），一所新型的教育機構。在該校中，Beecher 於體育課程中引入了體操的項目。該校主要的教育目的在培育女子成為母親與教師。1829 年時，Beecher 出版了《關於教育改進的建議》（*Suggestions Respecting Improvements in Education*），在該書中，她倡導女性就是天生的教師（natural teachers），主張應該增加師資培育訓練，因為她認為老師的工作，對於社會來說，要比律師及醫師更為重要。

1832 年，Beecher 遷至 Cincinnati，並且在那裡開設了西部女子教育機構（Western Female Institute）。在她後續的生命中，主要是投身於中西部的教育公共設施，並且致力促進婦女教育機會均等。她在 1852 年創立美國婦女教育協會（American Woman's Educational Association），鼓勵了美國中西部地區幾所女子學院的創設。她更將家政（domestic science）引入美國學校的課程中。

Beecher 最重要的代表作應屬 1841 年出版的《論家政》（*A Treatise on Domestic Economy*），該書是第一本討論家庭生活所有面向的美國作品。在本書中她強調了家庭價值的重要性，主張女性的適當角色是在家中，透過家庭，女性可以對於美國社會產生重大的影響。Beecher 在其他有關教育的主要著作還有《女子教育》（*Female Education*, 1827）、《美國婦女對於國家的義務》（*The Duty of American Women to Their Country*, 1845）、《宗教的共同意義》（*Common Sense Applied to Religion*, 1857），以及和其妹妹 Harriet Beecher Stowe 所寫的《美國婦女的家庭》（*The American Woman's Home*, 1869）等。

(二) 主要教育思想

Beecher 重視家庭責任，強調女性勞動的重要性。她歌頌女性美德，並且相信女性天生就適合擔負身為教師及母親的責任。在一場對基督徒婦女的演講中，Beecher 說：「婦女的偉大任務就在訓練那些不成熟、弱小與無知的個體，使他們能夠遵守神的律法；無論是在身體、知識、社會及道德方面都是如此。」而在《關於教育改進的建議》中她則說：「對於

母親及教師來說，在這個世界上就是要發現那些能夠銘刻在下一代身上的品格；對於母親及教師來說，教師的最重要任務幾乎就是要完全投身於此。」因此，我們似乎要省思一下：過去的母親及教師有沒有為了這項任務而受過適當的教育？

此外，女性也應該學習如何去教育他人。「在所有的科目中，過去婦女是從對於他人的經驗與觀察來獲得智慧，但是有關指導與控制人類心靈的哲學，則一向不是婦女研究思考的主題。」「婦女不僅自己要受良好的教育，而且也要能準備好以更輕易的方式將其知識傳達給其他的人；如果婦女不僅能夠知道如何約制自己的心靈、脾性與習慣，也知道如何去影響增進周遭的其他人，那麼這社會的面貌將很快地有所改變。」雖然 Beecher 一再強調婦女在家庭教育的重要性，但她並不認為婦女一定要結婚或一定要有孩子（她自己就沒有）。單身的婦女一樣可以成為教師，而且當她成為教師後，她也可以分享她自己的女性美德給整個社會。

Martin 分析，Beecher 的《論家政》，不只是一個家事管理的理論，也是一種女子教育的理論，在 Beecher 的看法中，這兩者是有著密切關係的，女性教育因而構成了一種女性實現其家庭角色的準備工作。Beecher 所講的女性角色除了是妻子、母親、顧家者外，更是社會的成員與教師，同樣有著重要的社會責任。這使得 Beecher 認可的女性，必須要在技能與知識上有著高度的成就，而且也必須為獨立的判斷與行動作好充分的準備。

五、Anna Julia Cooper（1858-1964）：為少數族群女性發聲的教育家

(一) 生平及影響

Cooper 是一位美國黑人女性教育家。她 1858 年出生於北卡羅來納的農莊時，還是奴隸的身分（她可能是農莊主人與女奴之女）。自從 1865 年黑奴解放後，Cooper 在母親的協助下，得以接受教育。1868 年，Cooper 以 10 歲之齡，成為當時一些學校的助手，開展她漫長的教書生

涯。其實 Cooper 的經歷可以說反映了當時的社會狀況，當時在學校中教黑人孩子唸書與處理家務，是黑人婦女僅能從事的兩項行業。

所謂的師範學校（Normal School）其實包括小學與中學，從 1868-1881 年，Cooper 一方面在聖奧古斯丁師範學校（St. Augustine Normal School）就學，一方面也在那裡教學。自從 1871 年 Cooper 於該校畢業後，就一直想接受更高等的教育。1881 年，Cooper 至 Ohio 的奧柏林學院（Oberlin College）就讀。當時該學院是全國最好的提供給黑人男、女就讀的學院。1884 年時，Cooper 自學院畢業，並且取得了學士學位，後來1887 年時，她又取得碩士學位。之後，她到 Washington 以學術聞名的 M 街有色人種高中（M Street Colored High School）去教拉丁文。在 Cooper 住在 Washington 的 40 年間，可說是她在各方面最活躍的時期。Cooper 還結識當時頗具影響力的 Alexander Crummel，又研讀了 Crummel 的著名講道〈南方女性：其所受的忽視及其需求〉（*The Black Woman of the South: Her Neglects and Her Needs*），該文主張透過靈性、家庭及社會教育，提升黑人女性的地位，因而引發她著作《來自南方的聲音》（*A Voice from the South*）的靈感。1880 與 1890 年代可說是 Cooper 最多產的年代，包括著作與演說在內。部分演說都蒐集在她的《來自南方的聲音》書中。

1902 年時，Cooper 成為 M 街高中的校長，從教師成為行政人員。1906 年，Cooper 因故去職。1910 年 Cooper 又重新回到該校教拉丁文，在此同時，她一方面教書，一方面則在巴黎的 Sorbonne 攻讀博士學位，並於 1925 年時取得博士學位。1930 年 Cooper 擔任 Frelinghuysen 大學的校長，這個機構結合了 Cooper 在男、女成人教育方面的興趣，學生大多是窮人與黑人。不過由於激烈的競爭，該校後來於 1940 年代關閉。到 80 幾歲時，Cooper 仍然非常活躍，不斷地發表文章並寫回憶錄。Cooper 的一生都是一位教師，顯示她對於教育活動之重要性的堅定信念。而她的影響力也隨著所任教學生的眾多，而日漸擴散開來。

(二) 主要教育思想

Cooper 於 1892 年所出版的《來自南方的聲音》，可視為其最重要的

教育代表作，該書收錄她有關黑人種族復興及黑人婦女在此運動中所應扮演的角色的著作演講。Cooper 認爲所有的種族與階級的人們，都有著相同的本質。在當時的美國，黑人常被視爲是無法進行複雜思考的，他們較不具人性，有時其地位甚至比動物還低。Cooper 則試圖改變這種情形，使黑人能夠「人性化」，她主張黑人也像白人一樣，都在找尋那些能夠滿足他們需要及欲望的人群、哲學和環境。

在女子教育方面，Cooper 認爲女性經過教育後，其「發聲」及獨特的影響，可以帶給目前不平衡的社會一些「對稱」，也可顛覆那些宰制的男性影響力，因此女子教育其實是增進社會的一種方式，它會促成社會平等。Cooper 主張，無論男、女性，都應該平等地接受教育，以使得他們「各自的」特質──無所謂優劣，而是「互補」──均能夠發揮其影響，然後才能創造出一個基於公平、均等的社會。此外，Cooper 也主張婦女高等教育，期待透過教育，能夠培養婦女的慷慨及寬大的心胸，以使得她們不再是充滿怨懟之心的母親與妻子，因而能夠成爲一個更快樂的母親。而在黑人婦女教育方面，Cooper 一方面呼籲白人婦女應該體會到她們的命運其實是與黑人婦女連在一起的，另方面也強調黑人婦女教育的重要性。她認爲黑人婦女可說是黑人種族的「根」，是決定整個種族成長的重要部分，她因而倡導工業訓練及家事訓練學校的重要性。最後，Cooper 也主張宗教、道德與禮節等方面教育的重要性。

受 19 世紀晚期現實環境所限，Cooper 有關婦女參與宗教、科學、藝術及經濟方面的主張都受到阻礙而無法完全實現，但是 Cooper 有關婦女成就及影響的高度肯定，即便放至今日來看，仍是頗具啓發性的（Titone & Malloney, 1999: 89）。

六、Charlotte Perkins Gilman（1860-1935）：強調母職的社會改革家

(一) 生平及影響

Gilman 是 19 世紀末葉與 20 世紀初期知名的女權主義作家與社會改革者，她也是 19 世紀知名的 Beecher 家族的一員，她的曾祖父正是 C. Beecher 的父親 Lyman Beecher。雖然如此，當 Gilman 出生後不久，她的父親就離家出走，這使得 Gilman 幼年是在一個經濟不穩定的環境中成長的。1884 年，Gilman 與一個畫家結婚，但婚姻並不幸福，幾年後就分居、離婚。之後，Gilman 全心投入寫作工作。

Gilman 從未接受高深的教育或學術訓練，但她一直著作不輟。1892 年，出版了《黃色壁紙》（*Yellow Wallpaper*），使她名聲大噪，至今在婦女研究及文學作品的課程中，仍常被指定為閱讀材料。1898 年時，她完成了其最重要的理論著作《婦女與經濟》（*Women and Economics*），在該書中她分析了婦女受到限制的角色和功能。該書在 7 年內重印了七次，並且被翻為七種語言，獲得極高的讚譽。1900 年她和 H. Gilman 結婚，這次的婚姻就幸福多了。1909 年，她開始出版自己的刊物。1923 年時，她出版了最後的理論著作，是有關宗教方面的。1935 年因乳癌纏身，結束自己生命。

Gilman 畢生投入寫作與社會改革運動，可說是婦女議題與社會主義代言人。她一生著作頗豐，可惜死後作品隨之沉寂多時，直到 60、70 年代，女權主義者才重新將她的作品挖掘出土，獲得世人重視。1956 年時，歷史學者 Carl Degler 在她的文章〈Gilman 及女權主義的理論與實踐〉（Charlotte Perkins Gilman and the Theory and Practice of Feminism）中重新引介 Gilman，1966 年又再度出版了《婦女與經濟》後，女權主義學者才開始正視 Gilman 的影響，並蔚為潮流。Gilman 的教育哲學也同樣受到重視，J. R. Martin 在其《重啟對話》一書中就有專章，來論述 Gilman 的小說《她鄉》中的教育理論。

(二) 主要教育思想

Gilman 的女權主義思想與教育思想主要呈現在她的《她鄉》、《婦女與經濟》等重要作品，而一些其他的作品如《人類勞動》（*Human Work*）和《關於兒童》（*Concerning Children*, 1900）也包含了她的教育哲學思想。其中她的女權主義思想最有力的陳述，則是形之於《婦女與經濟》中。

Gilman 與許多 19 世紀的社會改革者一樣，相信所謂的「演化」（evolution）和演化的法則並不是任意的，而是有目的的演化，社會演化的終點就是一個更好的社會。而這種基於法則的認知所產生的對於人類進步可能性的信念，實際上也構成了 Gilman 的生命與作品的基礎。

Gilman 認為，人類的生活與工作在當今社會中很不自然地被分為「分開的領域」，如「男性的」與「女性的」兩個領域。其中包括政治、商業、藝術、科學、與教育等活動在內的公共世界及相關的特質，就被視為是屬於「男性的」領域；而一些照顧和維繫丈夫、家庭、孩子等私人世界的活動及相關的特質，則被視為屬於「女性的」領域。Gilman 認為這種劃分其實是有害的，因為它會限制每個性別對於整個世界的經驗與理解，更重要的問題是，它甚至會限制了每個性別對於社會所可能提供的貢獻，因為無論男、女都受到限制，所以無法發展完整的人性。Gilman 以為，只要女生仍在經濟上依賴男性，被孤絕在家庭中而與外界工作的公共世界隔離，他們將永遠無法和男性一樣達到相等的人性。因此，女性必須有權利在經濟上獲得獨立，也必須在家庭以外的世界中工作。另外，男性也必須涉入傳統所認為屬於女性的那一個生活面，他才能發展完整的人性。女性過去所負的責任，其實也是整體社會應負之責任的一環。

在有關教育的概念方面，Maloney 將 Gilman 的教育概念分成三類，分別代表了 Gilman 教育思想中的不同層次的強度：即社會滋養（social nourishment）、社會血緣（social parentage）及社會母職（social motherhood）（Titone & Maloney, 1999: 104），其中「社會母職」可說是 Gilman 最有力的教育概念。Gilman 在《她鄉》中，生動地描繪了一個與外界隔絕的女性烏托邦世界「她鄉」。在這個小世界中，所有的男性都因

為大規模的疾病而死光，只剩下女性，後來僅存的女性發展出無性生殖的方法，這個世界中只有女性與女孩。她鄉的社會是以社會母性作為中心價值與基礎，教育則是其中的主要功能。在這個社會中，某一個女性不論是否有孩子，她與所有的孩子都是處於一種母—子關係中。每一個人都是母親，而所有的兒童都是她的孩子。

Gilman 這種關於社會母職的概念，使教育轉變為一種人類活動（human activity）。Gilman 認為，男性在過去一直主宰著教育，將自己男性的特質強加在教育系統上，這些特質包括了欲望、戰鬥與自我表達等，因為這些特質代表了男性生來的繁衍的功能。相反的，女性特質則包括照顧、教育與勤奮，這些也與女性生來的繁衍的功能有關，這些女性特質都表示了女性對於下一代的關懷。Gilman 認為，這幾項特質是人類特質中僅有的幾項與性別有關的特質。為了要使教育人性化，Gilman 以為，應該讓女性帶著她們的經驗、特質與責任，進入所有的人類活動中，這可能涉及教育中各層面如制度的改變、師資的改變、男女學生不同待遇的改變與教學過程的改變等。

簡言之，Gilman 的教育哲學觀點確有許多值得深思之處，例如：今日教育是否還是受到男性特質的宰制，需不斷地強調競爭與戰鬥？該如何將女性的特質帶入教育中。Gilman 所提出的饒富興味的分析方式，後來也成為一些女性教育哲學家分析的範本。

肆　女性觀點教育思想研究的未來發展方向——代結語

對於教育思想研究者來說，女性觀點取向教育思想可以說是一個嶄新的研究領域，而且透過不同角度與觀點的「取景」，今日的教育思想史的確就像是一種經過劇烈改變後的「全景」一樣，不斷地對於教育學術工作者進行著無盡的挑戰，看看是否有無盡詮釋的可能性。

到目前為止，本文所作的，就像 Martin 所作的，是對於教育思想中被遺忘的主體（subject），進行重建與發現。而這只是《教育女史》

（*Educational Herstory*）的初步工作。筆者以為，展望未來女性觀點的教育思想研究的發展，未來或可有下列的建構與努力方向：

（一）重新發掘歷史上女性學者關於教育及教育思想的「不同聲音」——教育史中還有哪些女性學者是被忽視的？

（二）對於歷史上學者有關女子教育的主張進行詳細探討與再詮釋，並與其關於一般教育或男子教育的論點進行比較，發掘隱藏其下的文化意識型態。

（三）探討不同女權主義流派及脈絡下，對於教育思想研究的啟示。例如：許多女權主義的派別在論述教育時均有不同的論點，包括自由主義的、社會主義的或馬克思主義的、存在主義的、激進的、精神分析的、與生態的女權主義等。而後現代女權主義中也有所謂本質論與反本質論女權主義的區分，或是批判教育學取向及後結構主義取向的區別。

（四）從「性別」的觀點，如女性的觀點或是女性特質（如母性、關懷、關係等）重新書寫教育理論。

 參考文獻

中文部分

Beard, M.原著，陳信宏譯（2019）。女力告白。臺北市：聯經。

Maza, S.原著，陳建元譯（2018）。想想歷史。臺北市：時報。

Noddings, N.原著，曾漢塘等譯（2000）。教育哲學。臺北市：弘智。

林玉体（2002）。西洋教育思想史。臺北市：三民。

徐宗林（1985）。西洋教育思想史。臺北市：文景。

張斌賢（2015）。西方教育思想史研究的視角與視野。北京大學教育評論，第**13**卷第**4**期，頁2-17。

簡成熙（1999）。教育哲學方法論的建構——啟示、論證與敘事。哲學雜誌，**29**期，頁82-103。

英文部分

Kelly-Gadol, J. (1976). The social relation of the sexes: Methodological implications of women's history. In S. Harding (ed.), *Feminism and Methodology*, pp. 15-28. Indianapolis, IN: Indiana University Press.

Kelly-Gadol, J. (1977). Did women have a Renaissance? In R. Bridenthal & C. Koonz (eds.). *Becoming Visible: Women in European History* (pp. 139-164). Boston: Houghton Mifflin.

Kohli, W. (2000). Educational Theory in the Eighties: Diversity and Divergence. *Educational Theory*, *50*(3), pp. 339-356.

Martin, J. R. (1985). *Reclaiming a Conversation—The Ideal of Educated Woman*. New Haven: Yale University Press.

Martin, J. R. (1994). *Changing the Educational Landscape—Philosophy, Women, and Curriculum*. N.Y.: Routledge.

Miller, C. & Swift, K. (1976). *Words and Women*. N.Y.: Anchor Press.

Morgan, R. (1994). *The Word of a Woman: Feminist Dispatches, 1968-1992*. N.Y.: W.W. Norton.

Nash, P., Kazamias, A. M., & Perkinson, H. J. (eds.)(1965). The Educated Man: Studies in the History of Educational Thought. N.Y.: John Wiley & Sons.

O'Neill, W. F. (1981). *Selected Educational Heresies: Some Unorthodox Views Concerning the Nature and Purposes of Contemporary Education*. Santa Monica, CA: Goodyear Publishing Company.

Stone, L. (1995). Narrative in Philosophy of Education. In W. Kohli (ed.), *Critical Conversations in Philosophy of Education*. N.Y.: Routledge.

Stone, L. (1996). A Rhetorical Revolution for Philosophy of Education. Available http://www.ed.uiuc.edu/EPS/PES-Yearbook/96_docs/stone.html.

Thompson, A. (1998). Not the Color Purple: Black Feminist Lessons for Education Caring. *Harvard Education Review*, *68*(4), pp. 522-554.

Titone, C. & Maloney, K. E. (eds.)(1999). *Women's Philosophies of Education—*

Thinking Through Our Mothers. Upper Saddle River, New Jersey: Merrill.

Ulich, R. (1968). *The History of Educational Thought* (Rev. ed.). N.Y.: American Book Co..

Willard, C. C. (1984). *Christine de Pizan: Her life and works*. New York: Persea Books.

五南圖書 教育/傳播網

您, 了没？

趕緊加入我們的粉絲專頁喲！

教育人文 & 影視新聞傳播～五南書香

五南圖書 教育／傳播網
https://www.facebook.com/wunan.t8

等你來挖寶

專頁提供——

籍出版資訊（包括五南教科書、
識用書、書泉生活用書等）

時小驚喜(如贈書活動或書籍折
)

約可詢問書籍事項（訂購書籍或
寫作均可）、留言分享心情或
交流

請此處加入
按讚

封面圖
不定期
會更換

國家圖書館出版品預行編目資料

教育的理則：教育學核心議題. 三／林逢祺,
洪仁進主編. -- 初版. -- 臺北市：五南,
2019.12
面；　公分
ISBN 978-957-763-738-3（平裝）

1.教育　2.問題集

520.22　　　　　　　　　108017641

1ION

教育的理則
教育學核心議題（三）

主　　編 ― 林逢祺（139.1）、洪仁進

作　　者 ― 林逢祺、陳延興、林君憶、張鍠焜、顧曉雲
　　　　　　張珍瑋、葉坤靈、李宜航、林建福、陳玉娟
　　　　　　周淑卿、李郁緻、方永泉

發 行 人 ― 楊榮川

總 經 理 ― 楊士清

總 編 輯 ― 楊秀麗

副總編輯 ― 黃文瓊

責任編輯 ― 李敏華

封面設計 ― 姚孝慈

出 版 者 ― 五南圖書出版股份有限公司

地　　址：106台北市大安區和平東路二段339號4樓

電　　話：(02)2705-5066　　傳　　真：(02)2706-610

網　　址：http://www.wunan.com.tw

電子郵件：wunan@wunan.com.tw

劃撥帳號：01068953

戶　　名：五南圖書出版股份有限公司

法律顧問　林勝安律師事務所　林勝安律師

出版日期　2019年12月初版一刷

定　　價　新臺幣350元